U0593979

南山教育 文丛

AI 时代
教师职业素养与能力

庄 舍 ◎著

厦门大学出版社
XIAMEN UNIVERSITY PRESS

国家一级出版社
全国百佳图书出版单位

图书在版编目（CIP）数据

AI 时代教师职业素养与能力 / 庄舍著. -- 厦门 ：
厦门大学出版社，2025. 7. --（南山教育文丛 / 庄舍主
编）. -- ISBN 978-7-5615-4454-9

Ⅰ. G451.6

中国国家版本馆 CIP 数据核字第 20258BG443 号

责任编辑　高奕欢
美术编辑　蒋卓群
技术编辑　许克华

出版发行　厦门大学出版社
社　　址　厦门市软件园二期望海路 39 号
邮政编码　361008
总　　机　0592-2181111　　0592-2181406(传真)
营销中心　0592-2184458　　0592-2181365
网　　址　http://www.xmupress.com
邮　　箱　xmup@xmupress.com
印　　刷　厦门集大印刷有限公司

开　本　787 mm×1 092 mm　1/16
印　张　15
字　数　326 千字
版　次　2025 年 7 月第 1 版
印　次　2025 年 7 月第 1 次印刷
定　价　53.00 元

厦门大学出版社
微信二维码

厦门大学出版社
微博二维码

未来二十年的教育，将是一个跨学科融合与人机协同的新时代，这也将是一个唤醒人文精神的时代。

——庄舍

序

——教育的温度与技术的向度

庄舍是我的同行，在大学教外语。

多年前，出差到闽南师范大学，学校的领导和老师不时在我们面前提及外国语学院的庄老师，并热情推荐我们认识。

好奇心顿然升起。这是何方神圣？如此深孚众望！

我们一行四人在校领导张龙海教授（现为闽南师范大学校长）和外语学院领导的陪同下，在南山书院见到了这位"男神"级别的庄老师。

其实，他看起来并不特别。短发，一副眼镜，休闲上衣，一条有些泛白的牛仔裤，身材修长。说话斯斯文文，初见时还略带羞涩，一副文质彬彬的样子。

书院入口，有一尊孔圣人的红木雕像。每有客人来访，他都要郑重其事地讲解礼仪，然后带领大家一字排开，对着万世师表的至圣先师行礼。庄重，虔敬。

他话不多，符合"讷于言而敏于行"的君子形象。只有聊到书院，他的话匣子才打开。他说，人的一生需要做一些跟钱没关系的事情。创办书院就是出于这样的初衷。漳州是一座有文化底蕴的城市，文化是一座城的灵魂。在当下语境里，文化似乎与我们渐行渐远。如何找回文化，如何安放一座城市的文化，如何身体力行地回答这两个问题，是他在教书之余，持续追寻了几十年的梦想。办书院，就是安放文化的最佳选择。我常想，在这个浮躁的时代，能创办并守护一方书院者，必是胸中有大丘壑、得大境界之人。

那次会面后，我们的交往多了起来。虽不在一个城市，但常常微信往来，互通有无。每每看到南山书院的新发展，我都会由衷地为之高兴，并满怀祝福。

庄舍精力旺盛，把书院办得红红火火的同时，也不忘人师主业——教书育人，著书立说。无疑，庄舍是一位难得的人师。经同事们介绍，庄老师的课上得好，既讲究又有趣，学生特别喜爱。"经师易得，人师难求"，说的就是他这样的师者。去年，他出版了《英语教学微技能》，影响不小。如今，他又完成了《AI时代教师职业素养与能力》的书稿，热情邀我作序。我受宠若惊。感动于庄舍这份信任和抬举，我从头至尾认真拜读书稿。真有见字如面之感，好似正与作者在书斋品茗闲聊。字里行间，既有学术的严谨，又有师生互动的温度和情趣；既谈技术的前沿，又守教育的本真。

同为外语教师，教师何为？何为好教师？这也是我一直思考的问题。而在人工智能时代，教师职业素养与能力需要怎样的更新与传承？这是摆在每一个教师面前的时代之问。庄舍有极高的文学修养和人文情怀，他在这本书中对这些问题提出了他的思考。在书稿第一页有这么一行文字特别醒目：

> 未来二十年的教育，将是一个跨学科融合与人机协同的新时代，这也将是一个唤醒人文精神的时代。

好一个"唤醒人文精神的时代"。I can't agree more! 人文精神的缺失，是时代之痛，更是外语教学的痛。高校外语专业的人才培养方案"重工具、轻人文"，这是外语专业颇受诟病的地方。专业的式微，跟专业课程设置"自废武功"，抛弃人文素养存在着高相关度。如何重拾人文精神？庄舍的书，回答了这样一个时代之问。

第一章"新时代教师的职业素养"，以"教育家精神"开篇，指出新时代教师的角色，理应从"知识的传递者"转向"智慧的点燃者"。新时代的 AI 技术可以融入教师"启智润心、因材施教"的育人智慧中，构建起人机协同的智慧教育范式。第二章"通用教师职业技能"，详细阐释了教师必备的通用技能：基础教育技能、沟通与互动技能、管理技能、评估与反馈技能、个性化教学技能。

庄舍不仅是外语教学的实践家，也是传统文化的守护者。他创办南山书院，守护中国传统文化，给学生讲经典，也教他们用 AI 赋能教与学。这种"旧学与新知"的融合，在书中第三章"学科教师职业技能"里体现得淋漓尽致。教师既需要传授学科知识，提升教学能力和研究能力，同时还得具备学科创新和自我发展的能力。

他的著作往往融技艺与心法于一体，将理论与实践相结合。跟许多空谈理论的教学法书完全不同，他积三十多年的教学功力，把经验和体会倾注在书中的每一个文字里。细致入微处，可以小到如何设计一堂课的起承转合；宏阔高远处，可以大到打通传统与现代的壁垒，紧跟科技发展的步伐。从开篇到结尾，娓娓道来的是一个专注教育教学、奉献三尺讲台的"师说"叙事。于细微处见知著，于无声处听惊雷。教学过程艺术化，人文精神具体化。教育的艺术，永远在于那些无法被量化的细节。这些，大概是庄舍的个性，也是该书鲜明的标签。

文如其人啊！

庄舍温文尔雅，看似一个传统的夫子型老师，却是一位时尚的学者。拥抱 AI，与技术共舞。他对技术的态度，令我佩服不已。他不像某些人，要么将 AI 视为洪水猛兽，要么奉为万能灵药。在第四章"AI 时代的教师职业技能"中，他指出，现代教育强调学科间的交叉与融合。AI 的快速发展正在重塑传统教学模式，教师的职业技能需重新定义，不仅要具备传统教学能力，还需掌握新技术应用和创新方法。新的时代要求教师积极适应人工智能带来的变化，

提升 AI 辅助教学技能，更好地应对 AI 带来的教育转型挑战。他指出了未来教师职业技能的七大发展趋势：（1）教育技术的应用能力，（2）异质化教学能力，（3）创造力和创新思维的培养能力，（4）跨学科教学能力，（5）全球视野与跨文化能力，（6）团队合作与沟通能力，（7）终身学习。

在 AI 技术密集爆发的当下，教师角色亟须重新认识和定义。若是对 AI 技术不闻不问，时代抛弃我们，真的连个招呼都不会打！

技术越发达，教师作为"人的引导者"的角色就越发重要。如何构建教师与技术共生的教育新生态？书中给出了新颖的回答。在 AI 高度发达的当下，教师的新角色应该是：学习引导者、跨领域协作者、数据决策者、终身学习者、教育生态共建者。

谈到教师的终身学习，第四章意犹未尽，于是第五章继续阐发：AI 时代教师的职业发展与终身学习。教师必须具备自我反思能力、跨学科与跨文化能力，同时还必须有自身的职业发展能力和创新能力，唯其如此，才能构建起属于自己的终身学习体系。

庄舍仿佛是一位高明的魔术师，以其深厚的学术底蕴和广阔的学术视野，将各个学科的知识巧妙地融合在一起，为读者呈现了一个多维度、全方位的教育图景。跨学科的知识融合，不仅拓宽了读者的视野，也让读者更加深刻地理解了教育的本质和内涵。在 AI 技术日益发达的今天，跨学科融合能够帮助我们更好地应对技术的挑战，推动教育的创新和发展。

庄舍好茶，我想在他的眼里，教师与 AI 的关系，应该是茶道中的主人与茶具的关系，工具再精良，若无主人的心意，茶便失了魂。

AI 时代的教师核心竞争力，就是他在第五章呼吁的教师终身学习，技术乃教育的工具，而非教育的目的。技术赋能教育，人非被技术驯化。

庄舍是个文人，国学功底厚实，多才多艺，琴棋书画，样样精通。他自己作词作曲的《南山书院之歌》里面有一句歌词"再为往圣继绝学，心放天地间"。好一个"心放天地间"！寻寻觅觅几十年，梦想终于成真。歌词既是对为人处世坦荡胸怀、宏阔境界的追求，又是对"念念不忘，必有回响"创办书院的感慨。

犹记起第一次在南山书院喝茶，氤氲的茶香中，听他语调平和地讲述着书院的故事。我们四位来自不同高校的外语同行，都发自内心地佩服起眼前这位不磷不缁的同龄人。从选址、设计、建设，一砖一瓦、一草一木，凝聚了他多少心血，甘苦自知。问起一路的艰辛，他微笑着应道："还好，感恩各方助力，才有今日书院。"苦累疲惫加内心丰盈的感觉，是不足为外人道的云淡风轻。

有朋来访，"我有嘉宾，鼓瑟吹笙"，兴之所至，他会用吉他弹唱，尽情表达"和乐且湛"的喜悦。书院的许多文化元素，都为他本人设计。书签是他常送给客人的礼物，书签的自绘图案，淡雅别致、意味隽永，设计者的匠心尽在那独具个性的线条中。

书院的宗旨就是安放文化，是跟钱无关的事业。庄舍像吸铁石，各行各业的朋友围绕在他身边，出钱出力。书院的工作人员都是志愿者，从总角少年到古稀老人，从工人农民到政府公职人员，各行各业，只要发愿公益，皆可与庄舍同行。

这些年，笔者参与了教育部主导的师范专业认证工作，迄今为止，认证过的学校已有三十多所。发现问题不少，有一些基本的问题并未解决，换言之，许多老师并没有真正地理解认证。比如，认证标准的十二字理念：学生中心、产出导向、持续改进，强调教育教学要从传统的"以教为中心"向"以学为中心"的范式转变。"一践行三学会"即：践行师德，学会教学、学会育人、学会发展。这是师范教育遵循的根本原则，也是认证的主线要求。对于这类基本要求，许多人理解不深，更谈不上悟透。在具体的教学实践中，容易流于形式，不能落到实处。

而该书恰好对这样的主线要求做了非常明确的阐释。庄舍并非认证专家，他只是从一位教育实践者的视角，讲述新时代好老师的标准。我以为，真正意义上的好老师标准，正好就是师范专业认证的国家标准。

职是之故，该书很值得全体教师，特别是师范类院校的教师仔细阅读。

读毕，掩卷沉思，为师者常担心知识讲得不够多，讲得不够好。听庄舍一席谈，更懂得了：教育最难的，其实不是"填满"，而是"点燃"。

这本书，恰似一盏灯。它不炫技，不空谈，而是踏踏实实地告诉教师：如何在技术的浪潮中站稳教育的根基，如何在变化的时代守住不变的初心。

在这个急功近利的时代，庄舍和他的南山书院一样，像一盏明灯，提醒着世界：教育的本质究竟是什么！

这本书不仅是一部教师专业发展的指南，更是一位教育守望者的心灵独白。

最后，请允许我用一首打油诗，结束这篇不像序，更像读书心得的絮叨：

> 师者如灯立晚风，
> 微光不竞守从容。
> 纵教云涌千山暗，
> 一点心辉万夜同。

愿这本书能照亮更多教师的道路，愿教育的灯火永远不灭。

李勇忠

2025 年 6 月 3 日

目录

第一章　新时代教师的职业素养……………………………………………1

　第一节　教育家精神……………………………………………………2

　第二节　教师的职业道德………………………………………………12

　第三节　教师的法律责任………………………………………………23

　第四节　教师的社会责任………………………………………………28

第二章　通用教师职业技能…………………………………………**35**

　第一节　基础教育技能…………………………………………………35

　第二节　沟通与互动技能………………………………………………45

　第三节　管理技能………………………………………………………51

　第四节　评价与反馈技能………………………………………………65

　第五节　个性化教学技能………………………………………………72

第三章　学科教师职业技能…………………………………………**77**

　第一节　学科专业知识…………………………………………………77

　第二节　学科教学能力…………………………………………………82

　第三节　学科研究能力…………………………………………………99

　第四节　学科创新和发展能力…………………………………………115

第四章　AI 时代的教师职业技能…………………………………**123**

　第一节　教师职业技能的演变…………………………………………123

　第二节　必备的现代教育技术能力……………………………………144

　第三节　AI 辅助教学技能………………………………………………155

　第四节　AI 时代的教师角色重塑………………………………………165

　第五节　AI 时代教师专业技能的评估…………………………………173

第五章　AI时代教师的职业发展与终身学习 ································· **184**

第一节　自我反思与专业发展能力 ···························· 184

第二节　跨学科与跨文化教育能力 ···························· 193

第三节　教育创新与适应能力 ······························· 199

第四节　教师职业发展规划 ································· 206

第五节　构建终身学习体系 ································· 217

参考文献 ··· **227**

后　记 ·· **230**

第一章　新时代教师的职业素养

《中共中央　国务院关于弘扬教育家精神加强新时代高素质专业化教师队伍建设的意见》于 2024 年 8 月 26 日发布，对提升教师专业素养提出了建设性意见："提高教师学科能力和学科素养。将学科能力和学科素养作为教师教书育人的基础，贯穿教师发展全过程。推动相关高校优化课程设置，精选课程内容，夯实师范生坚实的学科基础。在中小学教师培训中强化学科素养提升，推动教师更新学科知识，紧跟学科发展。加强中小学学科领军教师培训，培育一批引领基础教育学科教学改革的骨干。将高校教师学科能力和学科素养提升作为学科建设的重要内容，推动教师站在学科前沿开展教学、科研，创新教学模式方法。适应基础学科、新兴学科、交叉学科发展趋势，支持高校教师开展跨学科学习与研究，加强学科领军人才队伍建设，发挥引领带动作用。"

教师的职业素养与能力是确保学生全面发展和提升教育质量的核心要素，高素质的教师能够营造一个安全、尊重且激励学生的学习环境，有益于学生的心理健康和个性发展。教师的职业素养不仅是其专业行为的规范，更是在道德、法律和情感层面对学生的示范。显然，只有那些具备卓越职业素养和高超教学能力的教师，才能体现出中国特有的教育家精神，推动新时代教育事业的发展。

第一节　教育家精神

✳ **本节要点**

理想信念

道德情操

育人智慧

躬耕态度

仁爱之心

弘道追求

《中共中央　国务院关于弘扬教育家精神加强新时代高素质专业化教师队伍建设的意见》对教育家精神提出了明确的整体建设规划："经过 3 至 5 年努力，教育家精神得到大力弘扬，高素质专业化教师队伍建设取得积极成效，教师立德修身、敬业立学、教书育人呈现新风貌，尊师重教社会氛围更加浓厚。到 2035 年，教育家精神成为广大教师的自觉追求，实现教师队伍治理体系和治理能力现代化，数字化赋能教师发展成为常态，教师地位巩固提高，教师成为最受社会尊重和令人羡慕的职业之一，形成优秀人才争相从教、优秀教师不断涌现的良好局面。"

一、什么是教育家精神

2023 年教师节前夕，习近平总书记致信全国优秀教师代表，提出"中国特有的教育家精神"："心有大我、至诚报国的理想信念，言为士则、行为世范的道德情操，启智润心、因材施教的育人智慧，勤学笃行、求是创新的躬耕态度，乐教爱生、甘于奉献的仁爱之心，胸怀天下、以文化人的弘道追求。"教育家精神凝聚着习近平总书记对教师群体的殷切期望，为建设教育强国的高素质教师队伍指明了努力方向。

中国特有的教育家精神，融合了中国传统的教育理念、社会主义核心价值观以及当代中国教育发展的要求。这不仅仅是对教育者的要求，也是中国教育系统整体目标和文化传承的体现。

1. 心有大我、至诚报国

在中国文化中，"大我"往往与"无私"的概念相联系，指减少私欲，超越个人利益，关心集体和社会的整体利益。"心有大我"的理念强调教师应当有高尚的理想和远大的志向，不能只顾追求个人的物质和精神满足，更要有服务社会、贡献国家的情怀，将个人的命运与国家、民族和人民的利益紧密联系起来。"至诚报国"体现了教师对国家的忠诚和奉献，是对爱国主义精神的极致表达。教师应当以最真诚的心意和行动来报效国家，以自己的才能和努力为国家的繁荣发展作出贡献。

"心有大我、至诚报国"的理想信念不仅是教师个人道德修养的体现，也是推动社会和谐与进步的重要动力，更是培养合格公民和建设我国高质量教育体系的坚实基础。

2. 言为士则、行为世范

"言为士则"映射出的是教师言语的分量和影响力。在这里，"言"不仅仅是口头表达，更包含了教师传达的思想、理念和价值观。教师作为社会的知识传承者和精神引领者，其言辞应成为他人遵循的准则并具有指导性和典范性。而"行为世范"则进一步强调了教师在行动上的楷模作用。"行"指的是教师的具体行为和实践，"世范"则是指这些行为在社会中树立的典范。教师的行为应当符合道德规范，并且能够在社会中产生正面效应，引领他人向善向上。

"言为士则、行为世范"的道德情操要求教师通过自己的高尚言行起到的示范作用，引领学生行为，培养出更多有责任感、有高尚道德情操的公民。

3. 启智润心、因材施教

教育家不仅要关注知识和技能的传授，更要注重学生心灵的滋养和个性的发展。"启智"意味着教师要激发学生的智慧，引导他们思考，培养他们的创新意识和解决问题的能力；"润心"是指教师要关心学生的内心世界，滋润他们的心灵，帮助他们形成健全的人格和积极的人生态度。而"因材施教"则意味着教师要尊重每个学生的个性和差异，根据学生的兴趣、能力和特点来设计教学内容和方法，同时通过敏锐的洞察力来灵活调整教育策略，以达到最佳的教育效果。

"启智润心、因材施教"的育人智慧，既是教师教育技巧的体现，也是教师对教育事业的深刻理解和人文关怀。

4. 勤学笃行、求是创新

"勤学"强调教师必须具有持之以恒的学习热情和严谨的学术态度，"笃行"体现了教师对所学知识的尊重和实际应用的执着。"求是"是对真理的执着追求，教师和学生需要在学术研究中不断探索事物的本质和规律，严谨治学，追求真知灼见。"创新"则是要求教师在求是的道路上不断突破传统，勇于创新思维和方法，推动知识的更新和科技的进步。

"勤学笃行、求是创新"的躬耕态度不仅是教师和学生个人品质的体现，也有助于培养出既有扎实理论基础又有实践能力的人才。

5. 乐教爱生、甘于奉献

"乐教"意味着教师应当以积极的心态投身于教育活动，享受教学的过程，感受教育带来的内在满足和幸福感。"爱生"则强调教师应当视学生为自己的责任和使命，关心学生的成长和发展，以温暖和关爱的心态对待每一位学生。"甘于奉献"是指教师愿意为教育事业付出时间、精力甚至个人的利益，无私奉献自己的才智和热情。这种奉献精神不仅仅是职业要求，更是一种内心的自愿，是教师对教育事业的忠诚和执着的体现。

"乐教爱生、甘于奉献"的仁爱之心是教师精神风貌的重要组成部分，也是培养德才兼备人才的关键因素，对营造良好的社会风气具有深远的影响。

6. 胸怀天下、以文化人

"胸怀天下、以文化人"是教师超越个人利益的崇高理想和追求，体现了教师的全球视野和责任意识。"胸怀天下"，需要教师将教育工作放在民族、国家乃至人类社会发展的大背景下进行思考和实践。教师在培养人才的过程中，应当以文化作为工具和载体，"以文化人"的现代意义是教师通过教育活动来培养和塑造人的精神和品质，传播社会主义核心价值观，进行价值观、道德观、审美观等方面的教育和引导。

教师"胸怀天下、以文化人"的弘道追求是对教育事业进行深刻理解后的实践指南。教师应该以更加广阔的视野和高度的责任感培养具有高尚情操、正确价值观和深厚文化底蕴的人才，适应新时代的发展。

为弘扬中国特有的教育家精神，新时代教师需要坚定历史自信和文化自信，提升自身的精神修养和文化气度，追求成为既精通专业知识又引领学生全面发展的"大先生"——既是能传授知识技能的"经师"，又是能引导学生精神成长的"人师"。

二、教育家精神与教师个人成长

教育家精神与教师个人成长所具备的素养之间存在着密切的关系，它们相互影响、相互促进，共同构成了教师专业发展的基石。

1. 家国情怀与责任感

教师的家国情怀与责任感首先体现在"心有大我、至诚报国"的精神上，即将个人的发展与国家的需要紧密结合，以培养有益于国家的公民为己任。教师应学习国家教育政策和方针，明确国家对教育的目标和要求，并将这些目标融入教学实践中。"心有大我、至诚报国"的精神需要教师强化教育责任感，在传递知识的同时，引导学生形成正确的价值观，并向学生传递诚信、友善、勤奋等优良品质，帮助他们树立正确的人生目标和价值观念。

教师的家国情怀与责任感还体现在坚持原则、关爱学生和示范引领等方面。教师通过严谨的教学态度和专业的教学能力，追求教学卓越，确保教育质量；通过关爱学生的成长，了解他们的需求和困惑，提供必要的支持和指导；通过自身的言行举止，为学生树立榜样，以身作则地践行社会主义核心价值观，展现高尚的道德品质和职业精神。

2. 道德操守与示范作用

"言为士则、行为世范"是教师成长过程的道德操守。教师以身作则、言行一致，既是高尚的道德品质和职业精神的体现，也是教师增强职业认同感并扩大个人影响力的行动力量。

当教师成为学生的道德范本时，其教学更容易得到学生的认同和接受。教师通过日常行为传递中华优秀传统文化的行为规范，能够潜移默化地影响学生，帮助他们树立正确的价值观和行为准则。教师"言为士则"不仅能够赢得学生和社会的尊重，还能增强自身对教育事业的使命感和责任感。

此外，"言为士则、行为世范"的精神更能激发教师终身学习的动力，追求专业发展和个人成长上的全面进步。示范性作用能激励教师不断学习和实践，只有提升自身的专业素养和教学能力，教师才能适应教育领域的快速变化，为学生提供更高质量的教育。

3. 教育智慧与个性化教学

"启智润心、因材施教"是教师的教学实践指南，要求教师在教学中不仅要传授知识，更要启迪学生的思维，滋养他们的心灵，同时根据每个学生的特点和需求进行个性化教学。教师可以通过设计启发式问题、组织探究式学习活动，激发学生的创造力和批判性思维；通过关注学生的情感状态和心理需求，提供情感支持和引导，帮助他们建立积极的人生态度和健康的心理状态；根据学生的学习风格、兴趣和能力，设计差异化的教学目标和任务等。

实践"启智润心、因材施教"的理念需要教师提升教育智慧，进而能够洞察学生的心理和认知发展，设计出更加有效的教学策略。这要求教师在了解学生的学习特点和需求的基础上，不断调整教学方法和内容，以适应学生的多样化需求。同时，教师应不断实践教育智慧并进行个性化教学研究，积累丰富的教学经验，提升自身的专业素养和教学能力。

4. 终身学习与创新能力

"勤学笃行、求是创新"的精神对教师个人成长的影响，首先体现在激发终身学习的动力上。教师可以通过参加培训、阅读专业书籍、参与教研活动等方式，不断更新知识储备和教学技能。这种精神还促使教师在教学中积极尝试新方法，如利用 AI 技术优化教学设计、引入项目式学习或翻转课堂等创新教学模式，从而提升教学效果和学生的学习兴趣。

其次，"勤学笃行、求是创新"的精神激励教师提升自身的专业能力和创新能力，设计出更加有效的教学策略。创新教学有利于教师形成个人教学特色，如独特的课堂管理方式或教学风格，催生职业成就感。此外，这种精神还帮助教师更好地适应教育的发展需求，如在 AI 时代掌握新技术、在全球化背景下提升跨文化教学能力，从而在教育变革中保持竞争力。

5. 职业情感与奉献精神

"乐教爱生"的教育家精神要求教师在工作中培养对教育工作的热爱和对学生的关怀。这种职业情感可以通过教师精心设计课程、耐心解答学生问题以及关注学生的情感需求等方式展现，促使教师在教学中找到更多的意义和价值。

"甘于奉献"的精神要求教师养成奉献精神，并保持积极的工作态度。教师加班备课、进行课后辅导、组织课外活动等无私奉献的方式，能为学生提供更多的学习机会和支持，帮助他们克服学习中的困难。

6. 全球视野与文化自信

"胸怀天下、以文化人"的教育家精神要求教师具备国际视野，理解多元文化，同时传承本国文化，并培养学生成为具有文化自觉和文化自信的世界公民。教师需要通过拓宽知识领域和尊重文化多样性，帮助学生理解全球文化的丰富性和差异性，鼓励学生学习和欣赏不同文化的精华，培养学生的跨文化意识和尊重多元文化的能力。

胸怀天下是基于中华根文化的多元包容，教师需要弘扬中国文化精髓，增强学生的文化自觉和文化自信。教师可以设计以中国传统文化为主题的课程，整合跨学科资源，通过生动有趣的教学方式，让学生感受到中华文化的深厚底蕴。同时，教师应用中华优秀传统文化滋养学生心灵，通过讲述历史故事、学习传统礼仪等方式，提升学生的文化自信和民族认同感。

教育家精神是教师个人成长的核心动力，有助于教师提升专业素养，强化教育责任感，塑造自己的高尚人格，也可激发创新与反思能力。追求并具有教育家精神不但能增强教师的社会认同感和职业情感，更能促进教师终身学习和职业发展，实现教师个人价值和社会价值的双重提升。

三、教育家精神是 AI 时代的领航员

世界人工智能领域权威学者斯图尔特·罗素（Stuart Russell）和彼得·诺维格（Peter Norvig）在《人工智能：现代方法（第4版）》中将人工智能（artificial intelligence，AI）定义为"对从环境中接收感知并执行动作的智能体的研究"，指出"人工智能领域不仅涉及理解，还涉及构建智能实体。这些智能实体机器需要在各种各样新奇的情况下，计算如何有效和安全地行动"。两位学者总结了人工智能（AI）的发展经历了诞生期（1943—1956）、早期（1952—1969）、现实期（1966—1973）、专家系统期（1969—1986），并经由1986年开始的神经网络研究、1987年开始的概率推理和机器学习、2001年开始的大数据等阶段发展到2011年开始至今的深度学习，他们在书中引用了斯坦福大学发起的"人工智能百年研究"（AI100）项目2016年发布的报告："社会现在正处于关键时刻，将决定如何以促进而不是阻碍自由、平等和透明等民主价值观的方式部署基于人工智能的技术。"从2022年开始，以 ChatGPT 为代表的生成式预训练大模型加速了 AI 技术的社会化应用，AI 技术广泛用于医疗健康、交通运输、金融科技、智能制造、零售电商、智慧城市、娱乐媒体及教育学习等各个方面，深刻重塑了人类的生产、生活和思维方式并成为推动经济增长、提升效率、解决复杂问题的核心驱动力，AI 技术的深度应用标志着社会正式迈入 AI 时代。

斯图尔特·罗素也指出："随着人工智能系统在真实世界中的应用，必须考虑各种风险和道德后果。"因此，在 AI 技术深度介入教育的背景下，必须警惕技术的伦理缺失、工具理性与价值理性失衡、技术异化及教育的人文价值退位等 AI 技术带来的系统性风险：AI 在教育

中的深度应用可能会因数据隐私问题、算法偏见、责任归属不清等伦理问题而损害学生权益；过度强调工具理性可能会忽视学生的情感、创造力和批判性思维；技术异化有可能使学生和教师失去自主性，还会导致教育的人文关怀被技术工具取代的风险；等等。AI 时代的教育，必须将教育的人文价值置于核心地位，确保技术真正赋能教育而非解构教育本质。

AI 时代的教育需要有领航员，才能确保 AI 技术的发展不会迷失方向。中国特有的教育家精神以其深厚的文化根基和育人智慧，担起了领航员的重任。教育家精神从价值引领、伦理约束、弥补失衡、守护文明等多个维度，为教育技术应用指明方向，使其回归教育本质。

1. 价值观引领

AI 算法常陷入"流量至上"的功利主义陷阱，追求短期效益而忽视长远价值。教育类 AI 技术可能会为了增强用户黏性而忽略学生学习和成长的真正需求。功利导向的技术不仅偏离了教育的本质，还可能助长浮躁的学习氛围，误导学生的价值观。相比之下，教育家"心有大我、至诚报国"的精神信念为 AI 技术发展提供了更高层次的价值观引领。

教师作为非技术人员，较难参与教育 AI 的研发，但可以在选用和应用 AI 技术上通过教育家精神把控教育的使命感和方向感。在应用 AI 辅助教育时，教师应当怀有"心有大我、至诚报国"的精神信念，选用的 AI 技术必须能体现出教师的社会责任和人文关怀；在应用教育技术时，可以融入中华优秀传统文化、社会主义核心价值观等元素，帮助学生树立正确的价值观和人生观，以"大我"的格局对抗算法的个体化局限。

2. 实践引领

教育家精神中"言为士则、行为世范"的道德情操对教师应用 AI 技术辅助教育具有重要的引领作用。教师在教育实践中应始终以高标准约束自身言行，努力成为学生的榜样。在定制 AI 辅助教学系统时，教师可将道德情操作为多元化评价的评价基础，避免单一指标对学生造成不公平的评价。教师不仅要提升教育的技术效能，更需要强化教育的人文价值。

"言为士则、行为世范"要求教师在技术应用中坚守道德底线，更强调通过 AI 系统传递教师的示范作用，实现技术与教育的深度融合。在 AI 技术辅助教育中，教师可以通过 AI 系统模拟自身的示范作用，引导学生形成正确的行为模式。AI 系统可以根据教师的道德准则，在检测到学生不当行为时，提供个性化的引导建议，帮助学生认识并改正错误。同时，教师还可以利用 AI 的动态监测和反馈机制，及时调整系统设置，确保 AI 的应用始终符合伦理规范。

3. 方法引领

AI 技术的标准化和统一化的特点虽提升了教育效率，但也可能引发教育同质化问题。为此，必须将"启智润心、因材施教"的育人智慧深度融入 AI 系统，构建人机协同的智慧教育模式。AI 技术可以通过大数据分析和机器学习，精准捕捉学生的学习特点、认知水平和心理状态，为教师提供多维度的数据支持。教师应充分发挥自身的专业素养和教学经验，将 AI 提供的数据转化为灵活、有效的教学方案，针对不同学生的学习风格设计差异化的教学任务，激发学生的创造力和批判性思维，真正做到"启智润心"。

此外，AI 技术还可以辅助教师关注学生的心理状态和情感需求，帮助教师实现"润心"的教育目标。AI 情感分析技术可以识别学生在学习过程中的情绪变化，及时向教师反馈，帮助教师采取恰当的干预措施，给予学生情感支持。值得注意的是，AI 的作用并非替代教师，而是作为教师的得力助手，帮助其更高效地实践教育智慧。教师应主动将自身的育人智慧与 AI 技术相结合，规避技术教育的同质化风险，凸显教育的个性化与深度化。

4. 认知引领

AI 算法在教育中的应用通常基于学习者的历史行为和偏好进行内容推荐，虽然这能够提高学习效率，但也可能导致学生陷入"信息茧房"，限制其认知的广度和深度。解决这一问题的核心是教师需要具备"勤学笃行、求是创新"的躬耕态度，通过提升自身的专业能力和创新意识，设计出更加开放、多元的教学策略，鼓励学生从不同角度思考问题，助力学生突破"信息茧房"的束缚。

认知的窄化现象还可以通过优化 AI 的系统设置来改进，教师可调整 AI 的设置，使 AI 主动为学生推荐多样化的学习资源，避免学生局限于单一领域或观点。教师和 AI 技术可以协同合作，进行互动式教学和批判性思维训练，培养学生的独立思考能力。这种人机协同模式是"勤学笃行、求是创新"精神的实践体现，不仅能成就教师的教学特色，还能为学生构建批判性认知的"免疫系统"。

5. 情感引领

深度应用 AI 技术不仅会让师生产生 AI 依赖性，还会带来师生间的情感疏离，甚至有可能使教育过程变得冷漠和机械化。重构教育领域的情感联结需要以"乐教爱生、甘于奉献"的仁爱之心为核心，为教育注入更多的人文关怀和情感温度。

教师首先应通过"乐教爱生"的精神，展现对教育工作的热爱和对学生的深切关怀，增强学生的学习动力，帮助他们在面对困难时保持积极心态。其次，教师应以"甘于奉献"的精神，保持积极的工作态度，将学生的成长和发展视为自己的使命。教师可以使用 AI 情感分析技术识别学生的情绪状态，及时回应学生的情感需求。"乐教爱生、甘于奉献"的精神可以使学生在技术化的教育场景中感受到人与人之间的真挚联结，消除 AI 中介化带来的情感隔阂。

6. 文明引领

AI 技术全球化和标准化的特点容易导致本土文化在技术浪潮中逐渐被边缘化，传承中华文明、守住根文化、增强文化自信在 AI 时代更显示出其不可替代的重要性。教育家精神中"胸怀天下、以文化人"的弘道追求正好可以借助 AI 技术实现文化主体性的重建，构建技术与文明的和谐对话机制。

教师应通过"以文化人"的教育理念，将文化传承融入教学过程。在 AI 辅助的教学设计中，教师可以结合中华优秀传统文化、地方特色文化等内容，帮助学生理解并认同本国文化的独特价值，守护本土文化的根脉，培养其文化自觉和文化自信。"胸怀天下、以文化人"的理念不仅可以引导 AI 系统实现文化传承与创新，还可使其形成算法，推荐不同国家和地区的文化经典，帮助学生在学习过程中形成开放、包容的文化观。再通过"胸怀天下"的国际视野，引导学生成为具有全球责任感的世界公民。教师可以利用 AI 技术模拟国际议题讨论场景，鼓励学生从多角度思考全球问题，培养其解决复杂问题的能力。

四、如何实现教育家精神

如果每位教师都能够秉持教育家的精神，对自己提出严格的要求并以此引领个人成长，将实现教育家精神作为不懈追求，不仅将显著提升教育质量、引领社会价值观，还可以推进教育公平并传承尊师重教的传统。这将对培养未来国家栋梁、增强国家竞争力等方面产生深远的积极影响。可从以下几个方面落实执行：

1. 树立正确三观，融入国家大局

教师需要确立正确的世界观、人生观和价值观，并将个人成长融入国家教育大局。这意味着教师应深刻理解社会主义核心价值观的内涵，并将其与国家的教育目标紧密结合。教师可以通过学习党的教育方针和政策，明确国家对学生德、智、体、美、劳全面发展的要求，从而在教学中将这些目标落到实处。

在传授知识的过程中，教师更需要注重传递积极的人生态度和正确的价值观念。教师应通过自身言行，向学生传递勤奋、诚信、友善等优良品质，帮助他们树立正确的人生目标和生活态度。同时，教师应关注学生的心理健康，注重倾听和引导，帮助他们解决成长中的困惑，培养其坚韧不拔的意志和乐观向上的心态。教师还应认识到自身在培养社会主义建设者和接班人中的重要角色，将个人职业发展与国家教育事业的进步紧密联系，为国家的长远发展贡献力量。

2. 参与公益活动，提升奉献能力

教师参与公益活动能够直接为学生树立榜样，有助于促进社区的和谐发展。教师可以通过组织或参与社区清洁、敬老院探访、贫困地区支教等活动，向学生展示如何以实际行动践行社会责任；也可以通过组织学生和家长共同参与社区服务活动，增强学校与社区的联系，推动社会资源的整合与共享。教师在公益活动中的表现，能够增强家长和社会对教育的信任与支持，为学校的教育实践创造更有利的外部条件。

教师主动参与公益活动对提升教育质量和培养社会主义核心价值观具有积极影响。教师可以将参加公益活动的经验融入课堂教学，通过案例分析和实践反思，帮助学生理解奉献精神和社会责任的重要性。持续的公益活动有助于增强学生的家国情怀，引导他们将个人成长与国家发展紧密结合，学校和教师应将其作为教育实践的重要组成部分。

3. 以身作则，言行一致

践行教师的职业道德与责任，首先体现在教师的日常行为中。无论是在课堂教学还是校园生活中，教师都应以身作则，展现高尚的道德品质和专业精神，为学生树立正面的榜样。在课堂教学中，教师应严谨治学，认真备课，耐心解答学生问题，并以积极的态度对待教学中的挑战；在校园生活中，教师应遵守学校规章制度，尊重同事，关爱学生，展示良好的职业素养和道德风范。

言行一致是教师建立威信的基础。教师应确保自己的行为与所倡导的价值观相一致，避免说一套做一套。如果教师强调诚信的重要性，就应在日常行为中做到诚实守信，如按时完成工作任务、遵守承诺等；如果教师鼓励学生积极参与公益活动，就应率先参与并带动学生共同行动。当教师在校园生活中展现出正直、友善的品质时，学生更容易形成健康的人际关系和积极的生活态度。只有言行一致的表现，才能增强学生对教师的信任，并使教师成为学生效仿的楷模。教师遵循"身教大于言教"，就能够潜移默化地影响学生，帮助他们树立正确的价值观和行为准则。

4. 尊重个体差异，注重情感教育

教师在教学过程中，应通过观察、交流和评估，深入把握每个学生的个性和需求，进而设计个性化的教学方案以适应不同学生的学习差异。同时，教师需关注学生的情感波动，建立良好的师生关系，营造温馨的学习氛围。教师可以从日常的互动和关怀中了解学生的情感状态，及时提供情感支持和指导，帮助他们缓解负面情绪，增强自信心。

此外，教师还需采用适宜的教学策略，激发学生的创造力和学习热情。幽默的语言、生动的案例和积极的互动，能够激活课堂活力，增强教学吸引力；项目式学习、探究式学习等方法，也能鼓励学生主动思考和解决问题。教师需要不断提升自身的观察力、沟通能力和情感教育能力，满足学生多样化需求并促进其全面发展。

5. 终身学习，守正创新

在 AI 时代，教师应通过终身学习和守正创新，持续追求知识、积极吸收新的教育理念和方法，以保持专业素养和教学能力的不断提升。教师可以通过阅读、研究、培训和研讨会等渠道，不断更新自己的知识储备和教学技能，从而适应教育领域的快速变化。同时，还应勇于探索和创新教学方法，利用 AI 技术优化教学设计、更新课程内容，并采用更科学的评价体系，以培养学生的创新思维和实际操作能力。

6. 热爱教育，无私奉献

教师对教育的热爱首先体现在将教育工作视为一种使命而非仅仅是职业，教师只有保持内心深处对教育的热爱，才能积极面对教学中的压力与挑战，并愿意为学生成长和事业进步投入额外的努力和时间。教师的无私奉献通常表现为不计较个人得失，全心全意为学生提供指导与支持。

教师可以制订个性化的教学方案，关注每个学生的学习特点和需求，帮助他们充分发挥潜力。教师也可以通过真诚的关爱和尊重，了解学生的情感状态和个性特点，引导其身心健康发展。加班备课、课后辅导或组织课外活动等是常见的教师奉献方式，可为学生提供更多的学习机会和支持，帮助他们克服学习中的困难。

7. 拥有全球视野，传承中国文化

教师需积极掌握外语，增强跨文化交流能力并拥有全球视野，以应对教育国际化的需求。教师可以通过学习英语或其他外语，提升与国际同行交流的能力，并获取全球教育领域的最新动态和资源。

在教学过程中，教师应注重传承中国文化，通过课程和活动彰显其特色与价值，强化文化自信。同时，教师也应激励学生学习和欣赏不同文化的精华，塑造学生的国际视角。教师可以引入多元文化教育内容，通过比较不同文化的特点和价值，帮助学生理解文化的多样性和丰富性，培养学生的跨文化意识和尊重多元文化的能力。

第二节　教师的职业道德

❋ **本节要点**

　　教师职业行为准则

　　教师的职业投入

　　教师的公正性原则

　　教师的学生关怀

　　教师的职业自我提升

一、教师职业行为准则

1. 教师职业道德规范

　　教师职业道德规范是指教师在从事教育工作中应遵循的一系列行为准则和道德标准，旨在确保教师在教学过程中能够坚守教育宗旨，遵循正确的道德标准，有效引导学生培养良好的品德和正确的价值观。规范教师的职业道德能够确保教师公平对待每个学生，避免歧视行为，以及为每个学生提供公正的学习环境。教师的言行举止代表着整个教育行业的形象，只有遵守职业道德规范，教师才能够树立良好的社会声誉，为创造优质的教育环境、促进学生个体发展和维护教师职业形象做出贡献。因此，教师职业道德规范的制定和遵守对于整个教育体系的健康发展和社会进步具有重要意义。

　　改革开放以来，我国分别于 1985 年、1991 年、1997 年颁布并修订了《中小学教师职业道德规范》（以下简称《规范》）。2008 年，教育部和中国科教文卫体工会全国委员会对 1997 年的《中小学教师职业道德规范》进行了修订，并于 2008 年 9 月 3 日公布《中小学教师职业道德规范（2008 年修订）》。"《规范》是在我国社会经济和教育发展进入新的历史阶段的重要背景下修订的。当前，我国教育事业已经进入一个新的发展阶段。"（《光明日报》，2008）

　　2008 年版《中小学教师职业道德规范》明确了教师的职业道德准则，为教师树立了崇高的职业理想并提供了明确的目标和方向。这些职业理想包括爱国守法、爱岗敬业、关爱学生、教书育人、为人师表和终身学习。

　　（1）爱国守法

　　"爱国守法"是教师职业的基本要求，教师应该热爱祖国，遵守法律法规，树立正确的价值观和思想观。其具体内容是："热爱祖国，热爱人民，拥护中国共产党领导，拥护社会主义。全面贯彻国家教育方针，自觉遵守教育法律法规，依法履行教师职责权利。不得有违背党和国家方针政策的言行。"

（2）爱岗敬业

"爱岗敬业"是教师职业的本质要求，强调了教师应该对教育事业始终保持热爱、奉献精神，以及对学生的关心和关注。教师要以职业精神履行自己的职责，全身心地投入教育教学工作中。其具体内容是："忠诚于人民教育事业，志存高远，勤恳敬业，甘为人梯，乐于奉献。对工作高度负责，认真备课上课，认真批改作业，认真辅导学生。不得敷衍塞责。"

（3）关爱学生

"关爱学生"则是师德的灵魂，教师应该以学生为中心，关心他们的成长和发展。这不仅包括关注学生的学习进步，还包括对学生的生活情况、心理健康和人格完善的关心，帮助他们解决问题，培养他们良好的品德和价值观。其具体内容是："关心爱护全体学生，尊重学生人格，平等公正对待学生。对学生严慈相济，做学生良师益友。保护学生安全，关心学生健康，维护学生权益。不讽刺、挖苦、歧视学生，不体罚或变相体罚学生。"

（4）教书育人

"教书育人"是教师的天职，教师要积极传授知识，引导学生的学习，同时注重培养学生的思维能力、创新能力和综合素质发展。教师通过言传身教，以榜样的力量影响学生，帮助他们成为有担当、有责任感的社会主义建设者和接班人。其具体内容是："遵循教育规律，实施素质教育。循循善诱，诲人不倦，因材施教。培养学生良好品行，激发学生创新精神，促进学生全面发展。不以分数作为评价学生的唯一标准。"

（5）为人师表

"为人师表"是教师职业的内在要求，教师要以自己的言行举止做学生的楷模和榜样。教师应该具备良好的道德品质和职业操守，诚实守信，端正师风，塑造良好的教师形象。其具体内容是："坚守高尚情操，知荣明耻，严于律己，以身作则。衣着得体，语言规范，举止文明。关心集体，团结协作，尊重同事，尊重家长。作风正派，廉洁奉公。自觉抵制有偿家教，不利用职务之便谋取私利。"

（6）终身学习

"终身学习"是教师专业发展不竭的动力，教师应不断提升自身的学识水平和教育教学水平。教师要积极参加专业培训和学术研究，不断更新教育理念和教学方法，以更好地适应社会的变化和学生的需求。其具体内容是："崇尚科学精神，树立终身学习理念，拓宽知识视野，更新知识结构。潜心钻研业务，勇于探索创新，不断提高专业素养和教育教学水平。"

2008年版《规范》在教师确立崇高的职业理想、自觉规范思想行为和职业行为方面具有重要的引领作用，要求教师秉持正确的教育观念，树立正确的人生观、价值观和师德师风。教师应参照《规范》进行自我要求和自律，不断提高自身的道德修养和职业素养，为学生树立健康的人格楷模，更专注地履行教育教学工作。

2. 教师职业行为十项准则

2018 年，教育部"为深入贯彻习近平新时代中国特色社会主义思想和党的十九大精神，深入贯彻落实全国教育大会精神，扎实推进《中共中央 国务院关于全面深化新时代教师队伍建设改革的意见》的实施，进一步加强师德师风建设"，研究制定了《新时代高校教师职业行为十项准则》《新时代中小学教师职业行为十项准则》《新时代幼儿园教师职业行为十项准则》（统称"新时代教师职业行为十项准则"）。教育部在当年的 16 号通知中明确指出制定三份准则的目的："制定教师职业行为准则，明确新时代教师职业规范，针对主要问题、突出问题划定基本底线，是对广大教师的警示提醒和严管厚爱，是深化师德师风建设，造就政治素质过硬、业务能力精湛、育人水平高超的高素质教师队伍的关键之举。"

三份准则分别对高校教师、中小学教师、幼儿园教师提出一些具体要求，其中"坚定政治方向、自觉爱国守法和传播优秀文化"三项内容是共性的要求。三份准则在教书育人、关爱学生、为人师表、学术规范、公平诚信、廉洁自律、履行社会责任、规范从教行为和加强安全防范等方面分别对高校、中小学和幼儿园的教师提出了具体的要求。三份准则旨在规范教师的职业行为，明确师德底线，要求教师具备有理想信念、有道德情操、有扎实学识、有仁爱之心的好老师的素养。

"新时代教师职业行为十项准则"分阶段的具体内容如表 1-1：

表 1-1　教育部"新时代教师行为十项准则"分阶段具体内容的对比

幼儿园教师职业行为准则	中小学教师职业行为准则	高校教师职业行为准则
共同说明：		
教师是人类灵魂的工程师，是人类文明的传承者。长期以来，广大教师贯彻党的教育方针，教书育人，呕心沥血，默默奉献，为国家发展和民族振兴作出了重大贡献。新时代对广大教师落实立德树人根本任务提出新的更高要求，为进一步增强教师的责任感、使命感、荣誉感，规范职业行为，明确师德底线，引导广大教师努力成为有理想信念、有道德情操、有扎实学识、有仁爱之心的好老师，着力培养德智体美劳全面发展的社会主义建设者和接班人，特制定以下准则。		
共同准则：		
一、坚定政治方向。坚持以习近平新时代中国特色社会主义思想为指导，拥护中国共产党的领导，贯彻党的教育方针；不得在教育教学活动中及其他场合有损害党中央权威、违背党的路线方针政策的言行。 二、自觉爱国守法。忠于祖国，忠于人民，恪守宪法原则，遵守法律法规，依法履行教师职责；不得损害国家利益、社会公共利益，或违背社会公序良俗。 三、传播优秀文化。带头践行社会主义核心价值观，弘扬真善美，传递正能量；不得通过课堂、论坛、讲座、信息网络及其他渠道发表、转发错误观点，或编造散布虚假信息、不良信息。		

幼儿园教师职业行为准则	中小学教师职业行为准则	高校教师职业行为准则
四、潜心培幼育人。落实立德树人根本任务，爱岗敬业，细致耐心；不得在工作期间玩忽职守、消极怠工，或空岗、未经批准找人替班，不得利用职务之便兼职兼薪。	四、潜心教书育人。落实立德树人根本任务，遵循教育规律和学生成长规律，因材施教，教学相长；不得违反教学纪律，敷衍教学，或擅自从事影响教育教学本职工作的兼职兼薪行为。	
五、加强安全防范。增强安全意识，加强安全教育，保护幼儿安全，防范事故风险；不得在保教活动中遇突发事件、面临危险时，不顾幼儿安危，擅离职守，自行逃离。	五、关心爱护学生。严慈相济，诲人不倦，真心关爱学生，严格要求学生，做学生良师益友；不得歧视、侮辱学生，严禁虐待、伤害学生。	五、关心爱护学生。严慈相济，诲人不倦，真心关爱学生，严格要求学生，做学生良师益友；不得要求学生从事与教学、科研、社会服务无关的事宜。
六、关心爱护幼儿。呵护幼儿健康，保障快乐成长；不得体罚和变相体罚幼儿，不得歧视、侮辱幼儿，严禁猥亵、虐待、伤害幼儿。	六、加强安全防范。增强安全意识，加强安全教育，保护学生安全，防范事故风险；不得在教育教学活动中遇突发事件、面临危险时，不顾学生安危，擅离职守，自行逃离。	六、坚持言行雅正。为人师表，以身作则，举止文明，作风正派，自重自爱；不得与学生发生任何不正当关系，严禁任何形式的猥亵、性骚扰行为。
七、遵循幼教规律。循序渐进，寓教于乐；不得采用学校教育方式提前教授小学内容，不得组织有碍幼儿身心健康的活动。	七、坚持言行雅正。为人师表，以身作则，举止文明，作风正派，自重自爱；不得与学生发生任何不正当关系，严禁任何形式的猥亵、性骚扰行为。	七、遵守学术规范。严谨治学，力戒浮躁，潜心问道，勇于探索，坚守学术良知，反对学术不端；不得抄袭剽窃、篡改侵吞他人学术成果，或滥用学术资源和学术影响。
八、秉持公平诚信。坚持原则，处事公道，光明磊落，为人正直；不得在入园招生、绩效考核、岗位聘用、职称评聘、评优评奖等工作中徇私舞弊、弄虚作假。	八、秉持公平诚信。坚持原则，处事公道，光明磊落，为人正直；不得在招生、考试、推优、保送及绩效考核、岗位聘用、职称评聘、评优评奖等工作中徇私舞弊、弄虚作假。	八、秉持公平诚信。坚持原则，处事公道，光明磊落，为人正直；不得在招生、考试、推优、保研、就业及绩效考核、岗位聘用、职称评聘、评优评奖等工作中徇私舞弊、弄虚作假。
九、坚守廉洁自律。严于律己，清廉从教；不得索要、收受幼儿家长财物或参加由家长付费的宴请、旅游、娱乐休闲等活动，不得推销幼儿读物、社会保险或利用家长资源谋取私利。	九、坚守廉洁自律。严于律己，清廉从教；不得索要、收受学生及家长财物或参加由学生及家长付费的宴请、旅游、娱乐休闲等活动，不得向学生推销图书报刊、教辅材料、社会保险或利用家长资源谋取私利。	九、坚守廉洁自律。严于律己，清廉从教；不得索要、收受学生及家长财物，不得参加由学生及家长付费的宴请、旅游、娱乐休闲等活动，或利用家长资源谋取私利。

续表

幼儿园教师职业行为准则	中小学教师职业行为准则	高校教师职业行为准则
十、规范保教行为。尊重幼儿权益，抵制不良风气；不得组织幼儿参加以营利为目的的表演、竞赛等活动，或泄露幼儿与家长的信息。	十、规范从教行为。勤勉敬业，乐于奉献，自觉抵制不良风气；不得组织、参与有偿补课，或为校外培训机构和他人介绍生源、提供相关信息。	十、积极奉献社会。履行社会责任，贡献聪明才智，树立正确义利观；不得假公济私，擅自利用学校名义或校名、校徽、专利、场所等资源谋取个人利益。

从上列对比可以看出，不同阶段的教师职业行为准则都强调了教师的责任感、使命感和荣誉感，但在具体的规范方面会根据不同阶段的特点和职责进行适度的调整。高校教师职业行为准则更加注重研究和教学方面的要求，中小学教师职业行为准则更加注重教书育人和学生安全的要求，幼儿园教师职业行为准则更加注重幼儿保教和幼儿安全的要求。

三份准则根据各个阶段的职责特点对教师职业行为进行具体的规定和要求，如要求高校教师遵守学术规范，要求中小学教师加强安全防范，要求幼儿园教师保护幼儿安全和尊重幼儿权益。不同阶段的教师职业行为准则所涉及的对象也不同，从大学生到幼儿的范围逐渐变小，对教师行为的规范也有相应的调整。三份准则明确了师德底线，有助于防止违法、违纪、违规的情况发生，激励教师对教育事业的投入和热情，维护教育系统的良好形象。

二、AI 时代教师的职业投入

在 AI 时代，教师的职业投入呈现出新的内涵和方向，具体体现在以下几个方面：

1. 教育使命及教学技术投入

深刻理解教育使命和责任，保持对教育的敬畏之心，是教师保障教学投入的基本前提。对教学的无私投入意味着教师将学生的利益放在首位，关注每个学生的个体差异，关心他们在学业、生活、心理健康等方面的综合成长，并以促进学生的发展为己任。这是一种从教师内心深处产生的对教学的热爱和责任感，源自教师对教育神圣使命的认同感和敬畏感。

教学投入不仅体现在教师主动寻求深化教育理念和教育方法的途径上，还表现在教师注重自身的形象和操守，不断提升自身的教学水平和专业素养。而在 AI 时代，技术与教育的深度融合为教师的教学投入提供了新的维度和工具。教师需要主动学习并掌握 AI 技术在教育中的应用，如智能教学系统、数据分析工具和虚拟现实教学等。教师的教学投入从以前单纯对教学过程的投入，转化为对应用教育技术辅助教学的投入以及平衡工具理性和人文价值的投入。

需要注意的是，技术的投入不能替代教师对教育使命的坚守。尽管 AI 技术在教育中发挥了重要作用，但教师的情感关怀、人文教育和价值观引导依然不可替代。技术是工具，而教育是灵魂。教师需要在技术应用中保持对教育的敬畏之心，将技术与人文关怀相结合，既利用技术提升教学效果，又通过情感教育培养学生的社会责任感和价值观。

2. 强化对教育的认识

顾明远主编的《教育大辞典》中提出："教育是有意识的以影响人的身心发展为目标的社会活动。教育活动是有意识的以人为直接对象的社会活动，它不同于其他以物质产品或精神产品的生产为直接对象的社会生产活动。教育与其他有意识的以人为直接对象的活动还有区别，教育是以对人的身心发展产生影响为直接目标的。"

这一界定强调了教育的本质是一种育人的活动，其核心在于对人的身心发展产生积极影响。本着与时俱进的原则，在 AI 时代，教师需要进一步强化对教育的认识，重新审视其内涵与使命。

在个体层面上，教育不仅是知识的传授，更是对学生思维、情感和行为的全方位引导。AI 技术的引入为教育提供了更丰富的工具和可能性，但教育的核心目标并未改变。教师应通过积极的教学互动和交流，引导学生获取知识，帮助他们理解和塑造自己的思维方式，使其能够做出积极、负责任的决策和行为。同时，教育还需致力于培养学生的情感智慧，包括情感管理、人际关系、道德品质和社交技能等。在 AI 时代，教师需要更加注重学生的个性化需求，利用技术手段实现因材施教，同时避免技术对人文关怀的弱化。

在社会层面上，教育是传承和发展社会文明、价值观和成就的重要途径。AI 时代的教育不仅要传授知识，还要传递道德观，培养学生正确的世界观、价值观和人生观。技术的快速发展带来了信息爆炸和价值多元化的挑战，教育在这一背景下显得尤为重要。教师需要通过技术与人文的融合，强化学生的公民意识和社会责任感，使其具备为社会做出贡献的意识和能力。

此外，AI 时代的教育还面临着新的挑战和机遇。教育不仅是实现个体全面发展的重要途径，也是塑造社会价值观和道德意识、促进社会进步和发展的关键力量。在技术快速发展的背景下，教育需要更加注重社会平等与公正，利用 AI 技术缩小教育差距，为每个人提供公平的学习机会。AI 时代的教师需要不断提升自身素养，以敬畏之心对待教育，以技术之力赋能教学，重在引导学生正确认识和使用技术，避免因技术滥用带来的负面影响。

3. 对技术的认知影响教学投入

在 AI 时代，技术正以前所未有的速度重构教育生态，而教师对技术的认知深度直接影响其教学投入的程度与方向。技术的引入不仅为教育提供了新的工具和方法，也对教师的教学理念、角色定位和专业能力提出了更高要求。教师对技术的正确认知是其在教学中有效投入技术资源的前提，也是实现教育目标的重要保障。

教师对技术的积极认知直接影响着教师的教学投入热情。教师应将技术视为教学的有力助手，而非压力或负担，要认识到 AI 技术可以为教学带来效率提升、个性化支持和创新可能，技术只是教育工具而非目的。教师对技术的认知不足或偏差可能导致教学投入盲目而低效，并且会因为过度依赖技术而忽视教育的核心使命。因此，在教学中，教师应注意平衡技术与人文的关系，注重将技术与人文关怀相结合，在利用技术提升教学效率的同时，不忘对学生情感、价值观和思维能力的培养。教师需要不断更新对技术的认知，将其视为实现教育使命的重要工具，才能以更积极、理性的态度投入教学。

三、AI 时代教师的公正性准则

1. 厚生乐教，公平无私

"厚生乐教"是教师持有公正性原则的情感基础。"厚生"出自《尚书·大禹谟》，原意为让民众生活富足，借用于教育领域，转而强调教师对学生的重视与关爱。在 AI 时代，教师不仅要关注学生的学业表现，还要关心他们的身心健康、情感需求和人格培养。例如，运用 AI 技术，教师可以通过数据分析了解学生的学习状态和情绪变化，及时提供个性化的支持与关怀。这种对学生的全面关注，体现了"厚生"的核心精神。

"乐教"则源自《论语·述而》中的"诲人不倦"，强调教师对教育事业的热忱与投入。AI 时代的教师需要以乐观的心态面对技术变革，主动学习并应用新技术，将其转化为教学创新的动力。"乐教"是教师对教育的热忱与投入，教师应基于学生需求，善用 AI 技术设计出更生动、个性化的教学内容，加大对技术与人文整合的投入。

"公平无私"是教师公正性原则的实践体现。在 AI 时代，技术为教育公平提供了新的可能性，但教师依然是实现公平的决定力量。首先，教师可利用 AI 技术了解每个学生的背景、兴趣、能力和需求，将每个学生视为独特的个体，提供有针对性的支持与指导。其次，教师应确保每个学生都有平等的机会参与课堂活动、课外活动和学校资源。对于有特殊需要的学生，教师可以利用 AI 技术提供适应性措施，帮助他们克服学习障碍。最后，教师还需注意倾听和尊重学生的声音，利用技术平台为学生提供表达意见和感受的机会，确保学生感到被理解与尊重。

在 AI 技术的应用中，教师应以专业和道德标准约束自己，将学生的利益放在首位，避免因个人喜好或偏见而对学生区别对待。教师还需要警惕技术可能带来的不公平现象。例如，AI 算法的偏见可能导致某些学生被忽视或误解，教师需要及时发现问题并加以纠正，确保技术应用的公正性。

2. 杜绝歧视，避免偏见

教师在对待学生时应坚决杜绝任何形式的歧视。无论是种族、性别、宗教、家庭背景还是其他特征，教师都应以平等的态度对待每个学生。在 AI 时代，技术为教师提供了更全面的学生数据，但教师需要警惕技术可能带来的隐性歧视：AI 算法可能因数据偏差而对某些群体产生不公平的判断。教师需要以人文关怀弥补技术的不足，确保每个学生都能获得公平的学习机会。

创造一个包容的学习环境是构建 AI 时代人文平台的基础。教师可运用 AI 技术设计多元化的教学内容，尊重学生的文化背景和个体差异，通过智能教学系统为有特殊需求的学生提供个性化支持，帮助他们克服学习障碍。

AI 技术可以帮助教师更全面地分析学生的学习数据，但教师需要避免过度依赖技术而忽视学生的综合表现。以学生成绩为例，成绩可能受到家庭环境、个人背景等多种因素的影响，教师应综合考虑这些因素，对学生进行全面、公正的评价。同时，教师应警惕自身可能存在的偏见，避免因个人情感或主观判断而影响评估结果。在 AI 时代，杜绝歧视、避免偏见是教师实现教育公正的重要使命。

四、教师的学生关怀

教师对学生进行关怀的意义在于促进学生的心理健康和情感发展，激发学习积极性，培养正确的人生价值观，避免 AI 技术中介化带来的师生情感疏离。教师的关怀有助于建立良好的师生关系，对学生的终身发展起到积极作用。

1. 保护学生个人隐私

在 AI 时代，学生的个人信息可能被广泛采集和使用，包括学习数据、行为记录等。如果这些信息被不当使用或泄露，可能导致他们感到不安、焦虑甚至受到伤害。

学校和教师应加强信息安全管理，采取必要的技术措施，确保学生个人信息的安全。例如，使用加密技术存储和传输数据，限制信息的访问权限，避免数据被不当使用或泄露。同时，定期对信息系统进行安全评估和漏洞修复，防止外部攻击或内部滥用。

教师应认真学习隐私保护的相关法律法规和伦理规范，并将其应用于日常教学实践中。如在采集和使用学生个人信息时，教师应明确告知学生及其家长数据的使用范围和目的，并取得他们的同意。同时，教师还需教育学生如何保护自己的隐私，比如不随意分享个人信息、设置安全性强的密码等，增强他们的自我保护意识。

通过维护学生隐私，教师可以为学生创造一个安全、舒适的学习环境，帮助他们更好地发展心理健康和情感智慧。教师对隐私的保护也为学生树立了尊重他人权利和隐私的榜样，有利于培养他们正确的价值观和社会责任感。

2. 预防校园欺凌和事故的发生

2021 年 9 月，教育部出台《未成年人学校保护规定》，对校园欺凌从积极预防、依法处置等方面加以指导。同年 11 月，最高人民检察院网站发布《学生欺凌的认定：标准统一与机制完善》一文，对校园欺凌的认定进行解读。我国现行法律法规中可用于处理校园欺凌行为的主要包括《未成年人保护法》《预防未成年人犯罪法》《民法典》《治安管理处罚法》《刑法》等。为预防校园欺凌和事故的发生，教师应熟知并配合教育管理部门宣传相关法律法规，明确校园欺凌的行为界定及处置流程，同时做好以下建设：

（1）建立积极的校园文化

积极的校园文化是预防校园欺凌和事故的基础。教师可以帮助学生建立健康的自尊感，促进学生之间的自尊和自信，引导学生之间的合作，通过建立学生彼此之间的友善关系来降低欺凌事件的发生率。同时，教师需要培养学生的互助精神和团队合作意识，鼓励学生之间彼此尊重和支持，提升学生的自尊和自信，减少他们孤独和沮丧的情绪。

在教育过程中，教师还应教育学生理解和尊重他人的不同观点、文化和背景，帮助学生建立宽容和包容的意识，营造相互尊重并充满理解与支持的校园氛围。学校应定期举办团队建设和合作活动，增强学生的团队意识和情感认同，让他们学会在团队中互相合作和支持。良好的校园文化可以形成和谐互助的氛围，有利于学生建立积极的人际关系；团队建设可以提升学生解决问题和冲突的能力，从而减少校园欺凌和事故发生的可能性。

（2）定期做好预防教育

防患于未然才是最好措施，预防教育是防范欺凌和事故的有效手段。教师可以通过多种形式如常规课程、主题班会和专题讲座等，培养学生辨识和防范欺凌行为的能力，帮助他们提高对潜在风险的认识和理解，同时引导学生认识校园中建立和谐人际关系所需的价值观。

定期进行预防教育活动有助于学生提高对校园欺凌和事故的警惕性，不断强化对安全问题的认知和培养自我保护的能力。学生应该了解如何应对可能存在的危险，学会正确处理各种紧急情况，提高应对危机的自信和效果。采用案例进行预防教育有助于学生在面对意外事件时能够冷静应对，保护自己和他人的安全。

（3）加强监督与管理

加强校园的监督与管理是确保学生安全的重要举措。教师应当加强对学生的监管和观察，了解校园内的动态变化，准确地把握学生群体的情绪和氛围，及时发现并干预任何潜在的欺凌和危险行为。

建立有效的监督机制和管理制度有助于维护校园秩序和学生安全，包括规范学生的行为和活动，明确校园规章制度，加强对校园安全的监控和管理，设立监督岗位和值班制度等。同时，加强对校园内各项活动和流动情况的管控，对校园中的各类人员和事件进行及时、有效地处置，可以有效预防潜在的危险事件发生。

此外，在日常教育管理工作中，教师还应建立有效的沟通渠道和问题反馈机制。教师应时刻保持警惕，了解学生的需求和疑虑，通过细心观察及时采取有效干预措施，化解潜在的矛盾，最大化减少校园欺凌和事故的发生。

（4）提供支持服务

提供支持服务可以帮助学生更好地应对欺凌和事故。教师应确保设立有效的投诉和举报机制，让学生有渠道报告欺凌行为和危险情况，并在发现问题后采取适当的教育和纠正措施。教师应敏锐地察觉校园欺凌和潜在的事故风险，及时进行干预和处理，并为有需要的学生提供心理辅导和咨询服务，帮助学生处理负面情绪、缓解压力。同时，教师应提供安全的交流平台，让学生感受到被理解和被关爱，从而更好地化解心理困扰，减少潜在的欺凌行为发生。

当前，AI 技术赋能校园支持服务可用于应对欺凌行为和事故，创造安全的学习环境。AI 通过智能监测与预警系统，可实时分析学生行为数据和监控画面，识别欺凌和危险迹象，及时发出预警，帮助教师快速干预；AI 支持的匿名举报平台让学生轻松报告问题，系统对举报信息进行分类分析，识别问题模式和趋势，为学校制定预防措施提供依据。此外，AI 聊天机器人可为学生提供 24 小时在线心理辅导，分析心理健康数据，识别需要关注的学生并提供个性化支持；通过 VR 和 AI 互动课程，学生可以模拟社交场景，学习沟通技巧和冲突解决策略，由 AI 提供即时反馈，提升学生的社会适应能力；AI 还能促进家校联动，实时推送学生心理健康和行为表现，为家长提供教育建议，增强家校协同支持。

（5）建立多方联动

社会环境能制约个人行为，建立多方联动机制也是防范校园欺凌和事故的关键。教师应积极与学校管理团队、家长和社区建立密切的合作关系，共同制定和执行联合政策和行动计划。学校方需要更加全面地考虑各方利益，统一行动，形成合力，从而有效地防范潜在的风险。

家校合作也是非常重要的一环，家长的支持和配合对于预防欺凌和事故至关重要。教师可以积极与家长沟通，强调校园安全工作的重要性，了解学生在家庭环境中的情况，与家长共同制定关于学生安全和行为规范的家校合作计划，及时发现问题并进行有效干预。

同时，教师可以与社区机构合作，共同开展校园安全宣传活动、安全演练等，提高社区对学校安全工作的关注度和支持度。通过建立合作伙伴关系，学校可以更好地整合社会资源，充分利用社区的力量和智慧，集思广益，共同为学生创造一个更加安全、和谐的学习环境。

3. AI 赋能心理健康与情感发展

学生的心理健康和情感状态会直接影响他们的学习和表现。心理健康问题，如焦虑、抑郁等，会影响学生的注意力、记忆力以及思考和解决问题的能力，使其在学习中遇到挫折时无法有效应对，进而影响学业成绩和学习动力。

AI 可以通过分析学生的行为、语言和学习数据，早期识别潜在的心理健康问题。自然语言处理（NLP）技术可以监测学生的书面或口头表达，发现焦虑、抑郁等情绪迹象；行为分析系统可以识别学生的异常表现，如注意力下降或社交回避。此类数据能为教师提供预警，帮助他们及时介入，提供帮助与支持。

AI 赋能师生关系可促进情感交流。教师的 AI 智能体（Agent）可以为学生提供 24 小时匿名倾诉渠道，帮助他们表达内心感受，缓解情绪压力。同时，AI 可以分析学生的情感需求，为教师提供个性化建议，帮助他们与学生建立更亲近、信任的关系，营造安全的情感环境。

AI 技术还能帮助学生培养情绪管理能力和情感智商。基于 AI 的情感教育应用可以通过互动游戏和角色扮演，引导学生认识、调节情绪，并学会换位思考；虚拟现实（VR）技术可以模拟真实场景，让学生在安全环境中练习应对压力和冲突的策略，提升情感智商。

此外，AI 还为教师提供正面反馈和资源支持的工具。通过数据分析，AI 可以识别学生的进步和努力，帮助教师及时给予鼓励和认可，增强学生的自我肯定感。同时，AI 平台可以整合心理健康资源，为学生提供心理辅导或社会工作者等专业支持，鼓励他们主动寻求帮助。

五、教师的职业自我提升

教育领域的快速变化对教师提出了更高的要求，教师的职业自我提升成为确保教学有效性和吸引力的关键。AI 技术不仅为教师提供了新的学习工具和资源，也为教学创新和职业发展开辟了新的路径。

1. 持续的自我成长

AI 技术为教师的持续成长提供了丰富的机会。通过在线学习平台和智能教育工具，教师可以随时随地获取最新的教育理论、教学方法和技能。AI 驱动的个性化学习系统可以根据教师的需求推荐相关课程和资源，帮助他们快速掌握新知识。教师还可以通过参与 AI 辅助的教育研究项目，探索新技术在教学中的应用，如智能评估系统、虚拟现实教学等，从而提升教学效果。

2. 追求终身学习

终身学习是 AI 时代教师职业发展的必由之路。AI 技术为教师提供了多样化的学习资源和工具，如智能学习助手、虚拟导师和在线研讨会，可帮助教师制定明确的学习目标并高效执行。AI 可以根据教师的教学风格和需求，推荐个性化的学习内容和实践机会，有助于教师将新知识与实际教学相结合。当然，教师应通过反思和评估学习过程，不断优化教学方法，以应对教育变革带来的挑战。

3. 保持开放心态

AI 时代要求教师以开放的心态接受新技术和新理念，不囿于传统教学思路的反馈限制。教师利用 AI 技术构建反馈辅助系统，可以获取来自学生、同事和家长的多角度评价，更清楚地认识到自身的强项与弱点，进而优化教学方法。AI 也可以分析学生的学习数据，为教师提供教学效果的客观反馈，帮助他们调整教学策略。因此，教师应积极参与 AI 教育技术的实践与创新，将新技术融入课堂，提升教学的互动性和吸引力。

4. 创新教学实践

AI 技术为教师提供了多样化的创新教学工具，能够极大提升教师的教学效果，有利于他们的职业发展。AI 驱动的虚拟现实（VR）和增强现实（AR）技术是教学创新的两大工具，教师可以借此设计沉浸式学习体验，如历史场景重现、语言场景代入或科学实验模拟，激活学生参与动力。AI 智能数据分析可助力教师精准识别学生的学习需求，提供个性化支持，如自适应学习系统和自动批改工具，提升教学效率。此外，AI 智能体和游戏化学习增强了课堂互动，而 AI 辅助的教师培训和教学反思则助推教师不断优化教学方法。这些创新实践不仅丰富了教学方式，也为教师的职业发展注入了新的活力。

第三节　教师的法律责任

❈ 本节要点

了解教育法规

遵守学校政策与规章制度

防范法律风险

一、了解教育法规

教师熟悉并执行教育法规，可以更好地行使职责，保护学生权益。同时，教育法规助力教师规范教学行为并管理教育风险，保持与教育改革同步，从而确保良好的教育秩序，推动教育事业的持续进步。

1. 掌握当前教育法律法规

教师学习掌握当前的教育法律法规有很多途径，如教师可以阅读与教育法律法规相关的书籍、学术论文以及教育法规文件，从中获取有关教育法律法规的详细信息；关注和订阅教育部及其他相关政府部门的官方网站以及教育类出版物的公众号，了解与教育法律法规相关的通知、条例、政策文件以及最新的教育法规；参加学校或教育机构组织的关于教育法律法规的专题讲座等。以下是当前教师需要了解、掌握的一些重要教育法规：

（1）《中华人民共和国教育法》

《中华人民共和国教育法》（以下简称《教育法》）是国家层面的教育法律，规定了教育的基本原则、教育制度、教育管理、学生权益保障等内容。

（2）《中华人民共和国教师法》

《中华人民共和国教师法》（以下简称《教师法》）是对教师职业身份、教师权益、教师职业道德等方面进行规范的法律。

（3）中小学教育法律法规

包括《中华人民共和国义务教育法》《教育督导条例》《中小学教材管理办法》等，用于规范中小学教育的教学、评价、管理等环节。

（4）学生权益保护法律法规

包括《中华人民共和国未成年人保护法》《未成年人学校保护规定》等，用于保护学生的合法权益，防止欺凌、暴力等问题发生。

（5）职业教育法律法规

包括《中华人民共和国职业教育法》《职业院校教材管理办法》《中等职业学校管理规程》等，规范职业教育的教学和管理。

（6）高等教育法律法规

包括《中华人民共和国高等教育法》《普通高等学校学生管理规定》《普通高等学校教材管理办法》等，用于规范高等教育的教学、研究和管理。

（7）教育质量监测法规

包括《国家义务教育质量监测方案（2021年修订版）》等，用于监测和评估教育质量，推动教育质量的提升。

此外，对于各省市发布的与本地教育相关的地方性法规和规章制度，教师也需要了解和遵守。需要指出的是，教育法规是不断变化和更新的，教师应该保持关注和学习，及时了解最新的法规和政策，以保证自己教育工作的合法性和有效性。同时，在面对法律法规问题时，教师也可以向学校、教育行政部门等寻求相关法律法规的解读和指导。

2. 正确运用教育法律法规

教师应深入学习和理解教育法律法规，遵守法律的要求，保护学生权益，并将法律意识融入教学实践和教育活动中，以确保教学的合法性、公正性和规范性。以下是一些建议：

（1）熟悉相关法律法规

教师作为教育工作者，必须深入理解相关法律法规，这是维护自身权益、规范职业行为的基础。法律为教师提供了明确的权利义务框架，既保障了教育工作的合法性，也防范了潜在的法律风险。具体而言，法律知识有助于教师：第一，清晰界定职业行为边界，依法行使教育权利；第二，妥善处理突发事件，维护师生合法权益；第三，提升法治素养，确保教育教学活动规范有序。因此，教师应当系统学习并准确运用法律法规，将其作为职业发展的重要支撑，为教育教学工作提供坚实的法律保障。

（2）遵守教育法规

在教学实践中，教师必须严格遵守教育法规和学校规章制度，这是确保教育工作合法性和规范性的基本要求。教师应主动学习并落实国家及地方教育行政部门制定的政策法规，确保教学活动符合国家教育方针。与此同时，教师还应严格执行学校各项规章制度，包括教学安排和管理要求，这不仅有助于维护教学秩序，也为学生成长营造了良好的教育环境。教师只有依法执教、依规行事，才能保障自身权益，为教育质量提升提供有力支撑。

（3）保护学生权益

教师在教育工作中负有保护学生合法权益的重要责任，这主要体现在以下三个方面：首先，营造平等公正的学习环境，严格遵守学生权益保护法规，坚决杜绝歧视、暴力和欺凌行为，促进师生、生生之间的相互尊重；其次，保障学生人身安全，通过营造和谐安全的校园氛围，防范和制止各类危害行为，同时引导学生树立正确的价值观和行为准则；再次，关注学生心理健康，通过及时倾听、情感支持和心理辅导，帮助学生培养积极心态和情绪管理能力。教师只有切实履行这些职责，才能为学生创造健康成长的教育环境。

（4）推动学生法治意识教育

在当今法治社会，加强学生法治意识教育也是教师的重要职责之一。教师可尝试运用案例教学法，通过具体案例解析法律原理，帮助学生理解法律对社会秩序和个人权益的保障作用；此外，还可采用互动式教学法，如讨论和角色扮演，让学生在参与中体会法律的约束与保护，培养其守法意识和自我约束能力。这些教育方式有助于提升学生的法律素养，培养其社会责任感和公民意识，为其未来更好地融入社会打好基础。持续且系统的法治教育能促使学生逐步形成正确的法治观念，增强法律维权能力，成为具有法治精神的合格公民。

（5）确保教育活动合法合规

教育活动的合法性与规范性是教师必须严格遵守的。教师应根据课程标准和教学大纲设计教学内容，确保其科学性和合规性，同时关注知识产权、网络安全等相关法律要求，避免侵权行为。在组织学生实践活动时，教师应提前取得相关审批，评估活动风险，制定安全预案，确保活动合法、安全。教师依法执教才能为学生提供安全高效的学习环境，培养学生的法治观念和规范意识，为其未来发展奠定坚实的法治基础。

（6）寻求专业法律支持

当教师在教学实践中遇到法律问题时，寻求专业法律支持是确保教学活动合法合规的重要途径。教育领域的法律问题往往具有复杂性，教师可通过以下方式获取专业支持：首先，向专门机构或教育法律专家咨询，借助其丰富的法律知识和实践经验，准确理解法规条款及其适用情形，在保障教学活动合法性的同时，切实维护自身权益；其次，通过专业咨询及时掌握教育法律法规的最新动态，避免因信息滞后而产生的法律风险；再次，获取具体操作指导，如在处理学生纪律、版权问题或家校沟通时，如何制定合法合规的处置规则。专业法律咨询不仅能解决具体问题，更能提升教师的法律素养，为教学实践提供有力保障。

二、遵守学校政策与规章制度

1.执行学校的政策与规章制度

教师应该认真研读学校政策文件，全面理解其内容和要求，避免因不了解而违规。同时，教师应主动与学校管理层沟通，明确政策目的和执行标准，减少误解。积极参与相关培训也是教师及时掌握新政策、提升执行能力的途径。此外，教师还需要在日常教学、评价和纪律管理中严格遵守规定，确保制度的有效落实，在执行过程中及时反馈问题，为完善制度建言献策。教师必须严格遵守学校的政策与规章制度，才能维护学校秩序，保障教育教学质量。

2. 参与学校管理并贡献意见

教师可利用专业知识和实践经验，在教研组、学科组或教师代表会议等平台提出建设性意见，为学校决策提供多维度视角。在条件允许的情况下，教师应积极参与课程开发与评估，确保课程内容与学生需求和教育目标相匹配，也可就教学资源、学习方法和评估标准提出改进建议。此外，教师应基于教学实践，分享创新教学方法、教育技术应用经验，提升自己的沟通能力和问题解决能力。教师参与学校管理既能促进自身专业发展，又能与同事们一起共同优化教育环境。

三、防范法律风险

1. 增强风险意识，避免违规行为

（1）了解相关法律法规

教师必须高度重视教育法律法规的学习与研究，这是规范教育行为、维护师生权益的基础。教育法律法规为教师提供了明确的行为准则，如《教育法》规定了教育的基本原则与发展方向，《中华人民共和国劳动法》（以下简称《劳动法》）则界定教师的劳动权益与条件。教师只有深入理解这些法规，才能在教学实践中依法行事，避免因不了解法律而侵犯学生权益或违反《劳动法》规定。在处理学生纪律、评价成绩、组织活动等具体工作中，教师必须严格遵守相关法规，确保教育行为的合法性与规范性。

（2）参加相关专业培训

专业培训和研讨会通常由专业机构、教育部门或学校组织，主要帮助教师掌握最新法律法规动态，提高风险防范能力。通过参与培训和研讨会，教师可以及时了解法律法规的更新与调整，确保教育行为符合最新法律要求。通常，这些活动还涵盖风险防范策略，如学生纪律处理、侵权预防等，可帮助教师识别潜在风险，避免法律纠纷。同时，培训和研讨会为教师提供了交流平台，促进经验分享与互助，共同提升法律意识和教学活动的合规性。

（3）咨询法律风险

与学校的法务人员或教育法律专家进行咨询和交流，对教师来说是一种宝贵的学习机会。这些专业人员具备深厚的法律知识和实践经验，教师可以咨询学校的规章制度和教育政策，确保教学行为符合学校管理要求。教师在教学过程中遇到学生权益保护、知识产权、合同签订等法律问题时，也可获得专业建议，避免因不了解法律而产生风险。法务人员或专家的风险防范策略也能帮助教师提高教学过程中的法律风险防范能力，确保教学活动合法合规。

（4）遵守规章制度

遵守学校的政策和规章制度是教师规避法律风险的关键。具体而言，教师应按照教学计划、课程设置和教学方法的要求开展教学，确保教学内容和方法符合学校标准，提升教学效果；依据学校评估规定进行学生评价，保证评价的公正性、客观性和有效性，同时遵守纪律要求，维护教学秩序；落实学校安全管理制度，关注学生安全，确保校园环境的安全稳定。

（5）自我提升法律素养

随着社会发展和法律法规的不断更新，教师必须及时掌握最新法律要求，调整自身行为。在教育领域广泛使用网络的背景下，教师还需要了解网络安全法律、保护学生个人信息、防范网络诈骗等。教师可通过多种方式提升法律素养：参与学习小组、专业讲座，阅读法律文献，与同行交流经验等，从中及时了解法律动态，拓展知识面或借鉴他人经验。只有持续学习，教师才能更好地适应法律变化，增强法律意识，规避潜在风险。

2.依法处理问题，寻求法律支持

教育法律法规为教师提供了基本的行为准则，旨在保护师生权益，维护教育环境的和谐与稳定。作为教育工作者，教师必须严格遵守这些法规，确保行为合法合规。这不仅是一项法律责任，更是教师职业道德的体现。

教师应具备扎实的法律知识和意识，准确理解和适用《教师法》《教育法》等与教育相关的法律法规。这些法规直接影响教师的教学活动、校园管理等，熟悉相关法规有助于教师避免违法行为，保护自身权益，确保工作顺利进行。例如，了解民法、行政法、刑法等基本原则，可以帮助教师理性应对合同、行政管理、犯罪等方面的问题。

在解读法律法规方面，教师应准确理解其真实含义，避免主观解释。法律具有权威性，其含义和适用是严格规定的，教师应按照法律条文执行，才能有效减少因误解导致的法律风险。此外，教师应根据法律法规采取合适的行动，即使在工作中遇到问题，也应遵循法律规定处理，不得随意行事。必要时，教师可寻求学校法律顾问的帮助或法律援助，确保行为合法合规。

遵守法律是教师维护职业形象和声誉的基本保证，教师作为学生的榜样，其行为直接影响学生的道德观念和行为规范。只有依法行事，教师才能保证职业操守，树立良好的职业榜样，增强师生间的信任与尊重。

第四节　教师的社会责任

✳ **本节要点**

教育引导

德育引导

社会参与

关注学生心理健康

倡导可持续发展教育

教师的社会责任是多方面的，不仅仅局限于教学本身，还涉及对学生全面发展、社会进步和公共利益的关注。教师只有尽好自己的社会责任，才能更好地培养有社会责任感和素养的新一代人才，为社会的发展做出积极贡献。

一、教育引导

教育引导是指在学校教育过程中，教师和学校通过各种形式和方法对学生进行指导、激励和督促，以帮助学生全面发展、提升素质。教育引导包括学习引导、生涯规划引导、情感引导、认知引导等多个方面的内容，旨在引导学生养成良好的学习习惯和行为规范，培养积极的情感态度和品质，促进学生的全面成长和终身学习能力的提升。

1. 学习引导

引导学生建立良好的学习态度和方法，是提升学习效率、培养自主学习能力的关键。积极的学习态度能帮助学生以乐观、坚持的心态面对挑战，使学生即使遇到失败也能从中汲取经验继续前行；掌握有效的学习方法能加速知识吸收，提高学习效率，同时培养学生的思维能力和创造力，促进知识的理解与运用。培养自主学习能力和持续学习习惯也至关重要。自主学习能力使学生能够设定目标、解决问题，而持续学习习惯则有助于学生养成终身学习的意识，推动个人不断进步。

2. 生涯规划引导

帮助学生了解自己的兴趣、优势和职业发展方向，是职业规划的基础。学生需要深入分析自己的兴趣爱好、特长技能和个人价值观，清晰认识自身特点，明确职业兴趣，避免盲目选择，从而找到适合自己的发展方向。

学校和教师的引导在这一过程中至关重要，他们需要提供职业咨询和指导，帮助学生了解不同职业领域的发展前景和要求，做出符合自身兴趣和能力的职业选择。权威引导有助于学生在职业发展道路上明确目标、有序前行，更能帮助他们实现个人发展目标，建立积极的职业认知和发展观。体验良好的职业规划过程，既为学生的未来职业生涯奠定基础，也能促进其个人价值的实现。

3.情感引导

培养学生具有积极的情感态度有助于学生身心健康发展，构建健全的人格和情感世界。教师应通过情感教育和价值观引导，帮助学生树立正确的情感观和道德观，培养学生尊重、关爱和互助的品质。在面对挑战时，良好的情感态度能增强学生应对逆境的能力，形成坚定意志。同时，健康的情感世界有助于学生形成正确的自我认知和调节能力，而自我管理情感和调控情绪能提高情商和人际交往能力。情商高的学生能够更好地理解自己和他人的情感，建立支持性的人际关系，更好地融入集体和社会。

4.认知引导

认知引导首先体现在培养学生多元化的思维能力和信息处理能力方面。例如，批判性思维使学生能够客观分析问题，创造性思维能激发创新潜力，逻辑思维则有助于形成系统性思考方式。学生拥有这些能力后能更加自信地解决问题，独立应对复杂多变的挑战。

其次，引导学生有效获取和评估信息也极为重要。在信息量庞大的背景下，学生需要具备独立获取、评估和应用信息的能力。批判性思考和信息辨识能力能帮助学生辨别信息的真伪、价值和可靠性，使其做出明智的决策，这有利于学生提高信息获取效率，更好地利用信息资源。

当然，引导学生掌握多样化的问题解决策略，是培养其应对挑战能力的关键。教师应通过问题解决和思维训练等活动，引导学生灵活运用不同策略，逐步提高应变能力和创新能力。

5.社会实践引导

组织学生参与实践与志愿服务，引导学生深入了解社会发展的现状与问题，可增强其社会认知与责任感，形成社会参与意识。志愿服务活动不仅有助于拓宽学生视野，提升社会适应能力与综合素质，也能促使学生关注社会问题、关心他人，还能激发其社会责任感，塑造立足社会、乐于奉献的品质。

社会实践和志愿服务是培养学生团队合作与领导能力的有效途径。在活动中，学生需要与他人合作完成任务，从而培养团队合作意识，学会倾听、尊重与分工协作。部分学生还有机会担任团队领导者，负责组织协调活动，锻炼领导能力与团队协作技巧。

二、德育引导

德育引导是指教育过程中通过多种方式塑造学生道德品质和品行，旨在培养学生正确的道德观念和价值取向，使学生提升道德修养，塑造健康人格。其核心内容包括：培养道德观念和价值观，激发社会责任感和公民意识，引导自律意识和良好习惯，提升团队合作和领导能力，以及建立积极的生活态度和行为规范。

1. 道德品质引导

培养学生正确的道德观念和价值取向是德育引导的核心任务。通过教育，学生能够逐步树立正确的道德观念，明确价值取向，并将其作为行为准则。学生需要学会理解善恶、明辨是非，在面对困境时做出符合伦理和法律的选择。

提升学生的道德修养和品德素质是德育引导的重要目标。慈爱、宽容、正直、诚实、勤劳等优良品质是学生品德修养的主要内容，教师应强调道德修养的重要性，引导学生在日常生活和学习中展现出良好的道德风范，形成积极的行为习惯和精神风貌。这种以正确道德观念为基础的修养，不仅影响学生的个人发展，也为社会环境带来积极影响。

2. 社会责任引导

德育引导的另一任务是引导学生认识自身的社会责任和义务，帮助学生明确自身的社会定位和作用，理解个人行为的影响力与责任。引导学生认识社会与个人的互动关系，能够激发学生对社会问题的关注与参与热情，形成积极的公民意识。

同时，教师要激励学生主动承担社会责任，积极参与社会实践和公益活动。这不仅有助于学生树立正确的价值观，还能使学生将责任感转化为实际行动，为社会贡献爱心与服务。深入的社会实践活动容易促使学生更深刻地感受社会需求，从而提升参与社会、服务社会的能力与意愿。

3. 自律意识引导

自律意识和自我约束能力是德育引导的重要内容。自律要求学生自觉控制行为和情绪，遵守规则和纪律，实现自我管理。教师首先要培养学生的自律意识，使其认识自律的重要性，增强自我约束能力。引导和提高学生的自控力和自我调节能力有助于学生更好地控制行为，提升其自我管理和自我激励能力。

自我管理能力使学生在面对挑战和诱惑时能够理性思考、做出明智选择，从而提高决策能力和行动力。同时，自我激励能力帮助学生设定目标、制订计划，并以积极心态克服困难，实现目标。这种内在的自我激励和调节能力对学生的学习和成长至关重要。

4. 团队合作引导

团队合作是现代社会不可或缺的能力。学生必须认识到合作不仅能促进成员间的理解与沟通，还能激发团队创造力，产生协同效应。团队合作中的包容和协调则有助于克服个体差异，实现优势互补，提升团队效率。

教师需要引导学生在团队中学会倾听他人意见、激励团队成员、发挥自身特长，逐步发展出带领团队实现目标的能力。通过团队合作实践，学生可以体验团队协作的价值，提升协作能力和领导力，同时学会尊重他人、协调人际关系、拓宽视野，培养团队精神。

5. 良好习惯引导

教育学生养成良好的生活习惯和学习习惯能够塑造学生积极向上、阳光健康的人格，提升其综合素质和社会适应能力。良好的生活习惯，如规律作息、健康饮食和适度运动，有助于学生保持身心健康，提升生活质量和学习效率，同时培养自律自爱的品格。良好的学习习惯，包括合理规划时间、高效备考和定期复习等，能够提高学业成绩和自主学习能力，培养勤奋努力、持之以恒的学习精神。

此外，引导学生养成良好的行为规范和处世态度也是德育引导的重要内容。尊敬师长、友善待人、遵纪守法等良好的行为规范有助于学生树立正确的社会公德，养成有礼貌、懂感恩的品格。教师还应教育学生具有积极乐观的处世态度，以真诚包容、正直守信的心态对待生活、工作和他人。

三、社会参与

从育人角度，教师需要积极引导学生参与社会活动，培养学生的社会责任感、公民意识和创新能力，助力其成长为具有社会责任感的积极公民，为社区和社会发展贡献力量。具体而言，教师可从以下几个方面着手：

首先，组织学生参与公益活动。学校可通过开展关爱弱势群体、环保行动、义卖募捐等活动，让学生亲身体验助人的快乐与成就感，培养其同理心与奉献精神。这类实践活动能够增强学生的社会责任感，使其深刻认识到个人力量对社会改善的重要作用。

其次，引导学生进行社区服务。如与社区合作，让学生参与社区发展规划、环境整治、文化传承等项目。参与社区建设能帮助学生深入了解社区需求，培养其团队协作能力和领导才能，使学生在社区服务中认识和实现自我价值。

再次，将社会实践融入课程设计。提升学生社会生存技能应该成为教育课程的主要规划内容。教师可组织学生开展社会调研、企业参观、实习实训等活动，使其亲身体验社会的多样性与复杂性，从社会实践中理解社会运作机制，拓宽视野，增强解决实际问题的能力。

社会参与型实践能够激发学生的创新精神与社会参与能力，培养学生的社会责任感和公民意识。同时，学生也能在实践中将课堂所学知识转化为实际应用，实现理论与实践的结合，从而提升学习效果，促进全面发展。

四、关注学生心理健康

教师作为学生成长过程中的重要引导者，需将心理健康教育纳入育人体系，构建多维度的心理支持网络。学生的心理健康直接影响其认知发展、社会适应能力和人格完善程度。教师需从专业视角建立系统的心理辅导机制，可从以下几个方面入手：

1. 完善心理沟通支持体系

青少年时期是心理变化剧烈的阶段，学生常面临自我认同困惑和社交适应问题。他们处于探索自己的身份和角色时期，可能陷入身份混淆、价值观模糊或自尊心脆弱的困境。教师应关注学生的内心体验，提供支持，帮助他们建立正确的自我认同和良好的社交关系。

学生的文化背景和家庭环境对心理健康有重要影响，不同背景的学生可能面临跨文化适应困难、家庭压力或经济困境等挑战。教师需要对学生的个体差异和背景保持敏感，提供适应性支持，帮助他们应对心理压力。

还应该注意的是，当前社会和教育的竞争压力对学生的心理健康也会产生重大影响。学生普遍面临学业负担过重、时间管理困难、竞争压力过大等问题。特别是高考等重大考试给学生带来的巨大压力，可能导致焦虑、抑郁、自卑、睡眠障碍等心理问题。因此，教师应及时提供心理支持，开展心理教育，并采用主动倾听、非暴力沟通等技术，创设安全信任的对话环境，帮助学生应对压力。针对学业压力、人际关系等常见问题，学校还可开发情景模拟、角色扮演等体验式辅导课程，完善沟通支持体系，促进学生的健康发展。

2. 建设有益于学生心理健康的校园文化

建设有益于学生心理健康的校园文化是一个系统工程，需要学校的高度重视和教师的积极配合。学校应该营造支持学生情感表达的环境，可设立心理咨询室，开展心理健康教育课程和提供学生支持服务等。学校可帮助学生认识、理解并有效表达情感，教授应对压力和内心矛盾的方法。同时，加强教师的心理健康教育培训，提升他们对学生情感表达的支持能力。

建设多元包容的校园文化有助于增强学生的归属感。鼓励尊重和接纳不同个体、文化和观点，开展多元文化交流活动和庆祝不同文化节日，帮助学生建立积极的人际关系，减少歧视和排斥现象。学校领导和教师在校园文化建设中起到关键引领作用，应以身作则，鼓励学生互相尊重和理解，共同创造和谐包容的校园环境。

学校还应该强化专业支撑体系，配备专职心理教师。学科教师需持续接受认知行为疗法、焦点解决等专业培训，学校还可组建跨学科辅导团队，全面支持学生心理健康。

3. 制定多维预警和介入机制

学校应建立学生心理问题的预警系统，通过教师观察、学生自我报告和同伴提醒等多渠道收集信息。教师需敏锐关注学生的行为、情绪变化，及时发现潜在问题；鼓励学生自我觉察并主动求助；同伴可通过关心和倾听，协助发现需要帮助的同学。建立预警机制有助于及早发现问题，及时干预。同时，学校应建立动态观察机制，通过课堂互动、作业反馈和日常行为观察，构建学生心理档案；运用标准化心理测评工具定期筛查，建立"班级观察、专业评估、危机干预"三级预警系统，形成多维度预警和支持网络。

组建多方参与的心理危机干预团队是必要的介入机制，团队应包括心理咨询师、教师、校医和家长等角色。团队成员要具备专业知识和技能，并定期接受培训。当学生面临严重心理危机时，团队可快速协作，提供紧急支持。此外，学校可与专业心理机构合作，完善心理危机干预体系，提升应对能力。

4. 家校合作与社会支持

学校可以通过家长学校普及心理健康知识，帮助家长认识心理健康的重要性并掌握家庭支持方法；通过讲座、座谈会和亲子活动等形式，向家长传递心理健康教育理念，使其了解学生心理特点、常见问题及应对策略。同时，学校应构建家、校、医院协同机制，与家长建立定期会商制度，联合医疗机构开通绿色转介通道，共同促进学生心理健康发展。

家长会是家校联系的重要平台，学校可经由定期家长会通报学生心理健康状况，方便家长及时了解孩子的心理状态，并与教师共同制订支持计划。家长的参与有助于加强学校与家庭的联系，形成全面的心理健康支持环境。

五、倡导可持续发展教育

1. 整合可持续发展教育内容

将可持续发展教育内容融入各学科，学生就可在不同领域学习其原则、概念和实践。例如，在科学课堂中，学生可研究环境保护和资源管理，了解生态系统、气候变化和能源利用，探索自然资源的可持续利用。在社会科学课堂中，学生可学习可持续城市发展、社会公正和包容性发展，以及社会经济和文化因素对可持续发展的影响，从而全面认识可持续发展的复杂性和多样性。

当然，可持续发展教育也可通过跨学科项目和实践活动体现。例如，学生可参与课题研究、社区调查或模拟企业，从跨学科角度探究可再生能源利用、垃圾分类回收、气候变化对社区影响等问题。拓展性的实践活动不仅让学生动手实践、发现问题并寻找解决方案，还能培养其持续创新思维和问题解决能力。

2. 提供实践机会

为学生提供参与实际可持续发展项目的机会具有重要意义。学校可以通过开展诸如废物回收计划、校园绿化项目等实践活动，让学生将课堂所学应用于实际情境中。在废物回收计划中，学生能够直观体验垃圾分类的重要性，了解各类废物处理方式，并通过团队协作推动项目实施。此类实践旨在培养学生创新思维和解决问题的能力，提升他们的团队合作和领导能力。

参与实践项目能够增强学生的责任意识和社会担当，亲身体验才能促使学生认识到个人的行为对环境、社区乃至整个社会产生的影响，从而增强社会责任感。实践项目为学生提供了与多方利益相关者协同合作的机会。在与社区居民、企业及其他组织共同推进项目的过程中，学生得以提升沟通协调能力，更好地理解不同群体的需求和观点。

3. 培养学生的批判性思维

可持续发展教育应注重培养学生的批判性思维能力，而不仅仅是传授相关概念和原则。教师可以通过引导学生分析不同选择及其对社会、经济和环境的影响，帮助他们理解可持续发展的复杂性与平衡点。例如，在比较可持续能源与传统能源时，学生可以深入探讨可持续能源的长期环境效益和可再生性，以及传统能源在资源消耗和环境污染方面的代价。通过这种对比分析，学生能够更清晰地认识到不同决策的潜在影响，并具备在未来对可持续发展项目的选择能力。

教师还需要引导学生思考如何在实际社会环境中实现可持续发展目标，包括平衡社会群体需求、环境保护与包容性发展的关系。例如，在城市规划议题中，学生可以探讨如何通过设计公平合理的城市空间，兼顾经济发展、社会公正和生态保护。具备批判性思维的学生更能深入地理解可持续发展的多维属性，在未来的职业生涯和个人生活中，才能更有意识地为推动可持续发展贡献自己的积极力量。

4. 培养全球意识和社会责任感

有效培养学生的全球意识和社会责任感需要引导学生了解不同国家和地区可持续发展的挑战与实践。跨文化互动能有效拓宽学生的视野，促使其比较和评估不同地区在可持续发展领域的挑战与解决方案，从中获得启发和思考。教师可通过教授国际事务课程、举办跨文化交流活动等方式，帮助学生更好地理解并尊重不同文化背景与价值观，培养学生的包容与尊重差异的能力，使他们更加关注全球可持续发展问题，引导其提出具有跨文化视角的解决方案。

此外，教师还可以鼓励学生参与全球倡导活动，如参加联合国可持续发展目标的相关项目，组织学生参与志愿活动、项目研究或辩论等。教师还可以帮助学生深入了解全球可持续发展议程，让学生认识到个人行为对全球问题的重要性，激发他们的参与热情，为其在未来积极解决可持续发展问题增强可能性。

第二章　通用教师职业技能

通用教师职业技能是教师必须具备的基本能力和素质，是其职业行为规范、教学能力和专业成长的基础。这些技能适用于各个学科和教学阶段，并贯穿教师职业生涯的始终。通用教师职业技能主要包括但不限于：基础教育技能、沟通与互动技能、管理技能、评估与反馈技能、个性化教学技能。

第一节　基础教育技能

※ 本节要点
教育基本理论

教学设计、组织和评估

教学策略与教育技术应用

创新教学内容与活动

一、教育基本理论

教育基本理论是研究教育的本质、原则、方法及发展规律的基础性理论体系，涵盖教育哲学、教育社会学、教育心理学和教育管理学等学科理论，是教育领域的基础性理论框架，对教师的教育实践具有重要指导意义。

学习教育基本理论有助于教师深入理解教育的本质与目的，认识教育的价值与意义，把握学生的成长与发展规律。这不仅有利于教师制订科学合理的教育计划和教学策略，还能为其提供教学方法、课程设计等方面的理论指导，从而提升教学水平和专业素养，促进学生的全面发展。具体而言，学科教师需要掌握的教育基本理论主要包括以下几个方面：

1. 马克思主义教育理论

作为中国教育的指导思想，马克思主义教育理论强调教育的社会性和历史性，认为教育受社会结构和阶级斗争的影响，与生产劳动密切相关。其核心目标是通过教育培养符合社会需求的劳动力，传承文化，培养社会主义建设者和接班人。

2. 教育技术学理论

随着信息技术的发展，教育技术学理论日益重要。它研究如何利用多媒体、互联网以及人工智能等技术优化教学过程，提升教学效果。其核心在于技术与教育的深度融合，推动教育创新，应对现代教育的挑战。

3. 教育心理学理论

教育心理学理论聚焦教育中的心理现象和规律，研究学习、记忆、思维、情感等心理过程对教育的影响。其通过关注学生的心理特点和发展规律，帮助教师优化教学目标、方法和评价方式，提升教学质量，促进学生成长。

4. 教育管理学理论

教育管理学理论关注教育组织的管理方式，包括组织结构、领导决策、资源分配等内容。其目标是通过科学管理提高教育质量和效益，为教育机构的可持续发展提供理论支持。

5. 教学设计理论

教学设计理论研究教学活动的设计、实施与评估，涵盖教学目标、内容、方法和评价等方面。其核心在于通过系统化的教学设计，优化教学过程，满足学生需求，促进全面发展。

6. 教育评价理论

教育评价理论聚焦教育过程和结果的评估，研究评价的目的、原则、方法和工具。其主要用于为教学改进和教育决策提供科学依据，推动教育质量的提升。

7. 课程理论

课程理论研究课程的设计、开发与实施，关注课程目标、内容、方法和评价的整合，旨在通过科学设计课程，满足教育目标和学生需求，促进教育教学的持续改进。

二、教学设计、组织和评估

教学设计、组织和评估是相互关联的核心环节。通过科学的设计、有效的组织和合理的评估，教师能够更好地引导学生学习，提升学生的学习效果和发展潜力。

1. 教学设计

教学设计是一个有机的整体，是教师事先计划和安排教学活动的过程，需要综合考虑教学目标、教学内容、教学方法、过程设计和教学资源的要点。以下是教学设计的核心要点：

（1）教学目标的设定和分解

教学目标是教学设计的核心，是教师希望学生在学习过程中达成的具体成果。教学目标应具备明确性、可测量性，并与学生的学习需求相匹配。明确教学目标才能使教学更具针对性和有效性，其中，目标分解是教学设计中不可或缺的关键步骤。

教师需将整体教学目标分解为可达成和可评估的小目标。这种分解有助于教学过程的管理与监控，使教师能够更清晰地了解每个教学环节中学生的具体目标，便于调整教学策略。分解目标有利于教师及时发现学生学习中的问题，优化教学计划，确保整体目标的实现，同时更好地满足学生需求，提升教学效果和学生的学习成就。

（2）教学内容的选择和组织

教学内容的选择和组织是教学设计的关键环节。教师应根据学科特点和学生认知能力，精心挑选具有启发性和实用性的内容，以激发学生的学习兴趣和好奇心。选择与学生生活经验、背景和实际问题相关的内容可增强学习动机，使学习更加生动有趣。同时，将抽象知识与日常生活联系，有助于学生理解与应用，提升内容的实际意义。

在组织教学内容时，教师需将知识点和概念有机整合，形成逻辑性强的学习单元。这种结构化设计帮助学生建立完整的知识体系，加深理解与记忆，并促进整体把握学科内容。精心组织的教学内容能够帮助教师更有效地引导学习，培养学生的思维逻辑和创造性。

（3）教学方法的选择和灵活运用

教学方法直接影响学生的学习效果，灵活的教学策略有助于提高学生的主动性和参与度。教师应根据学生的学习需求、风格、兴趣和能力，选择适合的教学方法。如针对视觉型学生可采用图像化教学，针对听觉型学生则注重语言表达。

因此，教师需要在了解学生特点的基础上有针对性地设计教学，帮助学生更好地理解和掌握学习内容。同时，教师需根据学生的反馈和学习进展灵活调整教学方法：对反应积极的学生可适当延续当前策略，而对不适应者则及时调整，以满足不同需求，提升学习效果。

（4）过程设计和活动安排

多样化的教学活动有助于激发学生的主动性和参与度，教学活动过程设计需要差异化，如授课、小组讨论、实验和案例分析，以满足不同学生的学习需求和风格。各项活动对培养学生的能力各有侧重：小组讨论培养合作与沟通能力，实验强化理论应用，案例分析提升批判性思维和问题解决能力。

此外，教师宜采用启发式问题解决、合作学习和探究式学习等策略，激发学生积极思考。启发式问题解决培养创造力，合作学习增强团队协作，探究式学习鼓励自主探索。这些策略不仅能提高学生的学习动机和自主学习意识，还能培养批判性思维和问题解决能力，使教学更加生动有趣。

（5）教学资源的有效利用

教师在教学设计中需要充分考虑并有效利用教学资源。教师应根据教学内容和目标，精心选择教材、多媒体教具和实验设备等资源，以生动有趣的形式呈现知识，吸引学生注意力，帮助学生理解与记忆。多元化的资源还能满足不同学生的学习方式，促进学生全面发展。为此，教师需根据教学需求和反馈，不断更新和优化资源，以提高教学效果。

随着科技的普及，网络和 AI 技术已成为学生获取知识的重要途径。教师应鼓励学生利用

AI 技术和网络资源进行自主学习，培养其信息获取与利用能力，从而拓宽学习渠道，丰富学习资源，提供更多自主探究的机会。

2. 教学组织

教学组织的要点包含时间管理、空间布置、学生互动、学习小组和随堂应变等方面。通过合理安排、积极互动和灵活调整，教师能够最大限度地促进学生的学习参与和学习效果，营造积极的学习氛围并激发学生的学习动力。

（1）时间管理

合理安排教学时间是确保教学质量和效果的关键。教师需精确规划每个环节的时间，使用时间表或计划表确保内容的完整性和连贯性。讲解、练习和讨论的时间比例应合理分配，讲解重在帮助学生理解知识，练习和讨论则强化应用能力和批判性思维，确保学生充分吸收和应用所学内容，所需要分配的时间应满足精讲多练的原则。

课堂时间管理还需要注意各个教学环节的过渡时间，避免过渡时间过长，才能保持教学活动的流畅性和高效性。教师需要预先准备和规划，减少不必要的等待和拖延，确保每个环节按时完成。同时，加强时间管理技巧，合理安排过渡时间和优化教学流程，有助于提高教学效率，确保教学活动顺利进行。

（2）空间布置

教师应根据教学活动的需求，合理布置课堂空间，为学生营造舒适、安静、整洁的学习环境，以提升学习效果。座位安排需兼顾交流互动与个人舒适，小组讨论时采用圆形或 U 形布局，便于面对面交流；讲授或演示时则采用阶梯式或直线排列，确保学生清晰观看教师或设备。同时，教师应根据课程需求合理配置设备和资源，如实验课中确保设备齐全、安全并指导学生正确使用，讲授或演示课中则需保证投影仪、电脑等设备正常运行，并提供充足的学习材料。

空间布置还包括展示区，教师可利用展示墙板、白板或电子屏幕等工具，展示课程内容、学生作品或学习目标，视觉资源有助于学生更好地理解和记忆知识。优化课堂空间布置还需注意课堂环境的光线、通风和整洁度，适当布置绿植或装饰物，营造轻松愉悦的氛围，利于提升学生的学习专注度和积极性。

（3）学生互动

在教学过程中，教师应注重培养学生的互动与合作意识。除了小组讨论、合作项目等分享见解、促进知识交流的活动外，教师还可组织辩论或角色扮演活动，帮助学生在表达观点的过程中锻炼逻辑思维和口头表达能力，增强学生间的情感联系。

在师生互动中，教师应以坦诚的态度鼓励学生提问和表达观点，建立良好的沟通渠道。互动过程应该以增强学生的学习动力和信心为目的，教师需及时解答问题，进行启发式提问，激发学生对知识的好奇心，从而提升学习兴趣与参与度。

（4）学习小组

学习小组组建是教学过程中促进学生合作与互动的常见方式。在组建学习小组时，教师需要充分考虑学生的兴趣、能力和学习风格，确保小组成员之间能够互补与促进。互补性有利于学生在小组学习中共同解决问题、完成任务，并在小组讨论与合作中分享经验、开拓思路，从而激活思维。学习小组的互动模式有助于培养学生的团队合作精神和领导能力，使他们在集体中学会倾听、沟通与协作。

学习小组的活动方式还有小组竞赛和任务分工等。小组竞赛能够有效激发学生的学习兴趣和动力，培养他们的竞争意识和团队协作精神，从而提高学习效率。任务分工则允许学生根据自身的特长和兴趣进行合作，充分发挥个人优势，实现合作共赢。合理科学的分工可提升任务完成的质量，还能培养学生的责任感和合作能力，使他们在团队中找到自己的角色和价值。

（5）随堂应变

教师在教学组织中需具备随堂应变的能力，以应对各种突发情况，如学生提问、争执或时间不足等。教师需要通过灵活调整教学方式来确保教学进程的流畅性和效果的达成，使教学过程更加生动有效。

随堂应变是教学组织的关键，教师需保持冷静与自信，灵活调整教学计划，根据学生的个体差异因材施教，灵活使用教学资源辅助教学。同时，教师应倾听学生需求，及时观察学生反馈，处理课堂冲突，保持公平公正。为提升应变能力，教师还需要进行课后反思与持续学习，预设应急预案应对课堂中的不确定性。具有幽默感的教师则能化解紧张气氛，拉近师生距离。随堂应变是一种教学机智，也是教师专业素养的重要体现。

3. 教学评估

教学评估是指教师收集分析和评价学生学习成果的过程，涵盖评价方法的多样性、评价标准的明确性、个体评价的重要性、教学调整的灵活性以及综合评价的重要性。教师能够通过评估深入了解学生的学习情况和需求，提供个性化指导，并为教学优化提供依据。

（1）评价方法的多样性

为了全面了解学生的学习情况，教师应采用多样化的评价方法。传统的考试和作业虽有效，但无法全面反映学生的学习表现。教师可以通过观察记录评估学生的学习态度、参与度和合作能力，更全面地掌握其综合表现。口头答辩也是传统方式之一，直接考查学生的表达能力、思维逻辑和理解深度，能帮助教师更准确地了解学生的知识掌握情况。此外，展示作品也是一种重要的评价方式。教师评估学生的展示项目成果或创意作品，从中了解他们的实际能力和创造力。

与此同时，随着教育技术的发展，AI 评价也逐渐成为教学评价的重要补充。AI 可以通过数据分析，实时追踪学生的学习进度、知识掌握程度以及学习习惯，提供客观、量化的反馈。

例如，AI 系统可以分析学生的作业完成情况、在线学习行为以及测试表现，生成个性化的学习报告，帮助教师更精准地识别学生的学习难点和优势。

综合运用传统评价方法与 AI 评价，教师能够更全面、准确地了解学生的学习情况，提供有针对性的指导与反馈，促进其全面发展。AI 的引入不仅提升了评价的效率和客观性，还为教师提供了更多维度的数据分析支持，使教学评价更加科学化和智能化。

（2）评价标准的明确性

评价学生学习成果首先需要制定明确的评价标准。评价标准应包含具体的指标和分级，以确保客观性和一致性，为师生明确学习期望和评价水平，有效指导学习方向。公开透明的标准还能帮助学生理解自身学习情况，接受评价结果，并为后续学习提供指导。

为了让学生更深入地理解标准的要求，教师还可邀请学生参与制定评价标准，增强其学习责任感和自我认知。学生为学习设定清晰的目标和标准，能提升其自我管理能力和学习动力，师生共同制定标准更有助于激发学生的学习热情和自主性。

（3）个体评价的重要性

除了对整体教学效果进行评估之外，对学生个体进行评估是教师评价学生学习成果的重要组成部分，能够帮助教师深入了解每个学生的学习情况和需求，从而提供有针对性的指导与支持。对个体的评价使得教师可以识别学生的优势与不足，在教学中进行更有针对性的引导，同时促进师生间更紧密的联系，推动教育的个性化发展。

此外，教师可通过有针对性的反馈和对话，帮助学生认识自身的学习能力与潜力。个体评价不仅能发现学生的学习困难与强项，还能在个性化指导下帮助学生充分发掘潜力，提升学习效果。师生间的建设性交流还能够优化学习体验，激发学生的学习兴趣与自主性，培养其学习主动性和主体意识。

（4）教学调整的灵活性

教学评估结果是教师了解教学效果和调整策略的重要依据，教师能够清晰地看到教学中的优点与不足，有针对性地优化教学内容、方法和节奏。教师还可以通过与学生的直接对话和反馈，深入了解他们的学习体验和对教学的意见。学生的建议和对学习过程的感受也可帮助教师进一步优化教学设计，使教学更具吸引力和启发性，从而更好地支持学生的学习与发展。持续关注评估反馈并不断优化策略，是确保教学有效性的关键。只有将评估结果与学生的实际需求相结合，教师才能真正实现教学的动态调整。

（5）综合评价的重要性

在教学评估中，教师需综合考虑学生的学习成果、兴趣和态度等多方面因素，以全面、准确地了解其学习情况和发展水平。除了学科知识的掌握程度，教师还应关注学生的思维能力、创新能力和团队合作能力等综合素养。这种综合评价不仅有助于发现学生的优势与不足，还能为其提供更全面的发展指导。

基于综合评价结果，教师可以为学生量身定制个性化的学习计划和教学方法，帮助他们实现全面发展。教学评估的最终目标不仅是提升学业成绩，更是促进学生的整体成长与潜力挖掘。教师采用多维度评价才能更有效地引导学生的学习与发展，为其提供更有针对性的支持。

三、教学策略与教育技术应用

不同学科有具体且不同的教学方法，因此课堂教学不能只采用单一的教学法，而是需要在多种教学方法之间进行取舍或叠加，并采用合适的教育技术进行教学辅助，以使教学更加多样化和有效化。教师需要了解一些普适的教学策略：

1. 整合不同教学策略

整合多样化的教学策略是实现有效教学的关键。教师应根据教学内容、学生特点和教学资源等因素，灵活选择适合的策略，以创造丰富的学习环境和提供全面的学习机会。

对于理论性较强的内容，讲授法更为适用；而对于实践性较强的内容，如实验或项目，合作学习或问题解决等方法则更为合适。同时，教师需考虑学生的年龄、兴趣、学习风格和能力。低年级学生更适合直观生动的策略，如游戏或动画；高年级学生则可引入更具挑战性的问题解决或讨论策略。

当然，教学时间和资源也是策略选择的重要依据。时间有限时，教师可采用精讲多练或分组合作等高效策略；资源有限时，则可利用数字化资源或自制教具等效益高的方法。教师需要综合考虑上述因素，选择最适合的教学策略，促进学生的全面发展。

2. 应用多媒体与 AI 技术

教师应确保多媒体与 AI 技术的应用与教学目标、学科特点及学生需求相匹配，并熟练掌握相关工具以确保其顺利运行。多媒体的视觉和听觉效果一直是教师生动呈现教学内容的主要手段，既可激发学生兴趣，又能加深其对知识的理解与记忆。此外，AI 技术的引入可以进一步提升教学效果。例如，教师可以利用 AI 驱动的智能课件生成工具，自动整合文本、图像、音频和视频等多种素材，根据学生的学习进度和兴趣动态调整内容，提供更个性化的学习体验。

在课堂互动方面，AI 技术可以增强学生的参与感和积极性。AI 支持的在线学习平台，可以助力教师实时分析学生的反馈数据，自动生成在线投票、问答和讨论活动，并根据学生的表现调整教学节奏。AI 还可以用于智能评估系统，通过自然语言处理（NLP）技术分析学生的讨论内容，提供即时反馈和个性化建议，帮助学生更好地掌握知识。

同时，互联网资源如教育网站、在线教材和教学视频可作为教学参考和补充。AI 技术可以进一步优化这些资源的利用，通过智能推荐系统，根据学生的学习需求和兴趣自动推送相关学习资料和视频，帮助学生更高效地获取知识。此外，AI 还可以用于虚拟实验和模拟教学，为学生提供沉浸式的实践学习体验，弥补传统教学资源的不足。

3. 引入分层教学

将学生分成不同学习小组进行针对性教学是一种有效的策略，能够满足多样化的学习需求，并提供个别辅导与扩展学习的机会。教师可根据学生的学习能力和水平，设计不同难度和深度的任务。对于学习较快的学生，可提供更具挑战性的任务，激发其思考和探索兴趣，帮助其拓展和深化知识；对于学习较慢的学生，则可通过小组讨论、个别指导等方式提供更多支持，确保其跟上课程进度并理解所学内容。

小组间的差异化教学活动还能促进学生互动与合作。不同能力的学生可以互相学习与借鉴，较强的学生帮助较弱的学生，培养其合作意识与团队协作能力。分层合作学习形式有助于知识传递，还能提升学生的社交技能与沟通能力。

4. 鼓励合作学习

教师应鼓励学生通过小组讨论和合作项目进行合作学习，共同探索、交流和分享知识。合作学习不仅是学习方式，更是学习态度和能力的培养。在小组讨论中，学生可以交流观点，从不同角度思考问题，在提问、解答和辩论中逐渐形成批判性思维和逻辑性思考，促进学习的深度。教师在此过程中应发挥引导作用，激发学生互动，帮助他们从多角度理解和解决问题。

合作项目则是另一种有效的合作学习方式。教师应鼓励学生共同完成任务或项目，分担职责，协作解决问题，指导学生学会分工合作、倾听他人意见或提供建设性反馈，以实现共同目标。同时，合作项目还能帮助学生通过协作解决问题，共同思考和讨论，提出多样化解决方案，并找到最佳方法完成任务，从而锻炼团队合作、协作和沟通能力。

5. 引导问题解决

教师可以采用问题解决的教学方法，重在思维碰撞与辩论，帮助学生培养批判性思维、创新思维和解决实际问题的能力。在解决教师提出的开放性问题过程中，学生需要调动相关知识和技能，进行分析、推理和判断，并结合实际情境提出合理的解决方案。

教师在运用这一方法时，应注重引导学生的思考过程，而非单纯追求正确答案。教师可以通过提出指导性问题，引导学生分析问题的细节和可能的解决方法，同时鼓励学生提出自己的问题，激发他们寻找答案的动力。引导学生解决问题有助于学生更深入地理解和应用知识，在实际情境中解决真实问题。

6. 个性化学习支持

教师应根据学生的学习风格、兴趣和能力，提供个性化的学习支持，以满足其需求并提升学习效果。一方面，教师可提供多样化的学习材料，如书籍、文献、视频和互联网资源，以适应不同学生的学习偏好。例如，针对视觉型学生提供图表和视频，为文字型学生提供详细的文献资料。另一方面，教师可帮助学生设立个人学习目标，鼓励其根据兴趣和能力制定个性化目标，从而增强自主学习能力和学习动机。

教师还可根据学生具体需求进行个别辅导和指导。对于学习困难的学生，教师可通过一对一辅导帮助他们理解和掌握知识；对于学习能力强的学生，则可提供扩展学习机会和挑战性任务，激发其学习兴趣并促进能力进一步发展。教师提供的个性化支持能够更好地满足学生的多样化需求，提升整体学习效果。

四、创新教学内容与活动

创新教学内容和活动有多种方式，涉及多样化的教学设计，创新利用教学资源，尝试教学新方法，优化更新评估方式，以及通过营造新型的学习环境鼓励学生积极参与等。教育领域的新发展和研究成果，也在不断推动教育创新，教师需要不断自我提升，才能更好地满足学生的学习需求。

1. 教学设计的多样性

多样化的教学设计有利于教师创造丰富的教学环境，激发学生的学习兴趣和主动性。AI时代，可利用虚拟现实（VR）和增强现实（AR）技术的虚拟场景引导学生进行问题分析与解决，助其发现问题、提出解决方案并进行讨论，帮助他们在实际场景中应用所学知识与技能，培养其批判性思维和问题解决能力。

此外，教师还可尝试将虚拟与现实相结合，在组织学生体验 AI 技术虚拟场景的基础上，可组织实地考察或实践活动，让学生亲身体验真实环境，加深对学科内容的理解，同时培养观察力、实践能力和团队合作意识。

角色扮演也是一种有效的教学方式。学生通过扮演各种学科的不同角色，与同伴互动，能够深化对学科知识的理解，并提升表达能力和团队协作能力。教师还可将教学内容融入游戏设计中，利用竞争、挑战和奖励机制激发学生的学习动机。

2. 教学资源的创新利用

教师在教学中应始终围绕教学目标、内容和学生需求，灵活运用多种教学资源和技术工具，以提升教学效果和学生参与度。教师需要不断关注并学习新的技术和教学资源，保持教学创新，适应教育环境的变化。

教师可以充分利用在线教育平台、开放式课程网站和教育视频网站等资源，扩展学生的学习渠道和参与方式，鼓励学生进行在线学习、讨论和合作，突破传统教学的时空限制。

VR/AR 技术为教学带来了全新的体验，能够让学生身临其境地探索虚拟世界，提供更直观和互动的学习环境，从而增强学生的理解能力和学习兴趣。例如，在历史、地理或科学课程中，VR 和 AR 技术可以帮助学生直观地观察复杂的概念或场景，提升学习效果。

AI 技术的引入为教学带来了更多可能性：教师可以利用 AI 驱动的个性化学习平台，根据学生的学习进度和需求，提供定制化的学习内容和反馈；AI 还可以帮助教师自动化批改作业、分析学生的学习数据，从而优化教学策略；定制 AI 智能体（Agent）可以为学生提供即时答疑服务，帮助学生在课后巩固知识。

3. 教学方法的创新

教师教学方法的创新，关键在于持续学习、勇于尝试新策略，并注重学生的个性化需求。不断实践与反思促使教师提升教学质量并激发学生的学习潜力。创新教学不应局限于传统方式，而应积极引入项目学习、翻转课堂、问题解决、探究学习、合作学习等多样化方法，并根据教学目标和学生特点灵活调整。

个性化教学是创新的核心。教师需关注学生的学习风格、兴趣和能力，提供差异化支持，通过多媒体、AI 技术工具和个别辅导等手段，为学生量身定制学习方案。同时，教师应创造开放的学习环境，鼓励学生提出问题、探索解决方案，并通过实践项目、实验或模拟活动培养其创造性思维和问题解决能力。

4. 教学评估和反馈的创新

教师可以通过创新教学评估和反馈方式，深入了解学生的学习情况，并提供有针对性的支持。除了传统的书面考试和作业，教师可采用多样化的评估方法，如口头报告、展示、项目作业和实践活动，以全面评估学生在不同领域的能力和表现。

评估过程中，实时、频繁的反馈是关键。教师应及时告知学生学习进展，给予积极鼓励和具体建议，帮助学生调整学习策略，提升效果。反馈应具体明确，指出学生的优势和不足，并提供个性化的改进方向。教师可以借助 AI 技术工具和在线平台进行高效的在线评估和反馈。利用在线学习管理系统、互动投票工具和教学评估工具，教师能够便捷地收集和分析学生学习数据，并迅速做出回应，从而优化教学支持。

5. 课堂互动和参与的创新

鼓励课堂互动和积极参与，教师需要营造开放、合作的学习环境，从而提升学生的学习动机、个人表现和综合能力。在实施过程中，教师应注意平衡互动与课程进度，确保教学目标的达成。

互动首先可通过提出开放性和启发性的问题来实现，激发学生的好奇心和思考。组织小组讨论和合作也可以促进学生之间的观点分享与问题解决，深化彼此的思考与学习。AI 技术工具和在线平台是增强互动的有效手段。教师可使用在线问答工具、互动白板或课堂投票，让学生通过移动设备参与课堂活动，即时收集反馈。角色扮演和模拟活动也能提升学生的参与度，让他们通过情境互动加深理解。

第二节 沟通与互动技能

✳ **本节要点**

    与学生有效沟通

    与家长建立良好关系

    与同事的协作能力

    专业发展与交流

教师在课堂和学校中需处理各类问题，良好的沟通与互动能力至关重要。有效沟通能帮助教师缓解紧张气氛，激发学生兴趣，并深入了解学生的需求，提供个性化指导。而且，教学团队间的协作也依赖于沟通与互动，才能确保教学目标的达成。

一、与学生有效沟通

与学生的有效沟通需要教师善于倾听与尊重学生，确保清晰表达。教师需要主动创造师生对话，建立师生间良好的信任关系，才有助于实现有效的沟通并促进学生的学习和发展。

1. 倾听与尊重

教师在教学过程中应保持开放心态，积极倾听学生声音。教师可以设置课堂提问时间，鼓励学生表达想法，及时了解学生需求并调整教学方法，使教学更贴近学生兴趣。倾听时，教师应专注并尊重学生，通过眼神接触和积极的肢体语言传达重视，增强师生信任，营造良好的教学氛围。

师生间的对话不应该只是教师主导，教师应尊重并鼓励学生表达不同观点，给予学生自由发言机会并引导讨论。教师在对话过程中应注意激发学生思考和创造力，培养其自信心和表达能力。相互尊重才能使师生关系更加和谐，彼此成就教学与学习的效果。

2. 清晰表达

教师在传达信息时，应使用理性、直接和清晰的语言，用简单明了的表述解释概念，确保学生轻松理解并运用知识。清晰的语言有助于学生理解所学内容，建立正确认知，避免专业术语的使用可减少学生困惑，提升教学效率。

理性语言帮助教师控制情绪，避免情绪化表达对学生产生负面影响。课堂用语需采用理性和客观的表述，有逻辑地传递知识，让学生更易接受。同时，教师应根据学生年龄和认知水平选择适当词汇和表达方式，确保信息准确传达且不过于简单化。

直接语言能有效传递信息，避免歧义和误解。教师应直接表达意图和要求，避免模棱两可，帮助学生清晰理解，减少沟通混乱。直接语言还能增强学生对教师话语的信任，提升师生沟通效果，促进学生学习和发展。

3. 鼓励开放式对话

教师应鼓励开放式对话，创造安全和支持性的环境，让学生自由表达想法而不受批评。良好的交流环境能激发学生主动性和自信心，使其更积极参与讨论和提问。

在开放对话的环境中，教师需尊重学生观点，即使与自己的预期观点不同，也应给予理解，让学生感到被重视。鼓励学生提问、发表意见和分享解决问题的思路等方法也有助于建立融洽的师生关系，增强学生对教师的信任和尊敬，从而促进有效教学的开展。

同时，利用技术工具如在线讨论平台或 AI 互动系统，可以进一步拓展对话空间，让更多学生参与其中。

4. 创造积极的互动机会

在教学中创造积极的互动机会对学生成长和学习效果至关重要，小组合作、讨论和角色扮演都是促进学生互动的有效方法。小组合作利于促进学生间的协作交流，共同解决问题；讨论则能促进学生对某一主题的深入交流，分享见解，提升自信心和表达能力；角色扮演通过模拟真实场景，可增强学生对知识的理解和记忆。在互动过程中，教师需要引导学生合作沟通和协商，学会从他人观点中学到新知识，合理解决问题和做出决策。

AI 技术也在互动中发挥重要作用，如智能分组、讨论引导和即时反馈，确保活动的高效性和个性化。技术辅助的互动不仅打破了时空限制，还增强了学习的趣味性和深度，但要注意避免技术形式化的现象，教师还需要通过自己的言行增加人文温度。

5. 整合 AI 赋能教学工具

教师在教学中使用多种教学工具与媒体，结合 AI 技术，能够显著提升学生的学习体验和效果。图像、视频、音频等多媒体资源使知识更直观生动，让学生可以从视觉、听觉等多感官获取信息。AI 技术则进一步优化了这一过程：AI 图像识别帮助筛选和标注图片，AI 视频分析提取关键内容，AI 语音识别将讲解转化为文字，等等。

教师须善用各种教学工具，结合多媒体与 AI 技术，增强教学互动，推动教学过程个性化。AI 驱动的自适应学习系统可以根据学生的进度和需求，提供个性化的学习内容和练习，帮助学生查漏补缺。AR 和 VR 技术则通过沉浸式体验，让学生"身临其境"地在虚拟实验室中操作实验。AI 还支持自动评分与反馈，分析学习行为，帮助教师更好地了解学生需求。

智能问答系统和情感识别技术可以增强师生互动，使教学更高效且富有情感支持。AI 生成的教学内容，如课件、视频和动画，节省了教师备课时间，同时提升了教学效果。在合作学习中，AI 智能分组和协作工具促进了学生的团队合作，而 AI 驱动的项目式学习则引导学生深入分析和解决问题。教师需要充分了解各种 AI 技术的主要功能，建构性组建适合自己的教学辅助平台。

6. 反馈和评估

定期的反馈和评估是教师了解学生学习进展、调整教学策略的关键。正式评估如考试或测验，为教师提供全面了解学生掌握程度和学习成绩的依据，为后续教学提供参考。非正式评估同样重要。教师可通过课堂提问、小组讨论、作业反馈等方式收集学生信息。学生能够更自然地表达想法和疑虑，有助于教师及时了解其学习困难和挑战，进行针对性指导和支持。

及时给予学生针对性指导和支持是定期反馈和评估的重要目的。通过分析学生学习情况，教师可根据个别需求进行一对一指导，解决学习障碍，提高学习效果。个性化指导重在激发学生学习兴趣和积极性，增强学习信心，为每个学生提供更多学习可能性和机会。

在 AI 时代，技术使反馈和评估变得更加高效、精准和个性化。AI 驱动的工具（如问卷星、腾讯问卷）可快速收集并分析学生反馈信息，生成可视化报告；情感识别技术（如百度 AI 开放平台、科大讯飞）能分析学生学习状态，帮助教师及时调整教学节奏。在正式评估中，AI 能自动批改作业、测验，提供详细反馈；在非正式评估中，AI 支持的互动工具（如雨课堂、希沃白板）还能通过课堂提问识别知识盲点。

7. 建立信任关系

建立信任关系是教师与学生密切联系的基础，其核心原则包括真诚、支持、尊重和持续跟进。教师应主动了解学生的兴趣、爱好和情感状态，通过真诚交流让学生感受到被理解和重视；提供针对性支持，帮助学生解决生活和学习上的困难。

师生间的信任关系会直接影响学生的学习动力、课堂参与度和整体成长。为此，教师还需营造积极的学习氛围，鼓励合作与分享，确保课堂是一个安全、支持的空间，学生可以自由表达而不受批评。教师还需要持续关注学生的成长，定期沟通并保持家校合作，还可借助 AI 学习平台或情感识别工具等 AI 技术，更高效地了解学生需求并提供支持。

二、与家长建立良好关系

良好的教师与家长关系可以使教师与家长一起共同关注学生的学习和成长，易于营造一个积极、支持和合作的学习环境，有助于提高学生的学业成绩和行为表现。

1. 双向互动沟通

建立沟通渠道是教师与家长良好关系的基础，尤其是双向沟通渠道。家长会、定期邮件、在线平台等都是常见的沟通路径，教师可分享学生的学习进展、问题和成就，让家长了解孩子在校情况。同时，家长也需要提供反馈和意见，与教师共同探讨如何支持孩子学习和成长，让孩子在学校和家庭中获得更全面的关爱和支持。

良好的沟通渠道有助于家长建立对教师的信任和尊重，同时增进教师对学生家庭背景和需求的了解。有针对性的沟通能使教师更好地配合家庭支持，当家长感受到教师对孩子的关怀时，也会更乐意配合学校工作，促进家校协同发展。

2. 信息共享与意见反馈

建立家校良好沟通和合作关系的基础在于教师向家长提供关于学生的明确信息。教师应清晰介绍课程内容、作业要求、考试安排、评估标准和学习目标，帮助家长更好地理解学校和教师对学生的期望，使其有效协助孩子完成学习任务，增强学生学习动力和成就感。

在与家长沟通时，教师应保持开放心态，避免先入为主的判断，积极倾听家长的意见和反馈。家长作为孩子的第一任教师，更了解孩子的个性特点和成长需求。因此，教师要尊重并倾听家长的意见、担忧和期望，主动了解学生的家庭环境，包括家庭成员、文化背景和经济状况等，然后制订有针对性的教学计划和支持措施，更好地满足学生的学习和发展要求。

教师应定期与家长沟通，分享学生的学习进展和表现。教师可以通过微信、电话或家长会，及时向家长反馈学生的学习情况，还可借助学习管理系统（如 ClassIn 或希沃白板）等，实时更新学生的学习数据，使家长可以随时查看孩子的学习进展，与家长共同探讨解决方案。

3. 及时响应与正向评价

家长关注孩子的学习和发展是理所当然的，教师及时回应家长疑问和建议，能够有效解决家长的困惑，更体现了教师对家校合作的重视。及时的回应能够显著促进教师与家长之间的密切合作和良好关系，这种积极的沟通与合作有助于建立互信，促进家校之间的配合与理解，为学生创造更好的学习环境和支持体系。

定期向家长反馈也是必要的，教师应传递正面反馈，分享学生在学业、品行等方面的进步与成就，让家长全面了解孩子的在校表现。对家长而言，这些反馈体现了教师对学生的持续关注与专业指导，也彰显了教师的责任担当。对学生来说，教师的认可与鼓励能显著提升学习动机与自信心，促使他们更积极地投入学习，形成"进步—肯定—再进步"的良性循环。

建立这种积极反馈机制，需要教师具备专业的观察能力和沟通技巧。教师应善于发现学生的闪光点，用具体事例和专业视角进行反馈，让家长不仅了解孩子的进步，更能理解其背后的教育意义，从而主动配合学校工作。为推动家校配合，形成教育合力，教师与家长需明确分工：教师负责在校指导与监督，家长承担家庭支持与配合，才能通过信息互补，制订切合实际的解决方案。

4. 文化包容与尊重

教师在与家长互动时，应当充分理解和尊重其文化背景、价值观及教育期望。这种尊重不仅体现在言语上，更应落实到具体的教育实践中。教师需要主动了解学生家庭的文化特征和价值观。这包括但不限于家庭的语言习惯、宗教信仰、教育理念等。教师需要通过这种了解更好地把握家长的教育需求，从而提供更具针对性的支持。

在沟通中，教师应保持开放和包容的态度。面对不同文化背景的家长，教师需要以同理心倾听其观点，特别是在涉及文化差异的问题上，要避免先入为主的主观判断。这种尊重性的沟通方式能够有效消除误解，增进互信。

而在实际教育工作中，教师应充分考虑文化因素对学生行为和学习方式的影响，可以融入多元文化元素，使教学内容更贴近学生的生活经验。同时，教师在评价学生表现时，也要注意避免文化偏见，采用多元化的评价标准，为学生营造一个安全、包容的学习环境。

三、与同事的协作能力

在教师与同事的协作中，卓越的沟通与互动能力是推动团队合作与凝聚力的关键。这种能力不仅能够为学生的学习和成长提供更为全面和精准的支持与指导，还能在教师群体中营造一个相互学习、共同进步的良好氛围。

1. 强化沟通协作

清晰的表达有助于明确团队方向和工作重点，准确且简明扼要地表达自己的观点、建议和需求，可以确保同事能够清晰理解协作的目标，避免信息传递上的误解或混乱。另一方面，教师需要积极倾听和尊重同事的观点，给予同事充分的表达空间，认真聆听并理解他们的想法，从而增进相互理解与信任。

为了使团队成员更好地凝聚共识，需要营造一种开放、包容的沟通氛围，这时教师的沟通技巧和组织能力在团队协作中的重要性就显露出来。一个有明确共同目标的团队，成员还需共同制订详细计划并合理分配责任，了解各自任务，保持沟通并及时反馈，才能迅速解决问题，确保高效完成工作。

团队成员相互支持、紧密配合，进行有效的协作，不仅能提升团队凝聚力，还能增强工作成就感。明确的分工和共同目标能够促进成员间的紧密合作，提升团队整体水平，只有激发团队成员的工作热情和创造力，才能为师生提供更优质的教育服务。

2. 资源共享与冲突管理

在教育实践中，资源共享与冲突化解是构建教师协作共同体的两大基础。教师间的资源共享不仅体现在教学材料和经验的交流上，更在于形成一个"知识共享—实践创新—经验积累"的良性循环。教师可以通过建立资源共享平台、定期开展教学研讨会等方式，相互借鉴成功经验，优化教学策略，逐步形成个性化的教学风格。

然而，在资源共享和协作的过程中，教师间出现意见分歧是难免的，关键在于如何以建设性方式化解冲突，将其转化为促进专业发展的契机。教师应当保持开放心态，主动倾听不同观点，反思问题本质，同时，避免情绪化反应。化解冲突需要基于共同目标寻求创新性解决方案，并通过理性对话增进团队互信。

在实践中，资源共享与冲突化解往往相互促进。有效的资源共享机制能够预防潜在冲突，而妥善处理冲突又能深化资源共享的质量。教师团队应当建立常态化的沟通机制，定期进行教学反思，共同探讨教学创新，形成双向互动、资源互补、和谐创新的协作共同体，实现专业发展与教学创新的双重目标。

四、专业发展与交流

教师的专业发展与交流离不开与同行的互动与合作。与同行教师的交流能够帮助教师拓宽视野、提升专业水平，并为教育领域的创新注入活力。具体来说，教师可以从以下几个方面着手：

学术研讨会与专业会议为教师搭建了多维度的专业成长平台。在这些高层次的学术交流场合，教师不仅能够展示个人的研究成果与教学创新，更能够在与同行的深度对话中激发思维碰撞，形成新的研究视角。特别是在跨学科、跨领域的学术讨论中，教师能够捕捉教育领域的前沿动态，将理论研究与教学实践有机融合，推动教育创新的突破性发展。以学术交流的方式构建持续性的学术网络，可为教师的长期发展提供资源支持。

教师培训与研修班则通过系统化的课程设计，为教师专业发展注入持续动力。在培训过程中，教师能够接触到最新的教学理念与方法，观摩案例分析、实践模拟等，有利于教师将理论知识转化为可操作的教学策略。特别是在区域间教师的交流中，不同教育背景下的经验分享能够打破固有的教学思维定式，为教师提供多元化的教学视角。

合作研究项目的开展为教师提供了从实践到理论、再从理论指导实践的完整循环。在项目推进过程中，教师需要突破个人研究的局限，以团队协作的方式实现研究方法的优化与创新。合作研究成果的转化应用，则能够直接服务于教学实践，形成教学与研究的良性互动。

通常，课堂观摩与教研活动为教师创造了最直接的专业学习机会。教师应寻找机会深入同行的教学现场，观察教学理论及方法的具体应用，并在实际情境中评估其有效性。而教研组与研究小组的常态化活动，则为教师提供了持续性的专业发展平台。团队教研的课题可以是共同探索教学难题，也可以是开展教学行动研究。这是一个将个体经验转化为集体智慧的过程，有利于教学质量的持续改进与创新。

第三节　管理技能

✳ **本节要点**

课堂管理

班级管理

情绪管理

时间管理

资源管理

学生管理

数据管理

团队管理

教师在教学过程中会遇到各种问题和挑战，具备管理能力可以帮助自己更好地分析和解决问题，灵活应对各种教学情境。教师的管理能力涵盖多个方面，主要包括：课堂管理，通过建立规则和秩序确保教学顺利进行；班级管理，营造良好的学习氛围，促进学生全面发展；情绪管理，调控自身情绪，以积极态度应对教学挑战；时间管理，合理分配教学任务，提升工作效率；资源管理，优化使用教学工具和材料，提高教学效果；学生管理，关注个体差异，引导学生行为和学习习惯；数据管理，科学分析学生表现，为教学决策提供依据；团队管理，协调与同事、家长的合作，形成教育合力。这些管理能力共同构成了教师高效教学和专业发展的重要支撑。

一、课堂管理

良好的课堂管理是课堂有效教学的基础。一个秩序井然且有着尊重和合作学习氛围的课堂，可以提供良好的学习环境，促进学生的学习效果和发展，确保学生的安全和保障。有效的课堂管理一般涉及几个方面：

1. 协同制定课堂规范

教师应当了解明确的规则和纪律对课堂管理的重要性：可以有效减少课堂混乱和冲突；为教学活动的顺利开展提供保障；更好地引导学生行为，促进其全面发展。

因此，教师在学期初应与学生共同制定明确的课堂规则和纪律，让学生参与规则制定过程有利于增强学生的参与感和责任感，使其更深入地理解规则的意义。教师可通过具体案例解释规则背后的原因，帮助学生认识自觉遵守规则的必要性。

师生共同制定规则的过程有助于建立良好的师生关系，促进沟通与理解。规则的制定需考虑学生的年龄和发展阶段，确保其合理性和适用性，内容应涵盖行为规范与禁止事项，以营造安全、尊重、有序的学习环境。

2. 构建积极互动的师生关系

教师可以通过倾听学生观点、展现对学生的关心与支持来尊重学生的权利和需求。教师需要主动开启互动，让学生感受到被重视，而且应通过鼓励性语言增强学生自信心，同时营造开放、包容的沟通氛围，促进课堂参与或讨论。良好的师生关系可以促进教师更准确地了解学生的学习需求和反馈，及时调整教学策略，或提供个性化支持。

从实践角度看，积极的师生关系不仅有助于维持课堂秩序，还能增强学生的归属感和学习动力，帮助其充分发挥潜力。教师在互动过程中的示范力量，能在潜移默化中培养学生的综合能力和品格素养，最终实现教学与育人的双重目标。

3. 系统规划教学组织方案

有序的课堂管理始于充分的课前准备与周密的组织安排。教师应系统规划教学素材与资源，确保教学材料的完整性与适用性，然后通过精心备课，准确把握课程逻辑结构与教学重点，使教学内容呈现清晰的层次与连贯性。

明确的教学计划有助于教师有序推进教学进程，使学生在有限时间内获得系统化的学习体验。教师需科学安排教学内容的时间分配，合理设计教学活动与任务，确保各教学环节的有机衔接。课堂管理还涉及教学环境的优化，整洁有序的教室环境能够激发学生的学习积极性，营造专注的学习氛围，给予学生良好的学习体验。

4. 优化学生参与激励机制

学生的参与度是衡量课堂管理效能的关键指标，不能激发学生参与热情的课堂是乏味的。教师可采用多元化教学方法，通过小组讨论、合作学习等形式促进学生互动交流。在小组讨论中，学生需要分享观点、相互启发，共同探索问题解决方案，由此培养团队协作能力，激发创新思维。

教师还可通过设置启发性问题、组织团队竞赛或小组展示等活动，引导学生主动思考与参与。多样化的教学方式不仅能提高学生的课堂参与度，更能深化其对课程内容的理解与应用能力。有效引导学生积极参与不仅能营造活跃的课堂氛围，更能培养其自主学习能力和创新思维。只有激发学生积极参与教学活动才能实现知识的内化与迁移，达到提升学习效能的目标。

5. 实施个性化教学支持

针对学生的个体差异提供有针对性的个性化支持也是课堂管理能力的体现。教师需要深入分析学生的学习风格、能力水平与兴趣特点，灵活调整教学内容与方法，为每个学生量身定制适宜的学习方案。

个性化支持可采取多种形式：小组指导便于针对共性问题集中解决；个别辅导能够精准定位学习难点；定期评估反馈则有助于及时调整教学策略。教师宜从多个方面共同构建完整的支持体系，最大限度地满足学生的个体需求。此外，教师应重视正向激励的作用，及时肯定学生的努力与进步，增强其自信心，激发其持续学习的动力。

6. 提升课堂问题应对能力

教师在课堂管理中必须具备处理问题与应对挑战的能力。面对学生不当行为、学习困难或冲突等常见问题，教师应保持冷静理性，避免情绪化反应。具体而言，教师可通过私下对话了解问题根源，与当事学生协商解决方案；借助家校沟通，全面把握学生情况；与同事交流经验、寻求建议。

在处理过程中，教师应持开放态度，倾听学生意见，通过平等对话，深入理解问题本质，营造良好的学习氛围。教师的问题解决能力体现了教师的专业素养与管理智慧，直接影响课堂管理效能。

二、班级管理

相较于课堂教学管理而言，班级管理是为了创造一个积极、和谐、向上的班集体。班级管理的目标是确保学生的学习积极性和学习效果，维护学生的权益和安全，建立师生之间的信任和尊重关系，促进班级的团结和凝聚力，包含以下几个方面：

1. 构建积极的班级文化

（1）信任与尊重

教师应尊重学生的个性差异，公平对待每一位学生，避免偏见和歧视，以真诚的沟通和关怀赢得学生的信任。鼓励学生相互尊重，尊重他人的意见和感受，通过班会、讨论等形式培养学生的同理心和包容心，形成和谐的班级氛围。

（2）合作与互助

合作与互助能够进一步增强班级的凝聚力。教师可以组织小组活动或项目活动，鼓励学生在合作中互相学习，强化学生的团队意识和合作精神。教师还可以建立"学习伙伴"或"班级志愿者"机制，鼓励学生在学习和生活中互相帮助，形成班级互助文化，使学生具备班级归属感。

（3）责任与自主

学生实现自我管理需要教师引导，形成责任意识与自主意识。教师可与学生共同制定班级规范，明确班级的价值观和行为准则，通过民主的方式让学生参与规则的制定和执行，增强他们的责任感。此外，教师应鼓励学生参与班级管理，如担任班干部、小组长等角色，培养他们的自主管理能力，通过赋予学生一定的责任，增强他们的自我约束力和责任感。

（4）积极与进取

教师应善于激发学生的自信心和进取心，鼓励学生积极参与班级事务，展示他们的优点和进步，营造积极向上的班级氛围，并及时给予表扬和奖励。同时，教师应帮助学生设定个人和集体目标，唤醒其自我驱动能力，鼓励他们为实现目标而努力。

（5）包容与多元

为培养学生的全球视野和包容心，教师应鼓励学生尊重和欣赏不同的文化背景、兴趣爱好和个性特点，增强学生的包容性。教师还可进行多元文化教育，组织多样化的班级活动，确保每个学生都能参与并感受到被接纳，增强班级的凝聚力和学生家国情怀。

（6）情感与关怀

教师应关心学生的情感需求，通过日常的关怀和互动，让学生感受到温暖和支持，在班级中营造一种充满关爱和理解的氛围，帮助学生建立积极的情感体验。教师还应关注学生的心理健康，及时发现并解决学生的心理问题，通过定制心理疏导 AI 智能体或开展心理健康教育等方式，为学生提供心理支持。

2. 设定班级管理目标

班级管理目标主要包括学业目标、行为规范和纪律管理，三者相辅相成，共同促进学生的全面发展和班级的高效运行。学业目标是核心，旨在帮助学生提升学习效果并培养自主学习能力。教师应根据学科要求和学生能力，设定清晰的学习目标，并将其分解为可操作的短期任务，如每周或每月的学习计划。

规范学生行为是班级管理的基础，学生需要养成良好的行为习惯，才能形成积极向上的班级氛围。教师应与学生共同制定班级行为规范，明确课堂纪律、课间活动等方面的具体要求，并通过班会或个别谈话引导学生反思自己的行为。同时，教师应以身作则，通过自身的言行举止传递积极的行为规范，及时以表扬、奖励等方式鼓励学生遵守规则。

纪律管理则重在维护课堂秩序，确保教学活动的顺利进行。教师需制定明确的课堂纪律要求，并建立公平、透明的奖惩机制。当学生出现纪律问题时，教师应及时干预并采取适当的措施进行纠正，如通过眼神示意、点名提醒或课后谈话等方式，帮助学生回归学习状态。纪律的养成需要持续的过程，教师应注重日常教育和引导，帮助学生认识到遵守纪律的重要性，增强其纪律意识。

3. 管理学生行为

管理学生行为的关键在于建立并有效执行行为规范。教师应引导学生共同参与规则的制定，让学生提出对班级行为规范的建议，并讨论规则背后的意义，增强学生的责任感和自我管理能力。在规则执行过程中，教师需注重正向激励，及时表扬遵守规则的行为，强化学生的良好习惯。对于违规行为，教师应采取适当的处置措施，既要维护班级秩序，又需培养学生的规则意识与自律能力。

更重要的是，教师必须确保规则执行的公正性与一致性。无论是表扬还是惩罚，教师都应基于事实，公平对待每位学生，不能因为某个学生成绩优秀而忽视其违规行为，也不能因为某个学生表现一般而忽视其进步。教师只有公平地对待每位学生，才能赢得他们的信任与尊重，共同维护班级的和谐氛围。此外，教师还应通过日常教育和引导，帮助学生内化行为规范。

4. 建立合作和团队精神

建立合作和团队精神需要教师有意识地设计活动、引导过程并营造氛围。教师可设计以合作为核心的学习活动，如小组讨论、项目协作和班级活动等，设定明确的集体目标与任务，激发学生的协作意识和团队责任感。此外，教师可定期组织互助学习，鼓励学生交流分享，帮助他们掌握有效沟通和协调分工等团队合作技能。

教师应积极创设合作机会，设定合作任务，引导学生学会分工协作、共同解决问题，并经由观察和引导，及时提供反馈和支持。在合作过程中，教师需引导学生学会倾听和尊重他人的观点，培养支持与理解的品质，注重培养学生的社交能力，通过组织班级活动、合作项目与集体讨论，营造相互尊重、理解的学习氛围。

三、情绪管理

教师在课堂中进行情绪管理是非常重要的，积极乐观的情绪可以营造轻松愉快的课堂氛围，提高学生的学习兴趣和积极性。消极的情绪则可能使学生感到压抑，降低学习效率。掌握好一些情绪管理策略，可以帮助教师更好地管理自己的情绪，维持积极的教学氛围。

1. 自我意识和情绪识别

教师必须具备自我意识与情绪识别能力才能确保教学质量。自我意识使教师能够洞察自身感受、信念与行为，认识自身优势与局限，明确成长方向与改进空间。情绪识别能力则帮助教师及时察觉自身情绪状态及其对教学的影响，在面对压力与挑战时，教师可能产生焦虑、紧张等情绪，若不及时调节，将直接影响教学效果。

当教师具备敏锐的情绪觉察力时，便能及时进行自我调节与管理，避免负面情绪影响教学过程。运用情绪调节技巧，寻求外部支持等方式，能够帮助教师保持积极心态，传递正向教育能量。自我认知与情绪管理能力不仅有助于提升教学成效，更能促进教师的专业成长与个人发展。

2. 情绪调节和管理技巧

教师作为课堂的主导者，其情绪管理能力不仅关系到个人职业发展，更直接影响教育质量。对于在教学过程面临的各种挑战与压力，教师需要进行情绪调节。为保持冷静与专注，教师可运用深呼吸、放松练习或体育运动等方法，在压力情境下恢复内心平衡，从而更好地应对教学挑战。教师可通过培养情绪管理技巧来应对教学中的情绪挑战。比如，运用幽默感创造轻松愉悦的学习环境，通过适当的语言与肢体语言传递情感，营造融洽的课堂氛围或进行积极的情感交流等。

教师还需具备积极的思维方式，以乐观态度面对问题。这有助于化解负面情绪，增强抗压能力。同时，教师应建立有效的情绪支持系统。与同事分享情绪与经验，不仅能减轻压力与焦虑，还能获得专业建议与情感支持。情绪互助有利于教师感受团队力量，减少孤立感，提升情绪稳定性与应对能力。

系统化的情绪管理策略还包括运用多样化的情绪调节工具。教师可根据个人偏好选择音乐、冥想、写日记或体育锻炼等方式。音乐具有疗愈效果，能有效缓解情绪；冥想与放松技巧可帮助教师恢复心理平衡；写日记则有助于情绪梳理与反思；体育锻炼能释放压力，促进身心健康。建立稳定的情绪管理机制并在持续实践中优化，可为教师的教学工作提供坚实的心理支持。

3. 培养积极情绪和情感表达

教师应通过鼓励、赞美与感谢等正向语言，激发学生的积极情绪与自我价值感，提升其学习动力与参与度。当学生感受到教师的认可与支持时，其内在动力与自信心将显著增强。因此，教师应注重在日常教学中融入感谢的表达，如对学生的小组合作或课堂贡献表示感谢，让学生感受到自己的价值，从而形成积极的情绪体验。持续的情感投入与正向引导有助于提高学生的学习积极性，更能促进其情感发展与自我成长。

教师更需要通过自身积极的情感表达，为学生树立良好的行为榜样，引导其朝着积极的方向发展。教师在课堂上保持微笑、使用热情的语言、展现对教学内容的兴趣，这些行为都会潜移默化地影响学生，引导他们朝着积极的方向发展。同时，教师应避免在课堂上传递负面情绪，如抱怨或严厉批评，而是以积极的态度面对教学中的挑战，为学生示范如何以健康的方式处理情绪。教师应有意识地培养自己的积极情绪，恰当表达情感，才能营造一个充满支持与鼓励的课堂环境。

4. 灵活调整教学策略

教师必须敏锐把握学生的情绪变化，情绪会直接影响学生的学习表现与参与度。针对学生不同的情绪状态，教师应灵活调整教学策略：对于情绪低落的学生，需要提供额外支持与鼓励，帮助其重建信心；对于情绪高涨的学生，则可设计更具挑战性与互动性的教学活动，激发其学习热情。

基于学生情绪反应进行教学调整体现了教师对学生个体差异的尊重与关注。教师需要持续观察学生情绪，适时改变教学节奏与互动方式，营造支持性的学习环境，促进学生在积极情绪中投入学习。

四、时间管理

教师在进行时间管理时，需要有清晰的教学计划和目标，合理利用各种教学资源，传授预习、复习的方法，并根据具体情况灵活安排和调整课堂活动。

1. 制订课程计划

学期前的课程计划制订是确保教学有序进行的关键环节。教师应制订全面细致的课程计划，明确每节课的教学目标与内容，合理分配时间。计划需充分考虑学生的学习需求与节奏，确保教学内容的难度与复杂度符合学生水平，实现教学效果的最优化。

课程计划应明确每个教学单元的时间安排，保证课程进度的连贯性。同时，计划应详细说明教材与教具的使用，包括教材版本、章节内容及辅助教具的使用方法等。课程计划应具备系统化特点和前瞻性，才能为教师自身的教学工作提供有力支持。

2. 设置课堂时间段

教师在制订课程计划时，应根据课程内容的重要性与难易程度，科学安排课堂时间，以优化学习效果与教学效率。教师可采用渐进式开场，在课堂前期安排轻松的热身活动或基础复习，帮助学生逐步进入学习状态，激发学习兴趣，以缓解学生对新知识的抵触情绪，为后续学习提供保障。

对于难度较大的核心内容，教师应把握学生注意力最集中的时间段进行教学。通常，学生在特定时间段具有更强的专注力与学习能力，教师可在此阶段安排需要深入思考与探索的教学活动。基于认知规律的课程时间安排有助于学生深入理解课程内容，建立更深刻的学习印象。

3. 制定教学目标

教师在制定教学目标时应注重目标的清晰性和可操作性，确保学生能够明确理解本节课的学习重点和预期成果。在教学过程中，教师可以在课堂开始时以简洁的语言向学生说明本节课的目标，讲解时需要将课堂活动与教学目标紧密结合，确保每一项活动都围绕目标展开。如果发现学生未能达到预期目标，教师可以灵活调整活动设计，如增加案例分析或小组讨论的时间，帮助学生更好地掌握知识。

教学目标的设定不应一成不变，而应根据学生的实际情况和课堂反馈持续优化。如果学生在某一阶段表现出较强的学习能力，教师可以适当提高目标难度，发展学生的思维深度；如果学生遇到困难，则可以降低目标要求，提供更多的支持与引导。同时，教师还应关注学生的参与度和学习状态，及时发现问题并提供有针对性的指导。

4. 合理使用教学资源

合理使用多元化的教学资源是提升课堂效果的重要手段。教材作为基础资源，为学生提供系统化的知识框架，但单纯讲解容易使学生感到枯燥。教师可以借助多媒体（如图像、视频、音频）丰富课堂体验，或通过互动游戏激发学生参与热情。AI 技术可以辅助资源选择，可根据学生兴趣和学习数据，智能推荐适合的多媒体内容或互动活动，提升资源使用的针对性。

实际教学中，教师需根据内容和学生需求灵活选择资源。对于理论性内容，以教材为主，辅以多媒体补充；对于实践性内容，可通过互动游戏或模拟操作让学生亲身体验。AI 技术可以实时分析学生反馈，帮助教师判断资源使用效果，及时调整策略。

此外，教师应具备快速切换教学工具的能力。AI 技术可以通过数据分析，预测学生对不同资源的反应，帮助教师提前规划资源使用顺序，避免时间浪费。同时，AI 驱动的智能平台可以整合多种资源，提供一站式教学支持，如自动生成个性化学习路径或推荐相关学习材料。结合 AI 技术，教师能更高效地调配资源，在有限时间内实现学习效果的最优化。

5. 灵活安排课堂活动

在课堂教学中，教师可以灵活安排多样化的课堂活动，充分调动学生的积极性。教师可以根据教学内容和学生特点，合理选择小组讨论、案例分析或实践操作等互动形式。以小组讨论为例，它为学生提供了一个自由表达和合作交流的平台，学生在这个过程中不仅能分享自己的观点，还能倾听他人的想法，从而培养团队协作能力和沟通技巧。

在时间有限的情况下，教师需要根据课堂进度和学生的实际情况，灵活调整活动的安排。教师可以将课堂分为几个模块，先进行知识讲解，再根据内容的特点选择适当的互动形式。对于理论性较强的内容，教师可以通过案例分析帮助学生将知识与实际情境结合；对于实践性较强的内容，教师则可以通过让学生动手操作使其亲身体验，加深理解。

教师在互动过程中应注重观察学生的表现，及时发现问题并提供有针对性的指导。在小组讨论中，教师可以适时介入，引导学生深入思考或纠正错误的观点；在实践操作中，教师可以通过示范或个别辅导，帮助学生掌握关键技能。在此过程中教师需要及时调整和引导，确保每个学生都能积极参与并从中受益。

6. 预习、复习与进度调整

预习、复习和进度调整都需要合理安排时间。预习应作为课前的重要环节，教师应为学生预留充足时间，一般在课前 1～2 天布置预习任务，如阅读教材、观看视频或完成思考题，帮助学生提前熟悉内容。基于预习的前提，教师在课堂上可以缩短基础知识的讲解时间，将更多时间用于案例分析、讨论和实践操作，提升课堂效率。复习则应贯穿课后，教师需根据课程内容的难度和学生的掌握情况，合理安排复习时间，通常在课后即布置复习任务，如总结笔记、完成练习或参与讨论，帮助学生巩固知识。同时，教师应及时跟进学生的复习情况，有针对性地调整复习计划，确保知识内化。

当教学进度出现偏差时，教师应灵活调整时间安排。如果发现学生对某一知识点掌握不足，可以适当延长讲解时间或补充练习；如果教学进度较快，可以增加课堂互动或实践活动，以加深理解。调整过程中，教师应综合考虑学生的学习能力和课程内容的重点与难度，制订合理的调整方案。通过与学生的沟通和教学平台的数据分析，教师可以及时了解学生的学习需求，优化时间分配，确保教学进度与目标保持一致。

五、资源管理

教师在进行教学资源管理时，应以教学目标和课程内容为导向，科学选用教材、教具、技术设备及网络资源，根据实际教学需求灵活调配资源。教学资源需要注意其有效性和适用性，才能为教学过程的顺利开展提供有力支持。

1. 评估教学资源的适用性

教师应明确每节课的教学目标与重点内容，以此为基础合理选择和利用教学资源。在资源评估过程中，教师应重点考察其与教学内容的契合度、可用性、有效性及多样性等要素。对于网络资源的使用，教师应严格遵守版权法规，优先选择正规教育机构、官方平台或经授权的内容，杜绝使用盗版资源，确保教学活动的合法性与规范性。科学配置教学资源可为教学目标的实现提供有力支撑。

2. 合理使用教材教具

教师应提前准备并检查教学资源，确保其完整性和可用性。在使用新资源前，教师应进行充分的课前测试，包括视频播放、在线课件展示、投影仪和音响的连接等，事先确认资源运行正常且符合教学需求。

教师选择教材和教具也需基于教学目标和课程内容，可运用教科书、参考书、绘图板、实物模型、幻灯片等多样化资源。引入 AI 技术工具能极大丰富教学形式，提升学生的学习体验和效果。教师应通过精心准备和科学选择，确保教学资源的高效利用，为教学目标的实现提供有力支持。

3. 运用技术设备和网络资源

教师可借助电脑、投影仪、音响等技术设备开展多媒体教学，并结合在线课件、教学视频、学习平台等网络资源，丰富课堂内容，为学生提供多样化的学习支持。AI 资源的引入进一步拓展了教学的可能性，如可利用智能问答系统实时解答学生疑问，或通过 AI 数据分析精准掌握学生的学习进度与薄弱环节，从而提供个性化指导。

为有效管理网络资源，教师应系统整理与分类资源，确保其有序性和易用性；定期维护和更新资源，保证其时效性和准确性；同时注意版权合规，避免使用未经授权的内容。在课堂使用前，教师应预先测试资源，确保设备和技术支持正常运行，避免因技术问题影响教学效果。此外，教师应根据教学目标和学生需求灵活选择资源，如通过 AI 生成的可视化工具讲解复杂概念，或利用个性化学习平台为学生提供定制化练习。

4.鼓励学生参与教学资源的创造和分享

教师可通过系统指导和实践训练，培养学生有效利用教学资源的能力。具体可包括：指导学生掌握网络资源检索与评估方法，培训学生正确使用多媒体设备，使其具备独立运用教学资源进行学习的能力。教师还可鼓励学生通过制作学习海报、观看教学视频、参与在线讨论等方式，积极运用教学资源进行知识输出与分享，从而增强学生与教学资源的互动性，提升学习参与度。

5.及时维护和更新教学资源

教师需要建立教学资源的定期检查与维护机制，确保资源的正常使用。对于损坏或故障的教具，教师需及时修复或更换。为保持最佳使用状态，教师需密切关注网络资源的更新动态，及时替换过时或失效的资源，保持教学资源的新颖性和有效性。

在实际教学中，教师应根据课堂情境灵活调整资源使用策略。例如，教师可结合在线课件进行讲解，或通过教学视频进行示范演示。此外，教师需根据学生的反馈和需求，适时调整资源的使用方式和顺序，确保教学资源的有效利用，提升课堂教学效果。通过动态管理和灵活运用，教学资源可得到最大化利用。

六、学生管理

有效的学生管理建立在了解学生、建立良好的师生关系的基础上，涉及提供个性化支持、监测学生学习进步、提供反馈和指导、定期与学生交流、鼓励学生参与等方面，可以帮助学生解决问题，提高学习效果和学习动力。

1.了解学生

在教学中，教师需要深入了解学生的需求、兴趣、学习习惯和能力，以便提供更有针对性的教学支持。除了通过学生信息登记表、个别交流、课堂观察等传统方式收集信息外，教师还可以借助 AI 技术更高效地获取和分析学生数据。例如，利用 AI 驱动的学习分析工具，教师可以实时追踪学生的学习进度、知识掌握情况和学习行为，从而更精准地识别学生的优势和薄弱环节。同时，与家长保持定期沟通，了解学生的家庭背景和需求，也是教师制订支持策略的重要环节。通过家校合作，教师能够更好地帮助学生克服学习困难，促进其全面发展。

2.建立良好师生关系

建立良好的师生关系是学生管理的关键，教师需要通过具体措施与学生建立信任、尊重和支持的联系。教师可定期与学生进行个别谈话或召开班会，倾听了解学生的需求和问题，及时提供帮助。教师在课堂上鼓励学生提问和分享观点，认真倾听并给予回应，可增强学生的参与感和归属感。

正向激励容易激发学生的积极性。因此，无论是课堂表现、作业完成情况，还是学生的努力和进步，教师都应及时表扬，提供积极反馈，让学生感受到教师的关注与支持，以此增强学生的自信心和学习动力。教师应让每位学生都有机会表达自己的想法，避免对学生的观点进行评判，而是引导他们通过讨论和交流来深化理解。此外，教师需营造尊重与包容的课堂氛围，确保每位学生都能平等参与。教师还应在课堂内外与学生保持互动，关注他们的学习进度和情感状态，及时帮助他们解决学习和生活问题，才能建立一种良好平等的师生关系。

3. 监测学生进步

教师需通过多种方式评估学生的学习进展，如检查作业、观察小组讨论、分析课堂问答等，全面了解学生的掌握情况。同时，教师可以借助 AI 平台辅助监测，利用智能数据分析工具追踪学生的学习表现，识别其优势和薄弱环节。

对于取得进步的学生，教师应及时给予正面反馈，如口头表扬或书面鼓励，肯定他们的努力和成绩，增强其自信心。对于遇到困难的学生，教师应提供针对性帮助，如一对一辅导、额外练习或调整教学方法，帮助他们克服学习障碍。AI 平台还可以根据学生的学习数据生成个性化建议，帮助教师制订更有效的干预策略。

此外，教师可通过鼓励和奖励机制，如加分、颁发奖状或设置学习目标奖励，激发学生的学习动力和课堂参与度。通过这些措施，结合 AI 技术的支持，教师不仅能更精准地监测学生进步，还能促进学生的持续成长和学习积极性。

4. 提供反馈和指导

教师应及时向学生提供反馈，帮助他们清晰地认识自身优点和不足，并鼓励其克服困难。教师可以通过个别面谈、书面评语等方式，详细展示学生的进步和潜力，让他们感受到自己的成长。教师还可以利用 AI 智能平台分析学生的学习数据，生成个性化的反馈报告。AI 可以根据学生的作业、测验和课堂表现，自动生成可视化图表或建议，精准指出需要改进的领域和已取得的成果。

定期与学生交流有助于教师了解学生的学习情况和情绪状态，并根据反馈调整教学策略，确保教学内容的针对性和有效性。AI 还可以通过自然语言处理技术，实时分析学生的提问或讨论内容，提供即时反馈，帮助学生解决问题。当然，教师应注重培养学生的自主学习能力，教授有效的学习方法和策略，如时间管理、目标设定和资源利用，帮助学生学会独立解决问题。

5. 个性化支持和资源

教师应根据不同学生的需求提供个性化支持，确保每位学生都能得到适合的帮助和指导。对于学习困难的学生，教师可安排额外辅导，如一对一讲解或针对性练习，帮助他们夯实基础。现有的多种 AI 智能学习平台能够分析学生的学习数据，识别其薄弱环节，并自动生成个性化的学习计划或推荐相关练习资源。

在教师的指导下，学生可组织学习小组进行合作学习，在互帮互助的基础上共享学习资源，包括各种提高学习效率的 AI 资源。如 AI 智能问答系统，可实时解答学生在学习过程中遇到的问题，提供即时反馈和解决方案，帮助学生更高效地解决难题。结合 AI 技术的支持，教师不仅能更精准地满足学生的个性化需求，还能提供丰富的学习资源，营造积极的学习氛围，帮助学生实现更好的学习效果。

6. 使用档案袋管理

档案袋管理是一种系统记录学生学习活动和评估成绩的有效方式，能够帮助教师全面了解学生的学习表现。教师可在档案袋中保存学生的作业、测试、评估表及课堂参与记录等资料，定期分析这些数据，评估学生的进步情况，从而进行有针对性的教学调整。档案袋还可作为家长会的参考材料，帮助家长和其他教师更清晰地了解学生的发展状况，共同制订支持计划。

随着技术的发展，电子档案袋已成为传统档案袋的高效替代方案。教师可以利用电子平台更便捷地存储、分类和分析学生的学习数据，减少纸质管理的烦琐。同时，AI 技术可以深度参与档案袋管理，通过智能分析工具自动识别学生的学习模式、知识掌握程度以及潜在问题，并为教师提供数据驱动的教学建议。

七、数据管理

教师应系统收集、整理和分析学生成绩及评价反馈等教学数据，结合教学策略调整教学实践，及时地将教学数据反馈给学生和家长，从而优化学习效果。教师需顺应新技术时代的要求，结合 AI 技术参与数据管理，实现高效收集、整理、分析和反馈学生数据，从而为教学决策提供科学支持。数据管理必须考虑其安全性和隐私性，为精准化、个性化的教学管理服务。

1. 收集相关数据

教师应系统收集学生的学习数据，包括成绩、作业表现、课堂参与度及评价反馈等。教师可通过在线教学平台、作业测试、课堂观察等多种渠道获取数据，确保数据的全面性和准确性。AI 技术可以促使数据收集自动化，如智能平台可以自动记录学生的在线学习行为、作业完成情况以及课堂互动频率，减少人工操作，提高数据采集效率。

2. 整理和记录数据

教师需将收集的数据进行分类整理，建立数据管理系统或电子表格。教师可按学生姓名、学习任务、时间等维度进行记录，便于后续分析和比较，形成结构化的数据档案。AI 技术可以通过自然语言处理和机器学习算法，自动对数据进行分类和标签化，如将作业表现归类为"优秀""良好""需改进"等，帮助教师更高效地管理和检索数据。

3. 分析数据

教师应对数据进行深入分析，如计算平均分、识别高频问题、追踪学习趋势等。AI 技术可以通过智能分析工具，自动生成数据分析报告，如识别学生在特定知识点上的高频错误，或预测学生的学习趋势。通过AI的辅助，教师可以更全面地掌握学生的学习状况，明确其优势与不足，为后续教学调整提供科学依据。

4. 与教学策略结合

基于数据分析结果，教师应及时优化教学策略。针对个别学生的薄弱环节，AI可以推荐个性化的学习资源或练习题目，帮助教师设计针对性辅导方案；对于整体学习效果不佳的情况，AI可以分析教学方法的有效性，提出优化建议，如调整教学节奏或引入新的教学工具，从而提升教学针对性和有效性。

5. 反馈给学生和家长

教师可利用数据管理系统和可视化工具，将学生的学习进展和成绩变化以直观形式呈现，并及时反馈给学生和家长。AI技术可以生成个性化的反馈报告，如通过图表展示学生的学习趋势，或通过自然语言生成技术，自动撰写评语，帮助学生和家长更清晰地理解学习情况。这种透明化的数据展示不仅能够激励学生进步，还能帮助家长了解孩子的学习动态，形成家校共育的合力。

6. 保护数据安全和隐私

在数据管理过程中，教师应严格遵守政府的相关法规和学校的相关制度，确保学生数据的安全性和隐私性。AI技术可以通过加密存储、访问控制和数据脱敏等技术手段，保护学生数据的安全。同时，教师应合理使用数据，妥善保存个人信息，避免数据泄露或滥用，维护学生的合法权益。AI还可以通过自动监控和预警系统，及时发现并处理潜在的数据安全风险，确保数据管理的合规性和安全性。

八、团队管理

教师在学校中需要与同事及工作人员紧密协作，共同制订并实施教学与管理策略，推动团队的整体发展。具体可从以下方面管理团队：

1. 团队沟通和协作

教师与团队成员沟通协作主要通过分享教学经验、教学资源及最佳实践案例等。为提升团队的教学水平与效果，学校可召开定期团队会议，建立教学工作坊及观摩活动等交流平台，为教师提供分享想法、经验和资源的机会。在交流平台，教师可结合实际教学案例，分享成功经验与有效方法，激发团队成员的灵感与创新思维；亦可共享教学资源、教材及最佳实践，实现互学互鉴，共同提升教育质量。工作坊等活动有助于团队成员深入了解各自的教学需求与风格，增进相互理解与信任，培养团队合作精神，增强凝聚力，形成高效协作的教学团队。持续的交流与合作可以使教师团队实现经验共享、资源优化与能力提升，推动教学水平的整体进步。

2. 共同设定目标和制订策略

教师团队可以通过协作与协商，共同设定学校的教学目标、制订教学策略，确保教学和管理工作的一致性与协调性。在制定过程中，团队成员可根据各自的专长与职责，提出切实可行的具体目标，并明确自身职责，增强团队凝聚力与目标导向性。这一过程不仅有助于减少工作中的障碍与冲突，还能使团队成员对整体工作方向与重点形成清晰共识，从而提升教学质量和效率，更高效地实现教学优化与创新。

3. 分工与合作

为了提升教师团队效能，团队成员需要基于各自的专业背景与能力进行合理分工。每位教师在学科知识、教学经验及管理能力等方面各有所长，因此可根据其专长分配相应的教学任务或管理工作。例如，擅长技术教学的教师可负责信息化教学资源开发，善于学生事务管理的教师可承担班级管理工作，而组织能力突出的教师则可主导活动策划与实施。科学分工才能促进教师在各自擅长的领域充分发挥优势，教师之间可相互支持、协作与学习，形成良性互动与高效协作，促进个人与团队的共同发展。

4. 提供反馈和支持

不断优化教学与管理方法需要教师团队的相互反馈与支持。团队成员可分享观察与经验，从多角度提供见解与建议，从而增强团队合作与凝聚力，促进彼此成长。在团队中，教师可给予建设性反馈，帮助发现并改进问题，共同探讨解决教学中的挑战与困难。团队的高效协作能够为教师提供持续改进的动力，使其更高效地应对教学问题，提升教学质量与学生的学习成效。

5. 继续学习与专业发展

持续关注学习教育领域的最新动态与研究成果是提升教师专业能力的主要途径。具体可包括：密切关注教育部门的政策文件与指导意见，研读教育学术期刊与论文，参与教育研究项目或调研活动。同时，团队可定期组织教研活动，围绕课堂教学中的问题与挑战展开研讨，分享教学经验与资源，交流教学方法与策略。教师需要在教研活动中相互启发，共同解决教学难题，不断提升教学水平。此外，团队还可积极参与教育会议、学术论坛及专业培训等，拓宽视野，汲取前沿理念与实践经验，为教学创新与质量提升提供持续动力。

6. 激励与认可

教师团队的管理涉及激励和认可团队成员的工作和贡献，以促进团队的凝聚力和成就感，一般通过表彰、奖励和赞扬等方式来肯定团队成员的工作与贡献。此过程必须确保每位成员的付出得到公正评价，避免偏袒或忽视，以维护团队内部的公平与正义感。公正的认可不仅有助于建立成员间的信任，还能促进团队的稳定发展，激发持续的工作热情与创新动力，形成积极向上的工作氛围。

第四节　评价与反馈技能

✳ **本节要点**

评价工具和方法

评价与反馈技巧

评价结果分析与及时反馈

调整教学策略

善于评估教学过程与学生学习过程，并及时提供精准反馈，是教师实现高质量教学的重要基础。评价与反馈技能可以帮助教师通过了解学生的学习情况、困难和需求，调整教学方法和内容，提供个性化的指导和支持。此过程可促进师生互动，提高学生参与度和自我认识，也可借此监测教学质量。

一、评价工具和方法

评价工具与方法是教师进行评估与反馈的基础，它们为系统化收集和记录学生学习表现提供了有效的途径与手段。可以包括以下几个方面：

1. 测验

测验作为常用的评估工具，通过设计问题或任务，能够有效检测学生对特定知识点、概念或技能的掌握程度。其形式多样，包括选择题、填空题、解答题等，教师可根据学生的答题情况评估其学习成果，深入了解其知识掌握深度，并识别薄弱环节，从而调整教学策略与重点。

测验形式可灵活体现，如口头测试、书面测试、实际操作测试等，教师需根据学科特点与教学目标选择适宜形式。开放性问题或情境题目也可用于测验，激发学生的创新思维与实践能力。定期测验有助于教师监测学生学习进度，及时调整教学策略，提供针对性指导，助力学生提升学习效果与成绩。

2. 作业

作业是学生独立思考与应用学习内容的重要途径。多层次书面作业、实验报告、项目任务等都是教师常用的作业形式。作业不仅要使学生反思、拓展与巩固所学内容，还要能促进其自主学习与问题解决能力的发展。教师在批改作业时，可提供具体反馈与建议，帮助学生进一步提升，也可使用合适的 AI 工具进行作业辅助批改与反馈。

作业包括但不限于口头作业、书面作业、实践作业等，需要教师根据学科特点与教学目标选择布置。作业设计应兼具挑战性与启发性，尽量结合实际，引导学生运用所学知识解决实际问题。同时，作业作为促进学生能力提升与知识内化的重要工具，需要学生独立思考、自主学习并尝试团队合作。

3. 项目

项目作为一种综合性评价方法，要求学生整合多种知识与技能完成特定任务或解决问题，能够全面评估学生的综合学习能力与应用能力。项目式评价将学生置身于真实且复杂的学习情境中，要求学生进行综合思考、团队合作与创新实践。教师可通过评估项目的完成情况、质量与创造性，全面了解学生的学习表现。

在设计项目时，教师应根据学科内容与学生水平设置不同难度与要求的任务，鼓励学生通过实际操作、独立研究与团队协作完成项目。项目评估不仅可以帮助学生将课堂所学知识应用于实际情境，提升其问题解决能力与创新思维，还能帮助教师更全面地了解学生的学习进展，为其提供更具针对性的指导与支持，促进学生的全面发展与能力提升。

4. 观察记录

观察记录是指通过对学生在课堂上的表现、参与度及互动情况进行系统观察与记录，获取直接、客观的反馈信息。进行观察记录时，教师应首先明确观察目标，如学生的参与度、合作能力或解题思路等。接着，教师应选择适当的观察工具，如观察表、笔记或录音设备，确保记录内容客观、详细。在观察过程中，教师应保持中立，避免主观判断，重点关注学生的行为、语言和互动方式。观察结束后，教师应及时整理记录，分析学生的表现，识别其优点与不足。

随后，教师应将观察结果与教学实践相结合，为学生提供有针对性的反馈与指导，并根据需要调整教学策略。作为一种直观、实时的评估手段，观察记录不仅反映学生的课堂表现，还能揭示其学习过程、解题思路与交流方式。持续的观察记录有助于教师识别学生的优点、问题及改进空间，发现学生的潜在能力与兴趣，为其个性化发展与个别辅导提供支持。系统化的观察记录能够帮助教师更精准地把握学生的学习动态，优化教学策略，提升教学效果。

5. 口头答辩和演示

口头答辩与演示是一种通过口头表达呈现学习成果的评价方式。学生可通过答辩、演讲、展示等形式，展现其对学习内容的理解与应用。教师重点关注学生的表达清晰度、思维深度、逻辑性与说服力，掌握其学习水平与能力。口头答辩与演示有助于培养学生的表达能力、自信心与公众演讲技巧，还能提升学生的批判性思维与应变能力。这种动态而全面的评估方式使学生能够充分展示其在学术、社会与个人发展方面的综合素质，教师也能够更深入地了解学生的学习动态，为其提供更具针对性的指导与反馈。

6.综合评价

教师应根据评估目的灵活选用评价工具，并采用综合评价方式对学生的各项能力进行全面测评。评价方式通常结合过程性评价与总结性评价，具体选择需根据教学环境与目标而定。评价方法可包括单向评价（如教师评估）与双向评价（如学生自评与同伴评价），教师需熟悉多种方法并根据实际情况做出最佳选择。

教师评估是最常见的评价方式。教师通过分析学生的学习成果、课堂表现及作业完成情况等数据，给予评分或等级评估。这种评估方式具有权威性，能够为学生提供明确反馈，帮助其了解学习进展，同时为教师调整教学策略提供依据。

学生自我评价要求学生反思自身学习过程与成果。通过自我评价，学生能够更清晰地认识自身学习能力与动力，发现优点与不足，从而提升学习自主性与积极性。

同伴评价是指学生对同学的学习过程与成果进行评估。这种方式有助于学生培养倾听能力、批判性思维及建设性反馈技巧，同时促进学生间的合作与互助，增强团队意识。

家长评价是指家长对孩子的学习情况进行评估与反馈。家长通过与教师沟通、观察作业表现及倾听孩子反馈，能够全面了解孩子的学习态度与成绩。家长评价有助于加强家校合作，共同支持学生的全面发展。

双向评价能够增强学生的参与感与责任感。通过学生自评与同伴评价，学生能够更深入地了解自身学习情况，获得有价值的反馈以改进学习。在实施双向评价时，教师需建立指导与培训机制，确保评价的准确性与公正性。教师应积极引导与监督学生的评价行为，确保其合理性与建设性。

选择合适的评价工具与方法需综合考虑教学目标与评价目的。评价内容应全面、准确地反映学生的学习情况与能力发展，具备有效性与可靠性。评价工具与方法应与教学内容及学生特点相匹配，鼓励学生主动参与，提供有针对性的反馈与指导，优化教学策略。

二、评价与反馈技巧

评价与反馈技巧是教师提供有效指导与支持的具体表现，实际操作中需要注意以下几个方面：

1.具体明确，聚焦行为

反馈应避免模糊的语言，而是具体描述学生的表现，并聚焦其行为与成果。例如，"你在小组讨论中提出了三个有深度的观点，尤其是关于气候变化的部分，逻辑清晰，证据充分。"同时，反馈应针对学生的具体行为或成果，而非个人特质。例如，"你在这次作业中展示了很强的分析能力，但结论部分可以更详细地展开。"

2.及时持续，关注过程

反馈应尽量在课堂或活动结束后尽快提供，确保学生对表现有清晰的印象。例如，在课堂讨论中，教师可以即时指出学生的亮点或需要改进的地方。此外，反馈不是一次性的，而是持续的过程。教师应通过定期回顾学生的进步，帮助其逐步改进。需要注意的是，反馈不仅要关注最终成果，也要重视学生的学习过程。例如，"你在解题过程中尝试了多种方法，这种探索精神非常值得肯定。"

3. 建设平衡，引导反思

反馈应首先肯定学生的优点或进步，增强其自信心。例如，"你在这次演讲中声音洪亮，表达流畅，非常吸引人。"在此基础上，教师指出具体可改进的地方，并提供可行的建议。例如，"如果能在演讲中加入更多实例，会让你的观点更有说服力。"同时，教师可通过启发式提问引导学生反思自己的学习过程。例如，"你觉得在解决这个问题时，哪些步骤对你来说最有挑战性？为什么？"教师还可鼓励学生参与自我评价，培养其反思能力。例如，"你认为自己在这次小组合作中表现如何？有哪些地方可以做得更好？"

4. 个性激励，多样形式

教师应根据学生的个体差异提供反馈，因材施教。例如，对于学习能力较强的学生，可以提出更高层次的要求；对于学习困难的学生，则提供更具体的支持。同时，教师应通过积极的反馈语言，营造支持性的学习环境。例如，"你的努力让我印象深刻，继续保持这种态度，你一定会取得更大的进步。"教师可结合书面反馈与口头反馈，书面反馈更详细、系统，口头反馈则更直接、互动。例如，在作业上写详细评语，同时在课堂上进行口头点评。此外，教师可鼓励学生之间互相评价，培养其批判性思维与沟通能力，组织学生进行小组互评，分享彼此的优点与改进建议。

三、评价结果分析与及时反馈

通过对考试成绩、课堂表现、作业完成情况等评价数据的系统分析，教师能够全面掌握学生的学习能力与知识掌握程度，为后续教学调整提供依据。在分析评价结果时，教师可按照以下步骤进行：

1. 收集评价数据

（1）传统操作

教师通过考试成绩、课堂表现、作业完成情况等途径收集评价数据。此外，教师结合个别访谈、问卷调查、小组讨论等方式，收集学生的自我评价与反馈，了解其对教学内容与方式的看法。多元化的数据来源有助于提升评价的客观性与准确性，教师通过对数据的综合分析，能够全面掌握学生的学习情况与需求，及时调整教学策略并提供个性化指导，为教学改进与学生发展提供有力依据。

（2）AI 时代操作

借助 AI 技术，教师可以自动化收集与分析学生的学习数据，包括在线测试、作业提交、课堂互动等。AI 系统能够实时记录学生的学习行为，如答题时间、错误类型、参与度等，并通过自然语言处理技术分析学生的自我评价与反馈。此外，AI 还可以整合多源数据，生成全面的学生画像，帮助教师更高效地了解学生的学习需求与问题，为教学调整提供精准依据。

2. 整理和比较数据

（1）传统操作

教师借助表格、图表、统计分析等工具，将收集到的数据进行可视化呈现，以便更直观地观察与分析学生表现。对数据进行分类与比较，识别学生的优势与短板，是教师及时调整教学策略、提供针对性支持的依据。此外，教师还可比较不同学生、班级或学科的表现，发现共性与差异，为教学改进与个别辅导提供依据。系统整理与深入分析数据还可为后续教学优化提供有效支持。

（2）AI 时代操作

AI 工具可以自动整理并可视化数据，生成动态图表与报告，帮助教师快速识别学生表现的趋势与问题。通过机器学习算法，AI 能够对不同学生、班级或学科的数据进行深度分析，发现隐藏的共性与差异。AI 还可以基于历史数据预测学生的学习表现与发展趋势，为教师提供前瞻性的教学建议，优化教学策略。

3. 解读评价结果

（1）传统操作

教师在解读评价结果时，应综合考量成绩、表现、作业等多方面数据，全面了解学生的学习状况。教师应将学生表现与教学目标及标准进行对比，评估目标达成情况。评价结果基本能呈现学生整体学习水平及存在的普遍问题，解读评价结果能帮助教师及时发现学生的学习困难与潜力，为个性化指导与教学改进提供基础，帮助学生更好地实现学习目标。

（2）AI 时代操作

AI 系统能够自动解读评价结果，生成详细的分析报告，包括学生的学习进展、知识掌握程度、潜在问题等。通过自然语言生成技术，AI 可以将复杂的数据转化为易于理解的文字与建议，帮助教师快速了解学生的学习状况。同时，AI 还可以基于学生的表现，推荐个性化的学习资源与策略，支持教师制订更精准的教学计划。

4. 发现学生需求

（1）传统操作

教师可经由评价结果分析、识别学生的学习需求与问题，并据此进行有针对性的教学调整。例如，针对学生在特定知识点上的薄弱表现，教师可提供额外辅导或针对性练习，帮助学生强化理解与掌握。教师还可采用多样化的教学方法与策略，发现并满足不同学生的学习需求，增强其自信心与学习效果。

（2）AI 时代操作

AI 技术能够通过数据分析精准识别学生的学习需求与问题，并自动生成个性化的学习建议。例如，针对学生在特定知识点上的薄弱表现，AI 可以推荐相关的学习资源、练习题目或辅导视频。AI 还可根据学生的学习风格与进度，动态调整教学内容的难度与形式，满足不同学生的需求，提升学习效果。

5. 制订个性化教学计划

（1）传统操作

基于评价结果的分析，教师可制订个性化教学计划：对于学生的不足之处，设计有针对性的教学活动与任务，帮助其克服困难，提升学习水平；根据学生的优点，鼓励其进一步发展与拓展能力。教师应及时向学生提供具体、可操作、个性化的反馈，并提供学习策略、资源或额外练习，帮助学生提升学习效果。

（2）AI 时代操作

AI 系统能够基于评价结果自动生成个性化的教学计划，针对学生的不足与优势设计有针对性的教学活动与任务。例如，AI 可以推荐适合学生的学习资源、练习题目或拓展任务，并根据学生的学习进展动态调整计划。AI 智能反馈系统还可以向学生提供实时、具体的建议，帮助其优化学习策略，提升学习效果。

四、调整教学策略

根据评价结果动态调整教学策略可帮助教师优化教学计划与方法，同时监测与评估教学效果，促进教学的针对性与有效性。

1. 识别学生学习需求

学习评价结果分析通常显示了学生在知识掌握、学习习惯、心理状态等方面的具体问题，为教师实施个性化教学和精准辅导提供判断依据。针对学生在特定知识点上的薄弱环节，教师可以调整教学策略，通过分步骤讲解、提供实例或设计针对性练习帮助学生突破瓶颈；对于学生学习习惯方面的问题，教师可指导学生优化学习计划、培养高效方法，如整理笔记和使用错题本。

此外，评价结果间接反映学生的心理状态，教师应及时沟通，提供情感支持与鼓励，帮助学生建立积极的学习态度和自信心。基于评价结果，教师可为不同学生设计个性化学习目标和任务，如为进度较慢的学生提供额外辅导资源，为能力较强的学生设计更具挑战性的任务，并在个别辅导中采用一对一讲解、小组合作或数字化工具等灵活方式。教师还应建立长期跟踪机制，定期分析学生进展，及时调整策略，并通过阶段性测评和反馈帮助学生明确改进方向，增强学习动力。

2. 优化教学设计与实施策略

通过深入分析学生的表现数据，教师可以识别哪些教学方法或教学内容在课堂中取得了显著效果，哪些环节存在不足或需要调整。如果学生对某一知识点的掌握情况普遍不理想，教师可以反思是否在讲解时忽略了关键细节，或者是否缺乏足够的练习机会。结合学生的反馈，教师能够更全面地了解教学中的实际问题，如课堂节奏是否合适、教学内容是否清晰易懂、教学活动是否能够激发学生的兴趣等。

基于这些分析，教师可以有针对性地优化教学策略，如引入更多互动式教学手段、调整教学内容的难度梯度、设计多样化的练习形式，或者利用数字化工具增强教学效果。此外，教师还可以通过阶段性测评和课堂观察，持续跟踪教学改进的效果，及时调整教学计划，确保教学目标的有效达成。

3. 实施个性化教学

评价结果为教师实施个性化教学提供了重要依据，帮助教师深入了解学生的学习风格、能力水平和潜在问题。基于这些信息，教师可以制订有针对性的教学计划，确保每位学生都能在适合自己的节奏和方式下取得进步。个性化教学的总体原则包括因材施教、分层教学和动态调整：因材施教强调根据学生的特点设计教学内容和方法；分层教学要求教师为不同能力水平的学生提供差异化的学习任务；动态调整则要求教师根据学生的学习进展及时优化教学策略。

具体而言，对于学习较快的学生，教师可以设计高难度的扩展活动或个性化项目，如开放性问题探究、跨学科研究或创新实践任务，以激发其学习潜力和创造力；对于学习较慢的学生，教师可以提供额外的练习机会，帮助其巩固基础知识，逐步缩小学习差距。教师还可以通过分组合作、同伴互助等方式，促进学生之间的交流与支持，营造积极的学习氛围。定期评估个性化教学效果也是必要的，教师根据学生的反馈和表现再次调整教学计划，确保每位学生都能以适合自己的学习方式持续提升学习效果。

4. 激发学生学习动机

通过分析学生在课堂表现、作业完成情况以及测验成绩中的具体数据，教师可以识别学生对哪些内容更感兴趣、哪些环节参与度较低，进而有针对性地调整教学策略。如果学生对某一主题表现出浓厚兴趣，教师可以围绕该主题设计探究式学习任务或项目式学习活动，让学生在真实情境中应用所学知识；如果学生在某些环节参与度较低，教师可以引入互动性更强的教学方式，如小组讨论、角色扮演或游戏化学习，以调动学生的积极性。

AI技术的应用为激发学生兴趣提供了更多可能性。例如，教师可以利用AI驱动的个性化学习平台，根据学生的学习进度和兴趣推荐适合的学习资源；通过虚拟现实（VR）或增强现实（AR）技术，为学生创造沉浸式的学习体验；或者利用AI生成个性化的学习任务和反馈，帮助学生保持学习动力。同时，教师还可以通过设置阶段性目标和奖励机制，鼓励学生不断挑战自我，提升学习成就感。

5. 监测和评估教学效果

系统化分析评价数据使得原本抽象的"教学效果"得以转化为可量化的改进方向。在这一过程中，关键在于将定量数据与定性观察有机结合，形成全面、多维度的评估体系。定量数据，如学生成绩、作业完成率、考试通过率等，能够直观反映教学成果的硬性指标，帮助教师识别学生在知识掌握和应用能力上的具体表现。而定性观察，如课堂参与度、学习态度、师生互动等，则能够揭示教学过程中潜在的问题，如教学方法是否适合学生、课堂氛围是否积极等。

综合定量与定性两类数据，教师能够更准确地定位教学中的薄弱环节，并制订有针对性的改进策略。然而，系统化分析并非一次性工作，而是一个持续迭代的过程。教师需要定期收集和分析数据，根据分析结果调整教学策略，并通过后续数据验证改进效果，从而形成"分析—调整—验证"的闭环，最大化提升教学效果。

第五节　个性化教学技能

❋ **本节要点**

个别差异的识别

个性化调整教学

为特殊个体提供额外支持和资源

差异化教学策略和方法

每个学生都是独特的个体，具有不同的学习风格、能力及背景，其学习需求与发展路径也各不相同。掌握个性化教学技能，意味着教师需要关注每个学生的个体差异，理解并回应学生的多样性，为其提供适合的学习方式与教学策略，激发学习兴趣与参与度。教师需要根据学生的发展阶段与学习目标，提供有针对性的学习支持与辅导，帮助学生建立积极的心理状态与自信心。

一、个别差异的识别

1. 学生学习风格和能力差异的评估

学生的学习风格和能力差异评估是教师实施个性化教学的重要一步。建议从以下三个方面进行评估：

（1）观察学生行为举止

教师可通过观察学生在学习过程中的行为举止，了解其学习风格与能力差异。例如，一些学生偏好安静的学习环境，而另一些则适应有一定噪声的环境；一些学生能够快速集中注意力，而另一些则需要更多时间进入状态。教师可以通过观察学生的学习习惯，如偏好阅读、听讲、实践或讨论等，识别其对不同学习方式的倾向。此外，课堂上的行为表现，如参与讨论的积极性、提问频率等，也能帮助教师更深入地了解学生的学习风格。对学生全面细致的观察可以助力教师为学生提供更适配的教学支持，更好地满足学生的个性化学习需求。

（2）进行测试

测试是评估学生学习能力和学术水平的一种常见方法。教师可通过智力测验、学科知识测试及学习风格问卷等形式，全面了解学生的学习能力与学术表现。智力测验能够揭示学生的思维能力与潜在学习潜力，学科知识测试可评估其在各学科领域的掌握程度，而学习风格问卷则能反映学生的学习偏好与适应能力。

通过这些测试，教师能够获取客观数据，准确评估学生在不同学科与任务中的表现与能力水平。学生不同的学习风格与能力是教师制订个性化教学策略的科学依据，教师由此提升教学效果与学生的学习表现。

（3）进行面谈和小组讨论

教师可通过面谈或小组讨论等形式与学生交流，深入了解其对学习的看法、策略运用及学科兴趣与偏好。面谈为学生提供了一个开放互动的环境，使其能够自由表达学习体验与困难。教师还可通过提问，了解学生的学习风格、策略、学科偏好及方法，从而获取更多信息。

小组讨论则能促进学生间的互动与合作，教师可观察学生在协作学习中的表现与角色扮演，进一步分析其学习风格与能力差异。这些交流形式使教师能够更全面地了解学生的学习需求与个性特点，为制订个性化教学策略提供有力支持，提升学生的学习体验。

2. 分析了解学生个性特点

了解学生的个性特点有助于教师设计教学活动与任务，充分发挥学生潜力，促进其积极参与学习，通常通过观察学生在课堂上的行为表现加以识别。例如，一些学生表现出较强的领导能力，倾向于在小组活动中担任主导角色；而另一些学生则更内向，偏好独立工作。当教师发现学生在课堂上展现出较高的自主性与领导能力时，可鼓励其在小组活动中担任领导角色，培养主动学习与合作能力。

与学生及家长的交流是了解学生个性特点的另一重要途径。通过与学生面谈或主题讨论，教师能够深入了解学生的兴趣爱好、学习动机及策略运用情况。教师通过与家长的沟通则能获取学生家庭环境、价值观及个人经历等背景信息，这些因素对塑造学生个性具有重要影响。例如，教师从家长处得知学生热爱艺术与音乐，便可设计相关学习任务与项目，激发其学习动力与创造力。

3. 评估学习优势和困难

评估学生的学习优势与困难是教师提供个性化支持的关键。教师可以通过分析作业、考试及课堂表现，识别学生的学习特点与需求，灵活调整教学策略。作业与考试分析可揭示学生在各学科的优势与不足，帮助教师有针对性地调整教学方法；课堂观察则能反映学生的学习态度、理解速度及问题解决能力，为优势学生提供挑战，为困难学生提供辅导；及时反馈与讨论有助于教师了解学生的学习障碍，提供精准支持。这些方法可以帮助教师科学评估学生，助力其全面发展。

二、个性化调整教学

1. 设定个性化学习目标

个性化学习目标需基于学生的能力、兴趣与学习需求制定。教师可通过与学生讨论，使其参与目标设定过程，增强其学习动力与自我管理能力。明确的目标有助于学生规划学习时间与行动，提升学习效果。例如，对数学感兴趣的学生可设定目标：每周完成一定数量习题，并积极参与课堂讨论。

2. 选择合适的教学策略和资源

个性化教学需根据学生的学习风格与需求选择适宜的策略与资源。教师可尝试通过观察、交流及调查问卷等方式了解学生特点，采用小组合作、项目学习、翻转课堂等策略，并提供书籍、电子资料、在线平台等多样化资源。例如，对视觉型学生可使用图表、图像与视频，对实践型学生可设计实验或实地考察任务，激发其学习兴趣与积极性。

3. 提供个性化学习支持和反馈

个性化支持与反馈是帮助学生克服困难、提升学习效果的关键。教师可根据学生需求提供针对性辅导与资源分享，对学习困难学生给予额外指导，帮助其理解与消化内容。同时，教师应进行个体化学习跟踪，及时发现问题并提供支持。教师在课堂上对学生的表现进行实时评价，课后与学生进行个体化的反馈讨论，可帮助学生认识不足，规划下一步学习，克服学习困难。

4. 设计个性化的学习活动和任务

个性化学习活动与任务应根据学生的学习风格与兴趣设计。教师可多样化设计活动，满足不同需求：对自主型学生可设计开放性项目，让其自主选择研究方向并展示成果；对合作型学生可组织小组活动，通过合作解决问题。此外，教师可根据学生能力与兴趣设置不同难度的任务，提供多种选择，让学生在适度的挑战下成长，选择适合自己的学习路径。

三、为特殊个体提供额外支持和资源

1. 识别特殊需求学生

识别特殊需求学生是提供额外支持的第一步。教师可通过专业评估工具及专家咨询，确定学生是否存在学习障碍、视听障碍等特殊情况。同时，与家长及学生的沟通也是了解其特殊需求与困难的重要途径。教师可通过评估与沟通，准确识别学生的特殊需求，为其制订个性化教育方案。

2. 制订个别化教育方案

根据学生的特殊需求，制订个别化教育方案是提供支持的关键。教师可与学生及教育专家合作，共同制订教育计划。基于评估结果，教师可设计特殊教育计划、个别学习计划等，以满足学生的学习需求，促进其学习与发展。

3. 提供额外支持和资源

教育辅导与专业支持是帮助特殊需求学生的重要方式。学校可邀请特殊教育教师、心理咨询师等专业人士，为学生提供针对性教学策略、学习技巧指导及情感支持。此外，教师可调整教室环境，提供辅助设备，如盲文资料、听觉辅助设备等，以满足特殊需求学生的学习需求，提升其学习效果与体验。

4. 家庭和社区的支持

特殊需求学生的发展离不开家庭与社区的支持。教师可与家长定期沟通，提供家庭教育指导，帮助家庭理解学生需求，创造良好的学习环境。同时，教师可与社区机构合作，如特殊教育中心、社会福利组织等，为学生提供丰富的资源与活动，促进其全面发展。

四、差异化教学策略和方法

教师采用差异化教学可以更好地支持和引导学生的学习，促进其个性化发展，营造包容的学习环境，并提高教学效率。

1. 提供定制化资源

不同学生在学习能力、兴趣与风格上存在差异，传统的一刀切教学难以满足多样化需求。个性化资源的核心是根据学生兴趣与需求提供多样化的学习材料。例如，对科学感兴趣的学生，教师可提供相关书籍、视频与实验资源，激发其学习兴趣。为此，教师可根据学生学习目标与课程需求，提供挑战性材料，如为高级学生提供进阶资源，助其突破学习瓶颈。

教育技术工具也为个性化教学提供了更多可能性。教师可利用在线平台、AI助手设计个性化学习计划，提供定制化课程与资料，学生可根据自身节奏学习，提升效率。教育软件还能根据学习进度提供个性化内容与反馈，帮助学生了解自身水平，教师则可根据数据提供针对性指导，助力学生克服困难，提升成绩。

2. 差异化教学策略

差异化教学策略是指根据学生个体差异，采用个性化教学方式与内容，以满足其学习需求并促进发展。学生的智力类型是影响差异化教学的首要因素。根据加德纳（Howard Gardner）的多元智能理论，不同学生在不同智力领域存在优势或劣势。教师应重视并应用这一理论。例如为语言智能优势的学生设计口头讲解与写作任务，为逻辑数学智能优势的学生提供逻辑推理与科学实验任务。

此外，教师还需关注学生的学习能力差异。对学习较快的学生，可提供拓展资源与挑战性任务；对学习较慢的学生，则需提供辅助资源与个别指导。差异化教学的核心在于关注学生个体需求，教师需要通过学生学习需求调查与个性化交流，更好地了解其目标与兴趣，提供针对性资源与活动，并鼓励学生参与自我评价与目标制定，培养其学习自主性与责任感。

3. 学习进度监测

持续跟踪与评估学生学习进度可帮助学生认识优势与不足，指导其改进学习策略。教师可与学生合作制定具体、可衡量的学习目标，激发其学习动力与自主性，使其明确学习方向与期望结果。跟踪评估后的反馈应注重正面与建设性，鼓励学生持续努力。

教师还可利用评估结果提供个性化支持，如为成绩较好的学生设计更具挑战性的任务，为成绩较弱的学生提供额外资源与辅导，助其填补知识漏洞。此外，教师需密切关注学生学习成果与进步，根据学生需求进行教学调整，如提供更多复习与巩固训练，或设计更具挑战性的任务，以确保个性化教学的有效性。

4. 个别辅导支持

个性化策略强调根据学生特点与需求，采用多样化教学方法与资源，帮助学生更好地掌握知识与技能。然而，部分学生仍可能遇到特定学习困难，此时个别辅导尤为重要。个别辅导是指在一对一环境中，针对学生个体差异、学习困难与课程需求提供支持与指导。教师可通过个别交流了解学生的学习难点与困惑，帮助其解决问题，并提供额外练习与补充材料，助其巩固内容，提升学习效果。个性化策略与个别辅导的核心在于培养学生的学习自信心与自主性，助其发挥潜能。

第三章 学科教师职业技能

　　学科教师职业技能是指教师在特定学科领域内必须具备的专业知识与教育能力，这些技能因学科特点与要求的不同而有所差异。首先，学科教师需深入理解并掌握学科的核心概念、基本原理与基础知识，包括学科发展脉络、专业术语及前沿研究与应用领域。其次，教师需熟练运用适合本学科的教学方法与策略，如实验探究、案例分析、讨论分析等，并根据学生的特点和需求灵活调整教学方式，以提升教学效果。

　　此外，学科教师应具备较强的教学设计与实施能力，能够系统规划教学内容，设计连贯的教学活动，并合理选择教材与教具，确保教学过程的科学性和有效性。学科研究能力也是教师职业发展的重要支撑。教师应关注学科最新动态，积极参与研究及学术交流，不断更新学科知识，提升专业水平，为学科发展贡献力量。

第一节　学科专业知识

❋ **本节要点**
　　把握核心概念
　　重视基本原理
　　掌握基础知识
　　善用学科术语
　　更新学科知识

　　教师的学科专业知识是指其在特定学科领域内掌握的知识体系，包括核心概念、基本原理、基础知识和专业术语等。这种专业知识是教学实践的基础，能够帮助教师系统梳理教学内容，精准传授知识，并有效指导学生学习和思考。

一、把握核心概念

　　教师在深入理解学科核心概念时，需从定义理解、属性探究及相互关系探索三个方面入手。

教师应以教材为基础，结合权威资料和专业文献，全面掌握核心概念的定义、内涵与外延。教师应通过分析概念的特点和特性，帮助学生准确理解其本质，并能够将其应用于解决实际问题。同时，教师需重点关注定义中的关键词汇和术语，查阅专业词典或术语解释，确保理解的准确性，并明确核心概念的范畴和研究领域。

教师需深入探究核心概念的属性，分析其特点、特性及基本属性，并结合实际情境加以应用。例如，在数学教学中，教师可通过生活中的概率问题，帮助学生理解其实际意义和应用价值。此外，教师应关注核心概念与其他相关概念的关系，通过比较相似或对立概念，引导学生构建概念间的逻辑联系，提升其综合运用能力。

教师也可采用概念图谱或思维导图等可视化工具，帮助学生直观理解核心概念间的相互关系。教师还可举例说明上下位关系、因果关系或对立关系，以加深学生对概念间逻辑的理解。同时，教师应鼓励学生进行思辨性讨论，从多角度分析问题，培养其分析和综合能力；利用虚拟实验平台、互联网资源等技术工具，拓展学生对概念关系的认知；并鼓励学生将理论知识应用于实践，将核心概念与实际问题和情景结合，提升其解决问题的能力。

以物理、地理和历史学科为例，把握核心概念的步骤如表 3-1 所示：

表 3-1　把握学科核心概念的步骤

学科举例	物理	地理	历史
核心概念	力	人口迁移	工业革命
理解定义	力可以定义为物体对物体的相互作用，能够改变物体的运动状态或使物体发生形变。它的单位是牛顿（N），表示一个物体在其他物体上施加的作用。	人口迁移指人口从一个地区迁移到另一个地区的现象。	工业革命是指 18 世纪末至 19 世纪初，由手工业向工业生产方式转变的一系列经济、社会和技术变革。它标志着大规模机械化生产和工厂制度的兴起，并带来了工业化社会的发展和变革。
探究属性	力具有大小、方向和施力对象的特点。它可以是一个向下的重力，或者一个向上的推力；它可以是正向的合力，或者是反向的分力。力还具有加法和减法的运算性质。	人口迁移具有规模、方向、原因和影响等属性。它的规模可以表示为迁移人数或比例；方向可以是城市到农村、农村到城市，或者国内迁移和国际迁移；原因可以是求学、就业、家庭团聚等；影响可以包括经济、人口结构、社会文化等方面的改变。	工业革命具有时期、原因、影响和特征等属性。它发生在 18 世纪末至 19 世纪初，主要原因包括科技革新、贸易扩展和社会变迁等。工业革命带来了广泛的影响，包括经济结构的转变、劳动力的变革以及社会和城市发展的变化。特征方面，工业革命的标志包括机器生产、工厂制度、劳动分工以及城市化等。

相互关系	力与其他相关概念存在相互关系，如质量、加速度和运动等。力的大小等于质量与加速度的乘积，即牛顿第二定律；力与位移的乘积等于功，即功的定义。此外，力还与其他物理量之间存在一定的数学关系，如力学原理中的静力平衡、动力学中的等加速度原理等。	人口迁移与其他地理概念存在相互关系。比如，人口迁移与城市化、城市规划、区域发展等概念有关联；人口迁移也与自然环境、气候条件等有关，因为各地区的自然资源和生活条件可能会影响人口的迁移决策。	工业革命与其他历史概念存在相互关系。例如，工业革命与资本主义经济体制、社会阶级变动、城市发展等有关联；工业革命还与科学进步、技术创新以及交通和通信的变革等相关。

从上表可以看出，教师可以通过引导学生思考这些概念的定义、属性和相互关系，帮助他们理解学科的基本概念，形成对学科知识的准确理解和深入认识。这种逻辑性的分析和探究不仅能够加深学生对学科核心概念的理解，也能够提升学生的思维能力和分析能力。

二、重视基本原理

重视和理解学科的基本理论原理是教师深入解释学科知识、帮助学生把握学科本质的关键。学科理论原理是对学科现象和规律的概括与解释，是学科知识体系的基石。教师需掌握学科的基本理论框架，如化学的原子结构理论、地理的地形地貌形成理论等，这有助于其把握核心概念、基本原理和发展趋势，为教学奠定坚实基础。

教师应研读教材，参考权威资料和专业文献，系统学习学科理论原理，并参与学科研讨会和学术交流活动，与该领域专家深入探讨，以提升学科素养。将理论原理与实际应用相结合是重视学科基本原理的最终结果，教师需要通过实例、案例以及提供实践机会，帮助学生理解学科知识在现实生活中的意义，增强其学习兴趣。此外，教师需持续更新学科知识，关注学科最新进展，通过参与研究、自我学习和专业发展活动，不断深化和拓展知识广度与深度，以适应学科知识体系的动态发展。

系统化理解和应用学科的基本理论原理一般有以下四个步骤（图 3-1）：

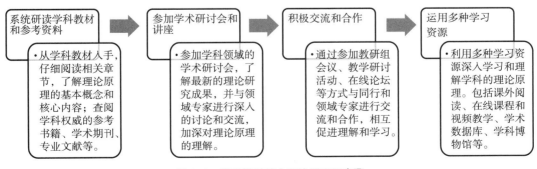

图 3-1　掌握学科基本理论原理四步骤

三、掌握基础知识

教师的学科专业知识体系是教学实践的核心，涵盖核心概念、基本原理、相关分支、历史发展、实验技巧以及应用能力等多方面内容。学科知识体系为教学提供专业支持，可增强教学的权威性。扎实的学科知识使教师能够准确解答学生疑问，拓宽学科视野，了解学科的前沿进展，赢得学生信任。

为确保学科知识的掌握与更新，教师须系统学习教材与参考资料，深刻理解学科的核心概念、基本原理和重要理论。教师应通过阅读研究文献、参加学术研讨会等方式，关注学科的最新研究成果与理论进展，为教学内容的更新提供依据。

在教学过程中，教师需根据学生的理解水平，选择适当的语言与方式讲解知识，达到因材施教的教学效果。教师还需扩展学科知识，全面了解学科的分支与应用领域，持续关注学科分支与相关领域的最新研究成果与应用实践。同时，教师应善于整合不同领域的知识，将学科理论与实际应用相结合。例如，在科学教学中，教师可将物理、化学与生物知识融合，设计跨学科实验，帮助学生建立知识间的联系，培养其综合思维能力。

教师还需将学科知识融入实际情境，帮助学生更好地理解与应用所学内容，AI 技术为此提供了强大支持。通过 AI 驱动的课堂观察和作业分析工具，教师可以精准了解学生的学习水平、兴趣与学习方式，从而设计个性化教学方案。例如，对于表达能力弱的学生，教师可借助 AI 语言模型加强口语训练；对于阅读理解能力较弱的学生，AI 系统能生成分层阅读材料并提供针对性辅导。

此外，教师可灵活应用 AI 技术辅助学生掌握学科基础知识。针对视觉学习者，AI 可生成图表、示意图等可视化工具；针对听觉学习者，AI 语音合成技术提供高质量的朗读和音频材料。同时，AI 支持的虚拟实验平台和讨论工具，能够帮助学生进行实践操作和思辨性讨论，培养实际应用能力和批判性思维。

四、善用学科术语

每个学科都有其独特的专业术语和表达方式，这些术语是学科领域内为精确表述和交流而形成的专门用语，能够精练且准确地传达复杂的概念、理论或操作方法。对于教师而言，熟练掌握和运用专业术语是教学的基本素养。

专业术语的掌握有助于教师高效传授知识。在授课时，教师使用专业术语可以使讲解更加精确。例如，在物理学中，"加速度""力""能量"等术语能够帮助学生准确理解物理现象和规律。专业术语的使用有助于师生之间的高效沟通，教师和学生使用同一套术语，可以减少误解，提升教学效率，使教师能够及时了解学生的理解程度，进行针对性指导。

此外，专业术语在学术研究与交流中具有重要作用。教师需不断更新知识体系，参与学术研讨。教师熟练运用专业术语能够促进自己与同行的有效沟通，便于分享研究成果，学习他人经验。这不仅有助于提升教师的学术地位和影响力，还能增强其在学术界的声誉。

不过，教师在使用专业术语时需注意适度和规范性，过多使用术语可能让学生感到困惑，影响学习效果。教师应根据学生的认知水平，适当使用术语，并适时结合实际案例进行讲解，才能帮助学生更好地理解和应用术语。同时，教师应使用官方认证的术语，避免方言、俚语或自创术语，以确保教学的规范性和准确性。

五、更新学科知识

学科知识的更新与发展是社会进步与科技创新的必然趋势，而 AI 技术的引入为这一过程提供了新的动力。随着研究的深入与技术的应用，各学科领域的知识体系不断丰富与完善。教师需要紧跟学科前沿与热点，了解最新研究成果，并将其融入教学，以激发学生的学习兴趣。AI 驱动的文献分析与研究工具能够帮助教师快速获取学科领域的最新动态，AI 技术还能帮助教师掌握最新的教学工具与平台，如智能教学系统和虚拟实验室，从而提升教学效果。

现代教育强调学科间的交叉与融合，AI 技术为教师提供了整合多学科知识的工具。例如，在物理教学中，教师可以利用 AI 模拟工具，将化学反应的动力学原理与物理模型结合，设计跨学科实验，帮助学生理解知识的实际应用。此外，AI 技术还能帮助教师反思教学方法与效果，通过数据分析学生的学习行为，总结经验教训，调整教学策略，形成独特的教学风格。

为实现学科知识的更新，教师可通过多种途径结合 AI 技术。利用 AI 辅助的会议平台，教师可以更高效地参加学术会议与研讨会，了解最新研究成果与教学方法；通过 AI 推荐系统，教师能够筛选并阅读专业书籍与期刊，获取前沿信息；通过参与教学改革项目，教师可以与同行合作，分享经验与成果，并将新方法与技术应用于教学实践。AI 技术与教育的深度融合有助于教师保持学科知识的时效性与先进性，为学科知识的创新与传播开辟了新的可能性，推动教育向更高水平发展。

第二节 学科教学能力

※ **本节要点**

  学科教学设计

  学科教学技能

  学科教学理念和方法的运用

  学科教学实施能力

教师的学科教学能力首先取决于其学科素养，这是教师在特定学科领域内知识、理解、能力与技能的综合体现，也是有效教学的基础。而学科素养的核心在于教师对学科知识的深度与广度的掌握，包括对基本理论、核心概念的深刻理解，对学科发展历史、现状与趋势的清晰认知，以及对学科思维方法与解决问题能力的熟练运用。

具体而言，学科素养不仅体现在教师对学科内容的掌握上，还贯穿于教学设计、教学技能与教学理念的运用中。教师需要深入理解教材，选择合适的教学资源，设计适配的课件，并实施高效的教学活动。同时，教师还需提供有针对性的反馈与指导，帮助学生更好地掌握知识。

一、学科教学设计

学科教学设计是指教师根据课程标准、学情特点和教学目标有计划、有组织地设计教学活动，对于提高教学效果、强化教学目标导向和优化教学过程具有重要意义。教师需要关注课程标准和学情，设立明确的教学目标，选择适合的教学内容和方法，进行合理的教学评价和反思调整。

1. 课程标准

2022 年 4 月，教育部发布了新版义务教育课程方案和 16 个课程标准（2022 年版），以习近平新时代中国特色社会主义思想为指导，落实立德树人根本任务，明确了"有理想、有本领、有担当"的时代新人培养目标。教师需深入理解并贯彻这些标准，确保教学设计与课程要求一致，帮助学生掌握应有的知识与技能。

首先，教师需仔细研读课程标准，明确学科核心内容与主要技能。以英语学科为例，2022 年版《英语课程标准》在强调语言能力的基础上，更加注重核心素养与课程育人目标，包括语言能力、文化意识、思维品质和学习能力，旨在培养学生的综合素质与人文素养。深入研读课程标准能够确保教师清晰把握教学目标与要求，合理组织教学内容与活动，形成具有针对性、系统性与科学性的教学体系。同时，教师可根据课程标准设计教学活动，培养学生的综合素质与学科能力，并制定相应的评价标准与工具，准确评估学生的学习成果。

其次，教师需将课程标准与教学实践相结合，根据学生特点与需求进行针对性教学设计。教师应关注学生的学习风格、兴趣与能力差异，灵活调整教学策略，满足个性化学习需求。教师还应注重学科间的综合性学习，通过跨学科设计与活动，帮助学生建立知识联系，培养综合思维能力与解决跨学科问题的能力。

在评估设计方面，教师需参考课程标准中的评价要求，明确评估目标与标准，选择与学习目标匹配的评估手段，如作业、测验、项目、口头报告等，并结合学生自评、互评及AI测评等非传统方法，全面了解学生的学习情况。评估结果不仅用于综合评价，还为教师提供教学调整的依据。教师从评估结果的分析中可发现学生的学习差距，提供针对性支持或更高层次的挑战，并通过具体、建设性的反馈，帮助学生认识自身优势与不足，制订改进计划。

此外，教师可通过专业研讨与交流深化对课程标准的理解与应用。学科教研组为教师提供了讨论教学问题、分享经验与资源的平台，有助于共同探讨教学设计与实施策略，提升教学质量。教师也可参与相关培训与学术会议，了解最新教学理念与实践，更新教学知识与技能，拓宽教学视野，从而更好地应用课程标准，改进教学实践。

2. 学情分析

为规划合适的教学目标和方法，教师需要全面了解学生的学习需求、背景知识、兴趣爱好和学习能力。AI技术的引入为这一过程提供了高效且精准的支持，可以帮助教师更好地收集和分析学情信息，优化教学策略和资源选择。

首先，AI技术可以通过多种方式帮助教师收集学生的学习需求和背景信息。例如，教师定制的AI智能体能够与学生进行个性化对话，帮助教师了解学生的学习兴趣、目标和困难；AI问卷调查工具可以自动分析学生的学习偏好与难点，生成详细的数据报告；而AI课堂观察系统则能实时记录学生的参与度、学习风格和互动情况，为教师提供直观的反馈。

其次，AI技术能够通过定期评估与测评，帮助教师掌握学生的学习进展情况。AI小测验系统可以快速发现学生的薄弱环节，并自动生成针对性练习；AI支持的期中考试工具能够综合评估学生对知识的掌握情况，并提供个性化的学习建议。此外，AI标准化评估工具，如教育测验与心理评估，能够提供客观数据，帮助教师全面了解学生的学习能力与认知水平。

在观察学生学习方式与行为方面，AI技术为教师提供了更深入的分析工具。AI课堂观察系统可以自动识别学生的学习偏好，如独立学习或合作学习；AI课后行为分析工具则能追踪学生的学习习惯与自主能力，帮助教师调整教学方法，满足学生的个性化需求。

此外，AI 技术还能通过交流与学习档案分析，帮助教师了解学生的兴趣爱好与学习背景。例如，AI 聊天机器人可以与学生互动，发现其兴趣领域，并据此设计吸引人的教学内容；AI 学习档案分析工具能够整合学生的学术经历与潜力，为教师提供更有针对性的学习支持。通过 AI 技术对学习行为与兴趣的分析，教师可以更全面地了解学生的学习特点与需求，识别其优势与不足，并据此调整教学策略与资源。对于学习能力强的学生，AI 系统可以推荐更具挑战性的任务；对于学习困难的学生，AI 则能提供差异化教学策略，如生成个性化辅导方案或推荐额外学习资源，帮助他们克服学习困难。这种技术与教育的深度融合，为教学的创新与优化开辟了新的可能性。

3. 教学目标

总体而言，学科教学目标包括知识、能力、情感态度价值观这三个方面的目标。教师需要确保教学目标具有明确性、可操作性和可评价性，并与学科的课程标准相一致。

各学科的国家级课程标准不仅规定了学生的学习目标与内容，而且明确学生应掌握的知识、技能与能力，为学科教师的教学指明了方向，是教师进行教学设计的指导依据。因此，教师需明确教学目标的层次与维度：知识目标关注学生对学科知识的掌握；能力目标强调学生运用知识解决问题的能力，培养其创造力与批判性思维；情感态度价值观目标则注重塑造学生的情感态度、价值观与社会责任感，培养其团队合作精神与社会意识。

教学目标具备明确性、可操作性与可评价性的特点。明确性要求教学目标清晰描述学生应达到的学习结果，确保师生对目标的理解一致；可操作性要求目标可通过具体行为或表现衡量，如英语学科要求学生能识别不同语调与节奏等语音特征所表达的意义；可评价性则要求目标能够通过观察、测验、作业等方式评估，以便教师及时反馈并调整教学策略。此外，教师需整合学科标准、学生学情与教学要求，优化教学目标。教学目标应相互协调，贯穿整个教学过程，确保学生逐步实现更高层次的学习成果。教师可通过综合分析为不同学生提供个性化支持，最大化其学习效益。

4. 教学内容和教学方法

教师应具备扎实的学科知识与专业素养，深刻理解所教内容，并将其组织成有机结构，确保教学的连贯性与逻辑性，帮助学生更好地掌握知识。

学科知识具有层次与逻辑关系，教师应根据学生的学习能力与程度，注意教学内容的合理性，确保学生逐步发展。例如，教师可依据教学大纲与学情，对知识进行分类、归纳与总结，构建清晰的知识体系。

由于学生的学习特点与风格各异，教师应根据教学目标与学情分析，灵活运用不同教学方法，注重引导与促进，而非单纯传授知识。通过提问、讨论、实验等方式，教师可激发学生的主动思考与参与，培养其自主学习能力与问题解决能力。具体而言，教师可通过以下步骤处理教学内容与方法（图 3-2）。

熟悉学科课程标准	• 研读学科课程标准，了解各学段的教育要求及核心概念、知识点、技能与能力要求，确保对学科结构与学习目标有清晰认识。
了解与分析学情	• 观察与分析学生的知识掌握程度、学习兴趣与风格，用以调整教学内容与方法，满足学生需求。
确定教学目标	• 基于课程标准与学情分析，明确每个教学单元的目标。目标应具体、可衡量，并与课程标准一致，以指导教学内容与方法的选择与设计。
组织教学内容	• 根据课程标准与教学目标，按逻辑顺序组织知识点与技能，构建清晰的知识体系。同时，选择适当的教材与辅助资料，支持教学内容的呈现与扩展。
选择教学方法	• 根据课程标准与教学目标，选择适合的教学方法与策略，如讲授式、实践式、合作学习或探究式学习等。可灵活结合多种方法，以提高学生的学习效果与兴趣。

图 3-2 教学内容与教学方法的处理步骤

5. 教学评价

根据课程标准进行教学评价，教师能够更准确地了解学生的学习情况与能力水平，帮助学生发现问题、改进学习并拓展潜能。同时，教师可根据评价结果调整教学策略，提升教学效果与学生学习成果。

确定评价目标：教师需根据学科课程标准与教学目标，明确评价目标与重点。评价目标应与学科核心素养与能力培养相契合，全面反映学生的学习过程与成果。针对不同教学单元与学习目标，教师可确定相应的评价内容与指标。

设计评价工具：根据评价目标，教师可设计多样化的评价工具，如笔试、口试、作业、实验报告、小组合作项目等，还可引入 AI 评测。评价工具需具备科学性、客观性与有效性，能够准确测量学生的学习情况与能力水平。

制定评价标准：教师需根据课程标准与评价目标，制定明确的评价标准。标准应具备可操作性与可量化性，便于教师对学生的学习过程与成果进行准确评价。教师可将标准分为不同层次或等级，以更好地反映学生的学习差异与进步。

实施评价活动：在教学过程中，教师需组织评价活动，如定期考试、小组讨论、实验报告等，收集学生的学习情况与能力表现。评价活动应遵循公平、客观、公正的原则，确保评价结果的可靠性与有效性。

给予反馈与指导：评价结束后，教师应及时向学生提供反馈与指导。通过评语、评价报告或个别谈话，教师可向学生说明评价结果、优点与不足，并提供改进建议，帮助学生提升学习效果。

6. 反思与调整

教师应在教学过程中进行及时的反思，根据学生的表现和教学效果，调整教学策略和进度，不断提升自己的教学水平和教育素养。图 3-3 体现了教师需要反思和调整的几个要点。

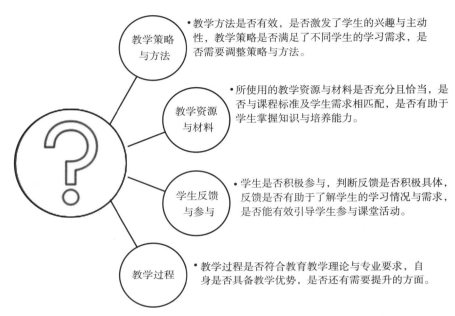

图 3-3　教学过程反思与调整要点

二、学科教学技能

传统上，教师必须具备书写能力、板书设计能力、操作基本功、教学语言能力、课堂教学微技能和作业设计能力。在技术新时代，教师还需要具备 AI 技术应用技能（详见第四章）。这些能力对提升教学效果、促进学生全面发展至关重要。

1. 书写能力

教师需掌握不同书写工具的使用技巧，如钢笔、毛笔和粉笔，灵活运用其风格与线条变化。基本的书写要求包括字迹工整、符号标点准确、空间布局合理、书写速度与稳定性适中、字体规范一致，以及保持耐心和细心。这些要求确保教师提供清晰、准确、规范的书写，帮助学生更好地理解与掌握知识，从而提高学习效果。

（1）字迹工整

教师书写时应追求字迹的清晰、工整和可辨识性。清晰的字迹有助于学生准确辨认字形、理解内容，避免造成歧义或误解。每个汉字或字母的笔画应清晰、匀称、稳定。教师应掌握好书写的力度和速度，使字迹看起来整洁、美观。

（2）符号标点准确

使用准确的标点符号可以帮助教师清晰地表达句子的语法结构和逻辑关系，避免学生对句子理解的困惑和误读。标点符号的正确使用直接影响到句子意思的准确性和清晰度，教师需熟悉常用标点符号的用法和规则。

（3）空间布局合理

教师在书写板书时要合理安排空间，确保字体大小适中，行距合理。若字与字之间过于拥挤，会让学生感到困惑，阅读起来困难。而字与字过于分散则可能导致学生忽略某些字或者使整体信息失去凝聚力。恰当的板书空间布局能提升学生的阅读效果和信息理解能力。

（4）书写速度和稳定性适中

教师书写速度应适中，与自己的讲解进度和学生的理解速度相匹配。过快的书写速度可能导致字迹模糊不清，难以辨认，而过慢的速度则可能令学生感到不耐烦。同时，教师在书写时要保持笔画的稳定，避免颤抖或花哨的线条出现，确保字迹清晰可辨。

（5）字体规范一致

教师应根据学校的规定，选择规范的字体，汉字如宋体，英文如匀笔斜体行书，并且持续保持一致性。在书写过程中，教师要注意字形的规范，避免造成字形的变形或混乱。规范的字体和字形可以提高学生的阅读体验，并帮助他们更好地理解和记忆教学内容。

（6）保持耐心和细心

耐心和细心是教师书写中的关键因素。教师需要在书写过程中保持耐心，尤其是在书写长篇幅的板书时，避免出现粗心导致的书写错误。同时，教师应仔细地审查和校对所书写的内容，避免错字、漏字和错别字等，确保书写的准确性与质量。

2. 板书设计能力

通过合理地运用板书，教师可以突出教学内容中的关键点，使学生更容易理解和记忆，帮助他们抓住重点，形成学习的层次感。好的板书应该具备以下几个特点：

（1）清晰明了

教师的板书要求清晰明了，应使用清晰可辨的字体，避免字形相似或模糊的问题。字体的大小应适中，使得学生能够清楚地看到和理解板书内容。此外，教师可以使用不同颜色的字体或突出显示重点词语，以帮助学生更好地区分和理解不同信息。

（2）简洁有序

板书应该简洁有序，避免过多的文字和冗长的句子。教师应筛选关键点和核心概念，精练表达，使得学生能够快速抓住重点。教师还应合理使用标题、编号、图表等方式，使得板书信息有条不紊，清晰易懂。简洁有序的板书设计有助于提高学生对教学内容的理解和记忆。

（3）合理安排板块

教师可以根据教学目标和内容，将知识点和要点分割成不同的板块，并根据其逻辑关系和重要性进行布局。合理的板块安排应具备知识框架和层次感，每个板块的标题应简明扼要，能准确表达该板块内容的核心思想，利于学生整体把握教学内容。

（4）适当使用多媒体形式

教师可以通过引入多媒体元素来补充和丰富板书内容。图表、图像、实物模型等视觉展示可以提供直观的形象，帮助学生更加深入地理解和记忆教学内容。教师还可以通过配图、示意图、实例等方式来增强信息的可视性和生动性。

（5）视觉吸引力

合理运用视觉元素来提高板书的吸引力和视觉冲击力。合适的字体颜色、线条粗细、图形设计等可以使板书更具吸引力和视觉效果，增加学生对内容的关注和阅读的兴趣。需要注意的是，过度使用视觉元素容易分散学生注意力或产生视觉干扰。

（6）根据学生需求调整排版

实际教学中，教师可根据学生的阅读需求和视觉习惯调整板书的排版，采用适当的行距和段落间距，避免过于密集的字体排列。同时，教师可调整板书的字体大小和颜色，使其更符合学生的阅读习惯，提高信息吸收率。

3. 操作基本功

实验教学要求教师熟练掌握实验仪器设备的使用方法与操作流程，具备良好的实验技巧与操作能力，能够准确进行实验操作并解释实验现象与结果，从而提升实验教学的安全性、效率与准确性。同时，教师需掌握实验安全知识，确保实验过程的安全，指导学生正确操作，培养其实践能力。教师的操作基本功包括仪器设备的维护与保养、校准与调试、操作流程的优化与改进以及实验安全与风险防控。

（1）实验仪器设备的维护与保养

教师需了解实验设备的基本结构与工作原理，确保正确规范地使用与操作。定期清洁与维护设备也是学科教师的能力体现，如清除污垢、更换损坏部件、调整参数等。教师还需注意仪器的存放与保管，避免设备损坏。维护与保养能够延长仪器使用寿命，确保实验过程的稳定性与可靠性。

（2）实验仪器设备的校准与调试

教师需熟悉仪器的校准与调试方法，以确保实验结果的准确性与可重复性。教师可通过阅读使用说明书、参考相关资料或参加培训获取相关知识。实验前，教师应仔细检查仪器准确性，并根据需要进行校准与调试，确保学生获得准确的实验数据与结果，提升实验教学的质量与可信度。

（3）实验操作的优化与改进

教师需要通过实践与总结，优化实验操作流程。针对不同实验特点与学生实际情况，教师可适当修改实验步骤与流程，提高效率与准确性。例如，简化操作流程、合理安排时间、优化材料与设备使用等。教师也应保持对新技术的敏感度，探索新的实验方法与技术，如虚拟实验平台、实时数据采集技术等，丰富实验内容，激发学生兴趣与创造力。

（4）实验安全与风险防控

教师除了需要熟知实验安全知识，具备识别实验中的潜在风险与危险的能力外，还应指导学生正确使用仪器设备，了解实验环境的安全要求，遵守实验守则与操作规范。通过讲解与演示，教师可提醒学生注意安全事项，如穿戴实验室服装、使用防护装备、避免化学品混合等。此外，教师需掌握应急处理与救护知识，以便在紧急情况下及时采取措施，保障师生安全。

4. 教学语言能力

教师需要有良好的语言表达能力，使用准确的词汇与语法结构，确保学生理解并掌握教学内容。巧妙的语言组织富有感染力，适应学生的认知特点的表达具有说服力，教学语言必须有效促进学生的思维发展与知识理解。教师需根据学生的语言水平与认知能力，灵活运用不同表达方式，引导学生积极思考与参与学习，提升教学效果。教师的教学语言能力主要体现在以下几个方面：

（1）表达的清晰度

教师需具备清晰明了的口语表达能力，语言应简明扼要、准确无误，避免使用复杂或难理解的词汇与句式。教师需注意语速，避免过快或过慢，确保学生能够准确理解教学内容。

（2）表达的美感

教师的语言表达应具备审美性，体现在语言节奏、语调与语音美感上。教师可通过具有音乐感的语言演讲与节奏感的语速控制，使语言更具吸引力与感染力。同时，教师应注重语音调节，避免单调与刻板的语调。

（3）表达的适应性

教师需根据学生的认知特点与学习需求，灵活运用不同表达方式。针对视觉学习者，教师可使用图片、图表等视觉化工具辅助表达；针对听觉学习者，教师可通过口头讲解、音频资料等方式强化语言输入。只有适应不同学生的表达方式，教师才能更好地满足其学习需求，促进其参与和理解。

（4）善用示例和比喻

教师可通过生活中的具体案例与比喻来帮助学生理解抽象与复杂的知识概念。例如，在物理学中，教师可使用抛物运动的例子解释自由落体运动，或通过动画演示分子振动过程。这种方法能够激发学生的兴趣与想象力，提高学习效果。

（5）表达的逻辑性

教师的语言表达要有逻辑性，确保思路清晰、结构合理，帮助学生理解知识的逻辑关系。在教学中，教师应注重语言组织，使其符合知识的逻辑顺序，从基础知识到高级知识的衔接自然流畅，助力学生构建知识体系的整体认知。同时，教师应善用逻辑连接词与过渡词，明确不同观点、概念与思路之间的关系，使表达更加连贯。逻辑性强的语言表达有助于学生更好地理解与记忆知识，提升教学效果。

5. 作业设计能力

优质的作业设计不仅能够巩固和拓展学生的知识，还能激发其思考与创新。合理的作业设计需符合教学目标与学生实际情况，具备一定的难度与挑战性，以激发学生的学习兴趣与主动性。教师应设计多样化的作业形式，如书面作业、实践作业、小组合作作业等，以满足不同学生的学习需求与能力水平。同时，教师需及时批改作业，给予学生反馈与指导，促进其成长与提高。有效的作业设计与批改反馈是每个教师必须具备的教学基本功之一。以下是作业设计需遵循的几项原则：

（1）明确性

作业设计需明确目的与要求，使学生清楚任务内容与完成标准。教师可通过清晰的指导与任务说明，帮助学生理解作业目标，并提供具体的评价标准。例如，作业可要求学生解释特定概念、提供实例、进行实验或调查，或提出实际问题的解决方案。明确的作业设计有助于学生集中精力完成任务，提高学习效果。

（2）层次性

作业设计需根据学生的个体差异与学习水平，设置不同难度与深度的任务。对于学习能力强的学生，教师可设计更具挑战性的作业，促使其深入思考与独立探索；对于学习较慢的学生，教师可设计更简单明确的任务，助其逐步掌握基本概念与技能。层次性作业设计兼顾了不同学习水平学生的需求，能够调动学生的学习积极性，提升作业完成效率。

（3）多样性

作业的多样化指的是教师采用不同形式和方式设计作业，以满足学生不同的学习需求和学习风格。教师可设计书面作业、口头报告、实践操作、小组合作等形式的作业，丰富学生的学习体验。利用在线学习平台、虚拟实验室等现代技术工具，教师可设计更具互动性与创意性的作业。多样化的形式最能激发学生的兴趣与主动性，提升学习参与度与效果。

（4）及时性

教师需在合理时间内批改作业，并给予学生及时反馈。教师需要及时批改作业，提供具体的建议与指导作为反馈，从而帮助学生发现并纠正错误，加深其对学习内容的理解。同时，反馈也可用来鼓励学生，使其准确认识自身学习进步，增强自信心。面对面的讨论与反馈互动更能激发学习动力与自主学习能力，引导学生向更高层次迈进。

三、学科教学理念和方法的运用

1. 掌握学科教学理念

掌握学科教学理念需要教师不断学习和提升自己的学科素养，关注学科教学的理论和实践研究，与其他教师进行交流和分享经验，以及积极参与专业培训和研讨活动。

（1）学科知识与概念

学科知识与概念是学科领域内的核心内容与基本框架。教师需深入掌握这些知识与概念，以确保其在教学中的准确传递与有效应用。教师不仅需帮助学生理解学科的基本原理与概念，还需将这些原理与学生的日常生活及实际问题相结合，使学生认识到学科的实际价值。同时，教师应设计有效的教学活动与评价方式，促进学生深入理解与综合运用学科知识。

学科知识涵盖核心内容、基本原理、理论体系与实践经验。教师需全面掌握学科的基础概念与基本原理，了解学科的研究方向与最新进展，以便在教学中准确传授知识，并引导学生构建系统的学科知识结构。学科概念则指学科中的关键概念及其体系。教师需清晰理解这些概念，并将其与相关内容有机整合，通过举例、解释与实例，帮助学生掌握概念的内涵与外延，培养其学科思维与综合运用能力。

（2）学科教育意义与目标

教师需明确学科在学生综合素质发展中的教育价值与目标，并以此为指导制订教学计划。学科教育旨在帮助学生在学科领域内掌握相关知识、技能、思维方式与价值观，实现全面发展。

学科教育首先帮助学生系统掌握学科核心内容与基本概念，培养其学科素养。这不仅包括相关知识与技能，还涉及思维方式的培养，如逻辑思维、创新思维与批判思维。学科学习的目标是提升学生解决问题的能力、创新意识、批判思维与合作精神，同时锻炼学生的动手能力、观察能力、表达能力以及团队合作能力等综合素质。

此外，学科教育还注重培养学生的学习能力与终身学习意识，使其掌握学习方法与策略，形成主动学习、自主学习与合作学习的能力。学科教育能够激发学生对学科的兴趣与热爱，引导学生发现学科的魅力和应用前景，为其未来发展提供支撑。

学科教育目标可根据学科特点与学生需求设定，包括：深入理解学科核心概念与原理，掌握基本知识与技能；培养学科思维与解决问题的能力；引导学生将学科知识与实际问题结合，提升应用能力；培养学科态度，如兴趣、热爱、责任感与合作精神等。

（3）学科发展与趋势

学科发展与趋势体现为学科领域内新知识、新理论与新方法的涌现以及研究的持续推进。了解学科动态有助于教师将最新发现与实践成果传递给学生，同时推动教学方法的创新与改进。新理论与方法的涌现为教师提供了更多选择，使得教师能够灵活运用多种方法，提升教学效果与学生的学习兴趣。学科发展与趋势涵盖以下几个方面：

新研究发现与实践成果：教师需关注学科领域内的最新发现与实践成果，及时更新教学内容，使学生了解最新科学发现与应用案例。

新理论与观点：教师需掌握学科领域的新理论与观点，帮助学生理解学科理论基础与当前思考方式，并将其融入教学实践。

AI技术与工具：随着AI技术的发展，学科教育不断探索新工具与资源，如虚拟实验室、在线学习平台、大语言模型与AI分析工具等。教师需了解并利用这些技术，支持学科教学。

跨学科与综合性发展：学科发展常与其他学科交叉融合，形成跨学科研究与综合性观点。教师需关注跨学科研究，将跨学科思维与综合性观点引入教学，培养学生的综合思维能力。

（4）学科思维与方法

学科思维与方法是指针对不同学科的特点与要求，培养学生具备特定的思维方式与方法技能。不同学科具有独特的思维模式与方法论，教师需根据学科特点与学生发展水平，培养学生的相关思维能力与方法技能。

逻辑思维是所有学科的基础能力。教师可通过呈现逻辑关系、引导学生分析推理、教授演绎法与归纳法等方式，培养学生的逻辑思维能力。

创造思维是创新与产生新想法的能力。教师可通过启发学生创造力、提出开放性问题、鼓励新观点等方式，培养学生的创造思维能力。

批判思维是对信息与观点进行评估与分析的能力。教师可通过组织讨论、引导学生质疑与挑战现有观点等方式，培养学生的批判思维能力。

教师还需讲授学科方法，使学生能够运用合适方法进行学习与研究。例如，在实验科学中，教师应教授学生科学实验设计，包括问题确定、假设设定、实验步骤设计与数据收集；在数学与社会科学中，教师应教授数据收集、整理与分析的方法；在文科与人文学科中，教师应指导学生进行文献阅读与综述，帮助其理解现有成果并结合自身观点进行综合分析。

（5）学科教学目标与评价

学科教学目标是教师为学生设定的学习目标，旨在确保学生在学科学习中获得全面发展与提升。学科评价则是针对这些目标的评估方式，用于测量学生对学科知识、能力与素养的掌握程度。教学目标与评价紧密关联，共同构成学科教学的有效性与可衡量性。

学科教学目标的制定需以学科特点与学生发展需求为基础。教师需明确学科教育的意义与目标，理解其对培养学生综合素质与未来发展的重要性。在此基础上，教师可设定具体、可衡量的教学目标，如学科知识的掌握与理解、思维能力的培养、实践应用能力的提升等，并确保这些目标与学生的认知水平与发展阶段相适应。

学科评价应与教学目标一致，以衡量学生的学习成果与能力发展。教师可设计多样化的评价方法，包括考试、项目、作业、口头表达等。在评估学科知识水平时，教师可采用笔试、实验报告等量化方式；在评估学科能力与素养时，**教师可通过项目作品质量、口头答辩表现**等进行综合性评估。此外，教师还可采用小组合作评价、自我评价、同伴评价等方式，促进学生的互动学习与反思能力培养。

（6）跨学科整合与应用

跨学科整合与应用是指将不同学科的知识、概念与方法相互融合，以解决实际问题或丰富学科学习的过程。教师在教学过程中要加强跨学科联系与整合，提供多元化与综合化的学习机会，使学生能够将学科知识与能力应用于其他学科或实际问题解决中，培养其综合学科素养。

不同学科具有独特的视角与思维方式，学科间常存在紧密联系。通过跨学科整合与应用，学生可从多学科角度探索问题，理解学科间的关联性与互动性，拓宽思维范畴，培养综合思维与创新能力，并将其应用于解决复杂问题。同时，跨学科整合与应用能够增强学生对学科实用性与现实意义的认识，激发其学习动力与兴趣。

教师在跨学科整合与应用中扮演重要角色。他们可与其他学科教师合作，开展跨学科项目或课程。例如，设计跨学科课题，引导学生深入研究；或通过跨学科小组合作，让学生结合不同学科知识与能力，解决现实问题。在此过程中，教师需引导学生发现学科间的联系与相互依存性，鼓励学生运用学科知识与方法进行独立思考与创造性表达，促进其跨界思维与问题解决能力的发展。

（7）创新教学策略与资源

在教学中，教师可以通过创新策略与资源显著提升教学质量，而 AI 技术的引入为这一目标提供了更多可能性。情景模拟与合作学习是两种有效的创新策略。AI 技术可以将情景模拟提升到新的高度，如通过虚拟现实（VR）或增强现实（AR）技术，教师可以创建高度逼真的模拟场景，让学生在沉浸式环境中学习。在合作学习中，AI 支持的协作平台可以优化小组互动，如通过智能分组工具，将学生分配到最适合的小组，并通过实时数据分析促进思维碰撞与知识共享。

技术资源的应用是提升教学质量的另一关键。AI 驱动的多媒体课件可以动态调整内容，根据学生的学习进度提供个性化支持；在线学习平台则可以通过 AI 算法推荐适合学生的学习资源，增强教学的趣味性与实践性。此外，多样化的评价方式也可以通过 AI 技术实现优化。例如，AI 评估工具可以自动分析学生的课堂演示或口头报告，提供即时反馈与改进建议，帮助教师更全面地评估学生的学习成果。

个性化教学是 AI 技术应用的另一个重要领域。教师可以利用 AI 系统分析学生的学习数据，了解其特点与需求，从而提供个性化的教学方式与资源。例如，AI 学习助手可以根据学生的学习习惯推荐适合的学习材料，或为其制订个性化的学习计划，激发其学习兴趣与动力。

在选择策略与资源时，教师需结合学科特点、学生需求与教学环境，进行合理调整与应用。

（8）教学研究与反思

教学研究与反思是指教师提升教学质量的重要途径。教学研究通过科学方法对教学现象进行观察、描述与分析，帮助教师深入了解学生学习特点、教学效果及影响学习的各种因素，从而指导并改进教学实践。

教学反思是指教师对自身教学行为与效果进行自我评价与反思的过程。通过回顾与分析教学过程与决策，教师能够发现问题与不足，并探索改进方法与策略。持续反思有助于教师提高对教学过程的敏感性与自我调控能力，更好地满足学生需求并提升教学效果。

教学研究与反思相互关联。教学研究为教学实践提供理论与实证依据，而教学反思则将研究成果与教学实践相结合。教师可通过教学研究获取新知识与观点，并将其应用于教学实践；同时，教学反思也能帮助教师发现研究中的问题与挑战，思考如何优化教学实践。

2. 学科教学方法运用

不同学科的教学方法虽然在具体实施上有所差异，但在运用时也有一些共同的原则。

（1）多样性原则

多样性原则在教学中的拓展意味着教师需要根据学科的特点和学生的需求，结合教学目标和内容，选择和设计适合的多样化教学方法，以促进学生从多维度理解学科知识，提升学习效能与兴趣。

在自然科学教学中，教师可运用实验探究、观察分析等方法，引导学生通过实践操作发现科学原理，培养科学思维。社会科学领域则适宜采用案例研讨、辩论分析等方式，激发学生对社会现象的深度思考，提升批判性思维与问题解决能力。语言类学科应注重讲解示范与技能训练相结合，帮助学生系统掌握语言规则与表达技巧。艺术类学科则可通过创作实践、作品赏析等途径，培养学生的艺术创造力与审美素养。

教师还可灵活运用项目式学习、问题导向教学、翻转课堂等创新教学模式，结合合作学习与自主学习等学习方式，为学生提供更加丰富多样的学习体验。多元化的教学方法不仅能够激发学生的学习兴趣，更能促进其深度思考与学科理解能力的提升。

当然，教学方法的多样化并非简单的叠加，而是需要教师根据学科特点、学生个体差异及学习需求进行科学选择和有机整合。通过灵活运用多种教学方法，教师能够有效满足学生的个性化学习需求，培养其学习兴趣与能力，实现教学目标的最优化。

（2）学生参与原则

在教学过程中，学生应成为学习的主体，而非知识的被动接受者。以学生为中心，尊重其个体差异和学习需求，应该成为教师对待学生的基本态度。无论教授何种学科，教师都应通过讨论、实践和合作等方式，鼓励学生积极参与课堂活动，培养其探究能力、批判思维和问题解决能力。

为提高学生的参与度，教学活动设计必须能够激发学生兴趣和热情，这包括利用多媒体资源、游戏化教学、现实生活案例等。教师应鼓励合作学习，通过小组合作、伙伴活动、学生导向的项目等方式，营造一个相互尊重和支持的学习氛围，促进学生之间的互动和共同学习。

同时，教师应转变角色，从单纯的知识传授者转变为学习的引导者和促进者。教师可以提供学习资源和指导，促使学生主动探索和发现知识，并运用不同的教学方法、技术工具和资源，通过多样化的学习任务，有效支持学生的学习过程。

教师还应鼓励学生参与教学的决策和评价过程，让学生参与制定学习目标、设计评价标准和选取评价方式的过程，以增加其参与度和自主性。教师还可通过口头反馈、写作评价、个人对话等方式，为学生提供及时的反馈和支持，促进学生的自我调整和进一步发展。

（3）情境化原则

将学科知识与现实生活或实际应用情境相结合，能够显著提升学生对知识的理解深度和学习兴趣。教师可通过案例分析、实践探究和情景模拟等方法，有效促进学生对知识的实际应用，增强学习的实用性和有效性。

引入真实案例或虚拟情境是常用的教学情境设置，需要将学科知识与实际生活紧密联系。例如，在历史教学中，教师可选择重要历史事件作为案例，引导学生分析其背景、动机和影响，从而加深对历史发展规律的理解。

实践探究是帮助学生深入理解学科知识的重要途径。在科学教学中，教师可设计实验和观察活动，让学生通过动手实践，直观感受科学原理和现象，提升学习效果。

情景模拟则通过创设虚拟情境，让学生在特定角色中面对问题和挑战。同时，教师应注重学科知识在实际生活中的应用价值。VR/AR技术通过创建沉浸式虚拟情境，帮助学生以特定角色面对问题和挑战，从而提升其应变能力和问题解决能力。

（4）反馈与评价原则

不同学科对学生的能力和知识掌握有不同的要求，因此及时的反馈和评价对学生的学习至关重要。教师应提供明确的学习目标和评价标准，并及时给予学生反馈，帮助他们评估自己的学习情况，调整学习策略，提高学习效果。

明确的学习目标有助于学生了解自己需要达到的标准和目标，从而激发学习动力。口头反馈、书面批注和评语、个体或小组对话等方式都是反馈方式，教师需要及时向学生传递他们的学习进展和表现，帮助学生了解自己的优点和成长空间。同时，教师还应提供有针对性的提升建议和指导，并向学生传达清晰的期望。

除了传统的作业和考试形式，教师还可以采用项目作业、口头展示、学习日记、学科实践等多种评价方式，并引入AI评价工具，以便更好地了解学生的能力和知识掌握程度。个性化的评价标准应根据学生的个体差异和学习需求进行制定。教师需要了解学生的学习风格、兴趣和优势，关注学生的个人进展和发展，并给予有针对性的反馈和指导。此外，教师还应引导学生反思和总结自己的学习过程和成果，帮助学生形成自我评价能力，更好地了解自己的学习需求和面临的挑战，并根据反馈结果调整学习策略。

（5）教学资源与技术的合理运用

学科教学方法的有效运用离不开多样化的教学资源和技术工具。教师需深入理解学科特点和学习目标，合理选择和整合教学资源与技术手段。例如，对于强调实践操作的学科，教师可选用实验设备或模拟软件等资源，以增强学生的实践能力。随后，教师可根据教学需求，精心挑选适合的教学资源，包括教材、教学课件、多媒体资料、实验设备、模拟软件、在线学习平台等，并通过对这些资源进行评估和筛选，确保其质量与教学内容高度匹配。

AI 技术能够帮助教师将教学资源有机融入课堂教学，如通过智能课件生成工具，教师可以快速设计互动性强、内容丰富的教学课件，与其他教学方法相互补充和支持。在使用教学资源时，教师可以利用 AI 技术拓展多样化的学习渠道。例如，AI 支持的在线学习平台能够根据学生的学习进度和兴趣，推荐个性化的学习资源；虚拟实验室则可以通过 AI 模拟复杂的实验场景，让学生在安全的环境中进行实践操作；网络合作工具则能通过 AI 优化小组互动，促进学生之间的知识共享与协作。

基于教学资源和技术迭代较快的现实，教师需定期更新和维护教学资源，为学生提供更好的学习体验，不断丰富和改进教学过程。

四、学科教学实施能力

教师的学科教学实施能力是指教师在教学过程中运用自己所掌握的学科知识和教学技能，有效地组织和实施教学活动的能力，包含决策能力、组织能力、指导能力、创新能力和技术应用能力等教学实施能力。

（1）决策能力

决策能力是学科教师在教学实施中的核心能力，贯穿于教学目标设定、内容选择、方法运用及任务安排等关键环节。

在教学目标制定方面，教师需基于对学科知识的深刻理解，结合学生需求与课程要求，确立具体、明确且可衡量的学习目标。这些目标不仅为教学决策提供依据，更为学生学习指明方向。

教学内容的选择同样考验教师的决策能力。教师应立足学科特点与学生实际，从核心概念与重要知识点出发，筛选出既符合学生认知水平，又兼具深度与广度的教学内容。同时，教师还需综合考虑教材、教学大纲及资源条件，确保内容与学科目标及学生需求相匹配。

教学方法的灵活运用是决策能力的重要体现。教师应根据教学目标、学生特点及课程要求，在讲授、讨论、实验、案例分析等多种方法中做出选择，为学生提供多样化的学习体验，促进其主动参与和有效学习。

决策能力还体现在教学任务的优先排序。面对众多教学任务，教师需依据教学目标、课程要求及学生特点，合理分配教学时间与学习任务，确保重点内容得到充分讲解。

（2）组织能力

在教学实施中，组织能力体现在教学活动安排、资源管理、任务规划及课堂秩序维护等多个方面。

首先，教师需根据教学目标、学科内容及学生需求，科学安排教学活动的时间分配与流程设计。教师既要确保每个教学环节有充分的时间支持，又要保证活动之间的有机衔接，使教学过程连贯流畅，便于学生理解与吸收知识。

其次，教学资源的高效管理是组织能力的重要体现。教师应提前规划并合理利用课堂设施、学习材料及技术设备等资源，确保其能够为教学活动提供充分支持。通过合理安排资源的使用时间与地点，教师能够为学生创造良好的学习环境。

在学生学习任务的规划与管理方面，教师需结合教学目标与课程要求，合理分配任务并设定明确的学习目标与进度。同时，教师应根据学生的能力与学习情况，提供适当的学习材料与方法指导，设立任务的时间限制与完成标准，帮助学生有效组织和管理自身学习。

此外，课堂秩序与纪律的管理也是组织能力的关键。教师应通过制定明确的课堂规则与纪律要求，培养学生的自律意识与学习习惯。教师灵活运用教学管理策略，如合理分组、优化活动顺序、高效利用课堂时间等，能够有效维护课堂秩序，最大化学习效果。

（3）指导能力

指导能力是学科教师的核心素养之一，体现在因材施教、个性化指导、学习引导及能力培养等多个层面。

教师需深入了解学生的学习特点与个体差异，包括学习需求、风格及困难等，为制订个性化学习计划奠定基础。同时，教师应根据学生的学习目标与个体差异，量身定制学习计划与指导方案，包括明确学习目标、筛选适合的教材与资源、合理安排学习任务与时间表等。个性化的教学设计必须基于学生的实际情况，才能确保指导方案更具针对性和实效性。

在引导学生主动参与学习方面，教师应灵活运用启发式教学、问题导向学习等多种方法与策略，激发学生的思维活力，培养其自主学习与问题解决能力。同时，教师应通过讨论、小组活动、实践与案例分析等形式，营造积极合作与互动的学习环境，促进学生的深度参与。

教师的指导能力还涉及如何提升学生的学习能力与素养，对学习策略的指导与元认知能力的培养，有利于学生掌握有效的学习方法与技巧，提高学习效果与效率。定期的学习反思与自我评估，能够引导学生发现学习中的问题与不足，明确改进与提升的方向。

（4）创新能力

创新能力涉及教师不断探索和尝试适合学生学习的新思路和方法，注重教学方式和手段的创新与改进，主要体现在教师的创造性思维和持续改进方面。

基于学科特点与学生需求，教师可灵活运用多样化的教学策略与方法，开展案例分析、探究式学习、合作学习及实践活动等，引导学生通过实际操作与发现式学习，培养其创造力与独立思考能力。

同时，教师应持续关注教育前沿与教学研究的最新动态，积极引入新的教学理念与技术。教师可运用多媒体教学、网络教学、虚拟实验等现代教育技术来丰富教学资源与手段，提升教学效果。课堂互动、游戏化教学、项目制学习等创新方式可以增强学生的学习体验，提升课程的吸引力。

定期的教学反思与自我评估能够帮助教师在教学实践中不断反思与改进，从而探索新的教学思路与方法。积极参与教学研讨会、培训课程以及与同事的交流合作等，有助于教师不断更新教学知识与技能，提升自身的教学水平。

（5）技术应用能力

技术应用能力是教师适应现代教育发展的重要素养，体现在灵活运用 AI、多媒体、网络及教学软件等工具，丰富教学资源并提升教学效果。

教师需熟练掌握各类教育技术工具，将抽象的学科知识转化为直观、生动的教学内容，如使用多媒体投影仪、电子白板、音视频设备等，以及网络教学平台与 AI 教学助手。并且，教师应善于利用互联网与在线资源，获取多样化的学习资料、教学视频及实验模拟等教学资源。教师还应结合学科内容与教学目标拓宽教学内容，为学生提供丰富的学习材料与参考资料。

教师还需具备信息技术与数据分析能力。教师通过帮助学生获取、评价与利用信息，在提升学生的信息处理能力的同时，可对学生的学习情况进行深入分析与评估，从而更准确地了解学生的学习需求与进展，进行有针对性的教学设计与指导。

在技术应用能力的持续发展过程中，教师应密切关注教育技术的新趋势与动态，参与相关培训与研讨会，积极学习与探索新的教育工具与应用案例，不断更新自身的技术知识与技能。

第三节 学科研究能力

❋ **本节要点**

　　学科教材的研究

　　教师的行动研究

　　学生的行为研究

　　推广学科最新研究成果的能力

　　创新教学实践的能力

　　提升教学水平与质量，离不开教师对学科教学的深入研究。优化教学内容与方法必须基于对学科重点与难点的准确把握。教师应积极开展教师行动研究和学生行为研究，不断反思并调整教学策略，才能使教学更具针对性与高效性，为学科教育注入新的活力。

一、学科教材的研究

　　对教材的研究旨在深入了解教材的内容、设计和使用情况，以及对学生学习的影响。研究内容包含教材中的知识点、概念、案例、实例、结构安排及学科范围与教学目标的系统分析，教师由此构建完整的知识体系，以优化教学策略，提升教学效果。

　　1. 教材的内容

　　研究教材是教师教学准备的重要环节，其核心在于深入理解教材中的知识点、概念、案例和实例，并掌握教材的结构、内容安排、学科范围和教学目标。

　　知识点与概念是学科学习的核心。教师需深入理解其定义、性质、特点及相互关系，并结合教材提供的例子与应用场景，将抽象知识具体化，便于学生理解与掌握。

　　教材中的案例与实例为教师提供了将理论与实际结合的桥梁。通过认真分析这些案例的背景、内容、解决方法及应用场景，教师能够更好地掌握相关知识，并在实际教学中灵活运用，增强知识的实用性与生动性。

　　教材的结构与内容安排反映了学科知识的逻辑体系与课程标准的要求。研究教材的结构，有助于教师理清知识的脉络与框架，并帮助学生系统化学习教材内容，提升学习效果。

　　教师课堂教学设计依据教材的学科范围与教学目标制定，整体把握学科教学需要研究教材所覆盖的学科范围，明确教学目标。这有利于教师制订有针对性的教学计划，确保教学重点突出，目标明确。

2. 教材的教学设计

深入研究教材所提供的教学策略、活动、资源及建议，是教师优化教学设计、提升教学效果的重要途径。教材中通常包含讲授、讨论、展示、实验、任务驱动等多种教学策略，旨在通过多样化的方法激发学生的学习兴趣与主动性。策略研究有助于教师选择适合自身教学风格与学生特点的方法，提升课堂效果。教材通常提供具体的教学活动建议，如课堂讨论、小组合作、实验、探究性学习等形式，活动设计的目的主要是帮助学生巩固知识，培养其思维能力、实践能力与合作能力。

教材提供的教学资源还包括配套教材、教师用书、电子教辅及教学素材等，这些教学支持要求教师能够灵活运用多样化的学习材料与案例，更好地设计与组织学习任务，增强课堂趣味性，提高学生的参与度与学习效果。教材也为教师提供具体的实施指导，如教学建议与教案等，值得教师深入研读。理解教材的教学设计思路与目标才能帮助教师系统安排教学活动。需要注意的是，教材是区域化的整体设计，教师应根据实际情况对建议与教案进行调整与补充，使其更加贴合教学需求。

3. 教材与学生需求

研究教材的适用性，关键在于评估其与学生的年龄、能力及学习需求的匹配程度，从而了解教材对学生学习动机、兴趣和参与度的影响。

首先，教材需与学生的年龄阶段相适应。不同年龄段的学生在认知能力和学习特点上存在显著差异。教材应使用符合学生认知水平的语言与表达方式，并融入能激发其兴趣与好奇心的内容。适合特定年龄段的教材能够有效引发学生的学习兴趣，增强其学习动机，促使其积极参与学习活动。

其次，教材的难度应与学生的能力水平相匹配。过于简单的教材难以激发学生的学习兴趣，而过于复杂的教材则可能让学生感到挫败。适当的教材难度应提供适度的挑战，同时为学生留出发展空间。教师应有能力评估教材所涵盖的知识与技能是否与学生的能力相符，确保学生能够有效理解并应用教材内容。

最后，教材应满足学生的学习需求。学生在学习兴趣、目标及需求上存在个体差异。教材应能够激发学生的学习兴趣，引导其进行自主学习，并提供丰富的学习资源与活动。教材的选择要适合学生的注意力和兴趣点，才能有效提升学生的学习动力与参与度。

4. 教材的评价与改进

研究教材的有效性与可行性，主要通过观察与评估其实际应用效果，识别不足并提出改进建议，为教材的更新与优化提供方向，从而确保教材能够有效促进学生的学习与发展。

教学成果评估是判断教材有效性的重要依据。例如通过分析学生的考试成绩、作业质量、作品展示及课堂参与度等，教师可以评估教材是否实现了预期的教学目标，并从中发现教材的优势与不足。

问卷调查、访谈或小组讨论等形式也是常用的评价教材的方法。教师可以了解学生对教材的理解程度、兴趣水平、学习动机以及对内容、活动与资源的评价，为教材的改进提供宝贵信息。

此外，教师在教学过程中的观察与评估同样不可或缺。教师通过观察学生对教材的反应与行为，可以评估教材对学生学习动机、参与度及兴趣的影响。同时，教师还可以分析教材对课堂氛围与教学效果的作用，从内容的合理性与准确性、组织结构的清晰性、活动与资源的多样性与有效性等角度，进一步判断教材的质量与适用性。

二、教师的行动研究

教师的行动研究是一种在教学实践中主动进行观察、分析、反思和改进的方法，旨在提升教学效果与专业能力。其核心在于教师既是研究者又是实践者，通过研究与实践的结合，深入探索并解决教学中的实际问题。

教师行动研究以问题为导向，聚焦教学实践中遇到的挑战，通过系统化的研究过程寻找解决方案，进而优化教学实践。这一过程强调理论与实践的结合，教师通过实践验证研究假设与策略，并不断调整与改进，以实现教学效果的提升。

教师行动研究具有合作性与循环递进的特点。教师需要与同行、研究者及专家密切协作，共同探讨问题以及分享经验，这种相互支持为问题的解决提供了更多可能性。在个体研究或合作研究中，教师在实践中发现问题，探索解决方案，采取实施行动，然后通过收集数据、分析结果并反思实践，继而发现新问题，开启新一轮的研究循环。这一过程持续推动教师的专业发展与教学改进，形成一种动态的自我优化机制。教师行动研究的基本步骤如下：

1. 发现问题

教师可以通过多角度观察与分析，在教学实践中发现问题并寻找改进空间。其中，课堂观察是重要的途径。教师通过观察学生的学习表现，能够发现他们在理解能力、学习态度或兴趣等方面的困难或差距。同时，日常与学生的互动交流，如提问方式、回答质量及互动效果，也为教师提供了发现问题的线索。

回顾教学活动，分析成功与不足之处，识别需要改进的环节；或将教学目标与实际效果进行对比，也可以帮助教师找出差距与问题所在。教师需要对自身教学实践进行反思与评估，通过参与教研活动、职业培训或学术会议，与其他教师、研究者及专家交流合作，从中获得反馈与建议，有利于进一步明确改进方向。

AI 辅助工具参考：科大讯飞"智慧课堂系统"（需硬件支持）。其可通过 AI 分析课堂录像、学生作业和测验数据，自动生成多维度学情报告，智能识别教学盲点和个体学习差异，提供可视化数据看板，帮助教师快速定位核心问题。

2. 分析反思

分析反思是教师行动研究的第二步，也是关键步骤，旨在通过深入探索问题背后的原因与影响因素，帮助教师更准确地理解问题的本质。

首先，教师需要系统收集与整理相关数据，包括学生的学习成绩、课堂观察记录、学生反馈以及教材使用情况等。数据收集得越全面，教师越能获取更丰富的信息，为后续分析做好铺垫。

接下来，教师需要对数据进行细致分析。可以运用统计分析、比较分析或案例分析等方法，揭示数据之间的关系、趋势或差异。多维度分析可协助教师发现潜在的模式或规律，为教学问题诊断提供依据。

此外，教师还需借助理论与研究支持问题的解释。教师可借鉴教育理论、心理学理论或教学方法等领域的知识，深入理解问题的成因与影响因素，运用理论支持不仅增强了分析的深度，也为问题的解决提供了方向。

在整个过程中，反思是不可或缺的环节。教师需要对自己的教学目标、教学方法及学生理解效果进行回顾与思考，从反思中发现教学偏差或盲点，从而更全面地把握问题的本质。

AI 辅助工具参考：百度"文心一言" + 腾讯文档"AI 文档助手"。文心一言提供文献梳理、数据处理分析和思路拓展等；AI 文档助手具有创作能力，与 DeepSeek 结合后，生成的内容可转化为文档和表格，生成幻灯片、思维导图以及智能文档等。

3. 确立假设

教师在问题分析的基础上，运用相关的理论和知识，考虑问题的复杂性和限制性因素，提出可行和可操作的假设，使之成为后续行动研究的指导方针，并帮助教师解决问题、改进实践。

教师首先需通过问题分析明确问题的核心。这包括问题的具体表现、影响因素及其对教学实践与学生学习的潜在影响。然后，教师借助教育理论、教学研究与专业知识支持假设的提出，再通过回顾相关文献、教学法及教育政策，找到与问题相关的理论与实践依据。这些知识可使假设的构建具有科学性与客观性。

在设定假设时，教师需要综合考虑问题的复杂性与限制性因素。明确假设的对象、范围、目标及预期效果，确保假设具体明确，便于后续评估与验证。构建假设还需要考虑资源可得性、时间限制及实施条件，并在假设中明确行动步骤、实施方式与评估指标，为后续行动研究提供清晰的指导。

AI 辅助工具参考：阿里云"教育行业解决方案" + 知网研学平台。阿里云有多套智慧教育方案，可基于大数据推荐相似问题解决方案，知网 AI 汇聚中外资源、AI 研读、AI 文献综述、知识体系构建等。

4. 实施行动

教师基于既定假设或策略，制订具体的行动计划，旨在解决问题或优化教学实践。计划需明确目标、实施步骤和时间安排，并选择适当的教学方法、资源及评估方式，确保行动的系统性和有效性。

实施阶段，教师依据计划调整教学策略、活动设计及资源使用，同时密切关注学生反应，系统记录学习表现，持续收集学业数据、课堂观察及学生反馈等信息，还可通过师生互动获取更丰富的反馈。这些数据将为后续评估与反思提供依据。

行动过程中，教师需保持灵活性，根据数据反馈及时调整计划，并通过与同行、研究者的协作交流，获得专业指导，确保行动效果最大化。然后，教师应进一步系统总结行动经验，记录得失，深入反思实施效果及行动成效。

AI 辅助工具参考：希沃"课堂智能反馈系统"。AI 助教实时监测教学策略实施效果，智能调节多媒体设备支持差异化教学，自动生成课堂实录。

5. 收集数据

教师在收集数据之前，需要明确收集数据的目标和目的，选择恰当的收集方法和指标。这可以是评估学生的学习成绩、了解学生的参与度和兴趣、观察教学活动的进行情况等。

常见的数据收集方法包括问卷调查、观察记录、学生作品收集、个案研究、采访等。教师需要制订详细的数据收集计划，根据具体情境，选择合适的方法进行数据收集。计划应包括收集数据的时间、地点、样本选择、数据收集方式等。计划还应该符合科学原则，确保数据的准确性和完整性。

接着，教师开始按照数据收集计划采集数据，需确保数据采集的过程规范、真实和可靠。此过程可能涉及让学生填写问卷、进行观察并记录观察结果、收集学生的作品，或进行面对面的采访等。教师可以使用表格、图表、摘录等方式整理和记录数据，以便于后续的查阅、分析和评估。

随后，教师需要对收集到的数据进行分析和解读。这包括统计分析、比较分析、主题分析等方法，可以使用数据分析工具如 Excel、SPSS 等来辅助分析，从数据中获得有价值的信息和结论。教师可以运用数据分析结果来评估行动的效果，确定改进措施，制订支持决策和行动方案。同时，教师也要根据数据进行反思，思考数据的意义和局限性，及其对于教学实践的启示和启发。

AI 辅助工具参考：飞书多维表格 + 问卷星 AI 助手。飞书多维表格自动聚合多源数据（考勤、作业、互动记录），问卷星 AI 助手设计问卷题目，自动分析开放性问题。

6. 分析结果

数据分析是教师行动研究的关键环节，通过系统分析收集的数据，教师能够评估行动效果，获取有价值的研究信息。

分析前，教师需对数据进行清洗、整合与加工，确保其完整性与准确性。教师应借助 Excel、SPSS 等工具，高效处理数据，为后续分析奠定基础。

分析过程中，教师可运用描述性统计方法，计算均值、标准差等指标，把握数据的基本特征，并通过绘制散点图、柱状图等可视化图表，发现数据中的模式与趋势，深入思考。若需进行推断性分析，教师可采用 t 检验、方差分析等方法，验证假设或比较组间差异。

在结果解读阶段，教师应结合预设假设与目标，评估数据反映的现象与趋势，判断行动的有效性。同时，教师可撰写分析结果报告，与同行及相关管理者进行交流，为教学改进提供依据。

AI 辅助工具参考：WPS 表格或百度智能云。WPS 表格适合日常的轻量级数据分析，而百度 AI 平台和阿里云的数据分析服务平台适合进行更深入、专业的大数据分析工作。

7. 反思实践

反思实践帮助教师从分析结果中提炼经验，为下一轮研究制订改进策略，是教师行动研究的闭环步骤。

教师首先需要系统回顾研究过程，包括目标设定、假设验证及实施细节，全面评估行动效果。总结成功经验与失败教训的过程有助于教师深入理解行动的影响因素，识别关键发现，并分析研究过程中遇到的挑战及其成因，探索解决方案。同时，教师应提炼成功要素，为未来研究提供可复制的经验。

基于研究发现，教师可优化教学方法、调整资源配置，或设计个性化教学方案，从而改进教学空间，提出新策略。反思实践是一个持续循环的过程。教师应将反思纳入研究周期，在每轮研究结束后进行总结。持续的反思能够帮助教师不断提升教学实践水平，推动教学效果与学习成果的持续改进。

AI 辅助工具全流程支持方案可尝试腾讯教育全矩阵服务，包括智慧校园服务云、科研生态云和教育 AI 三大服务能力，基于云 +AI+ 连接优势，面向基础教育、高等教育和教育企业领域。

图 3-4 是以上七个教师行动研究步骤及实施要点的总结。

三、学生的行为研究

教师研究学生行为旨在深入了解学生个体特征，为教学提供精准支持。在系统分析学生的需求、动机、兴趣及能力水平等基础上，教师可以灵活调整教学策略，实施个性化教育，帮助学生提升学习成果。对学生的行为研究使教师能够更有效地满足学生需求，优化教学实践，通常涉及以下几个方面：

发现问题	• 教师根据自己的教学实践和观察，发现存在的问题或改进空间。
分析反思	• 教师对问题进行深入分析和反思，探索问题背后的原因和影响因素。
确立假设	• 教师基于问题分析，提出解决问题的假设或行动策略。
实施行动	• 教师根据假设或策略，实施具体的行动计划，尝试解决问题或改进实践。
收集数据	• 教师在实施行动过程中，收集和记录相关的数据和信息。
分析结果	• 教师对收集到的数据进行分析，评估行动的有效性和成效。
反思实践	• 教师根据分析结果，进行深入的反思和总结，从中获取经验教训，为下一轮的行动研究制订新的计划和策略。

图 3-4　教师行动研究步骤

1. 学习行为

（1）学习动机研究

学习动机是指激发、引导和维持个体学习行为的内在驱动力和心理状态，分为内在动机和外在动机：内在动机源于学习者对学习内容本身的兴趣和满足感，而外在动机则来自外部奖励或压力，如成绩、认可或避免惩罚。学习动机研究帮助教师了解学生的学习投入程度、持久性和学习效果，从而设计出更具针对性的教学内容与方法。

教师可通过师生互动，引导学生建立积极的学习动机。除问卷调查与访谈外，教师还可通过观察学生课堂参与度、任务积极性及作业完成情况等行为表现，准确评估其学习动机水平，并据此调整教学策略。此外，教师可以运用心理测量工具，如自我决定理论问卷、学习动力问卷等，对学生的学习动机进行量化评估。这些工具涵盖学习兴趣、自主性、目标设定等多个维度，为教师提供更全面的动机分析依据，帮助教师深入理解学生的学习动机及其影响因素，培养其自主学习与自我调节能力。

（2）学习目标研究

学习目标是学生在学习过程中希望达成的具体成果或预期结果。学习目标研究聚焦于探讨学生的学习目标及其对学习过程与结果的影响，为教师优化教学策略提供科学依据。同时，此研究还强调通过反馈与调整，帮助学生跟踪目标进展，优化学习策略。

教师可通过多种途径了解学生的学习目标：师生对话是直接了解学生期望与理想的有效

方式，为教师提供针对性指导的依据；观察学生的学习态度、参与度及任务选择等行为，也能推测其学习目标与追求。此外，借助学习日记、计划表等工具，教师可收集学生的目标设定与反思，掌握其目标变化，及时提供反馈与建议。

在帮助学生设定目标时，教师应遵循以下原则：目标需具体明确，避免模糊表述；包含可评估的标准，便于跟踪进展；具有挑战性但不过于困难，以保持学生信心；与学生的兴趣、需求和长远发展相关；设定明确的时间框架，增强紧迫感。

（3）学习风格研究

理解学生的学习风格是优化教学策略、满足个体需求的关键。教师需要通过精准识别学生的学习偏好，才能更有针对性地设计教学活动，提升教学效果。

对于视觉型学习者，教师可运用图表、思维导图等视觉化工具辅助教学；而合作型学习者则更适合通过小组讨论、项目协作等方式激发学习动力。这种基于学习风格的教学设计不仅能提高资源利用效率，还能显著改善学生的学习体验。

在实践中，教师可以通过多种方式识别学生的学习风格。问卷调查是常见且有效的方法，通过设计涵盖学习习惯、偏好和策略的问题，教师能够快速了解学生的听觉、视觉或动觉倾向，以及其独立或合作学习偏好。观察学生在实际学习任务中的表现同样重要，包括其选择的资源、工具使用方式等，这些行为特征往往能直观反映学生的学习风格。此外，数字工具为学习风格的识别与支持提供了新的可能。智能学习系统能够实时分析学生的学习行为，为教师提供更精准的学情分析。

值得注意的是，学习风格并非一成不变。随着学习经验的积累和环境的变化，学生的风格可能发生动态调整，教师需要持续关注学生的变化，及时调整教学策略。同时，文化背景对学习风格的影响也不容忽视，跨文化研究有助于教师更好地理解不同文化背景下的学习特征。

（4）学习策略研究

对于学生学习策略的研究主要聚焦于认知策略、元认知策略以及资源管理策略几个方面，这是教师提升教学效果的重要切入点。认知策略涉及学习材料的直接处理，如复述、精加工和组织；元认知策略关注学习过程的计划、监控和调节，如目标设定与自我评估；资源管理策略则包括时间管理、环境管理和寻求帮助等，旨在优化学习资源的利用。

在实际教学中，教师可通过多种方法全面了解学生的学习策略。观察法通过分析学生在任务中的记忆技巧、信息处理方式和问题解决路径，揭示其思维过程与学习难点。问卷调查和深度访谈则通过结构化问题或一对一交流，系统掌握学生的学习习惯、策略偏好及其运用自信度。这些方法为教师提供了多维度的数据支持，有助于设计个性化教学活动，促进学生能力的全面提升。在条件允许的情况下，干预实验可进一步验证特定策略对学习效果的影响，为教学实践提供科学依据。

AI 辅助学习行为研究工具参考：科大讯飞的"智慧教育解决方案"提供了全面的学习行为分析，好未来教育"AI 开放平台"则更侧重于个性化学习路径的设计和实时反馈，而"问卷星"则以其问卷调查和分析的便捷性受到教师的青睐。教师可以根据自己的具体需求、学生的特点以及学校的教学环境来选择最适合的工具。

2. 社交行为

（1）与教师互动研究

与教师互动是学生学习社交行为的途径之一。互动研究是教师了解学生学习需求、兴趣和困难的主要途径，可为教师提供多维度的学生信息。通过鼓励学生与教师对话和互动，教师能够直接获取学生对教学内容的理解程度，收集学生的反馈和意见，深入了解学生的学习态度、参与度和动机。这些都能为灵活调整教学方法和策略提供判断依据。

互动研究也有助于教师发现学生的学习困难和挑战。通过观察和对话，教师能够及时识别学生在学习过程中遇到的问题和障碍，并提供有针对性的支持和资源，帮助学生提升学习成效。同时，互动研究还能揭示学生的学习风格和个性特点，明确其学习偏好和习惯。基于这些信息，教师可以实施差异化教学，为每个学生量身定制学习方案，更有效地满足其个性化需求。

（2）课堂参与度研究

课堂参与度能够直接反映学生对课程内容的兴趣和理解程度，也是研究学生学习动机的重要指标。其核心在于通过观察和分析学生的课堂行为，识别其学习状态，从而有针对性地调整教学策略。

教师应重点关注学生的发言次数和讨论参与度，以此判断学生对课程内容的兴趣和专注程度。积极参与和发言的学生往往具有较高的自主性和内在动机，而参与度低的学生则可能缺乏学习动力，需要教师通过激励措施重新点燃其学习兴趣。低参与度可能表明学生对内容缺乏兴趣或存在学习障碍。此外，学生的参与行为能够反映其对教学内容的理解水平。积极提问、回答问题和参与讨论的学生通常对课程内容有较好的掌握，而参与度较低的学生则可能需要更多的辅导和支持。

课堂参与度研究还能帮助教师优化课堂氛围。通过观察学生的参与行为，教师可以识别课堂互动中的潜在问题，如部分学生被边缘化或讨论内容偏离主题，从而及时调整教学节奏和互动方式，营造更加包容和高效的课堂环境。

（3）社交技能研究

学生社交技能研究能为教师提供培养学生社交能力的科学依据和实践指导，助力学生建立积极的人际关系，增强自信心和适应能力。教师一般可从三个方面观察学生社交技能并进行研究分析：

观察交流能力：观察学生的口头表达、语言交流和非语言沟通，识别其交流特点，进而提供个性化指导，帮助学生提升表达和沟通技巧，为建立良好人际关系奠定基础。

观察合作能力：观察学生在小组合作、项目协作等群体活动中的表现，教师能够准确把握其团队精神和协作意识，并据此设计适宜的合作学习活动，引导学生逐步培养合作意识和团队协作能力。

观察冲突解决能力：观察学生面对冲突时的表现，了解其情绪管理和人际关系处理技巧，进而提供有针对性的冲突管理策略，帮助学生掌握有效处理人际矛盾的方法。

为了有效提升学生的社交技能，教师可综合运用课堂活动、角色扮演和模拟情境等多种方式，帮助学生练习积极倾听、适时表达、尊重他人和解决冲突等核心技能。同时，教师可通过精心设计的合作学习活动，鼓励学生在小组中分享、讨论和解决问题，促进互动与合作。对于社交技能较弱的学生，教师可提供个别辅导和专项培训，帮助其克服困难，逐步提升社交能力。

AI 工具辅助参考：科大讯飞的"智能教室解决方案"适合于分析课堂内的实时互动行为，好未来的"AI 开放平台"适合于分析在线学习社区中的社交互动，而"问卷星"则适合于通过问卷调查来收集学生的自我报告数据。教师可以根据自己的研究需求和具体的教学环境选择最合适的工具。

3. 行为问题

教师研究学生的行为问题有助于建立有秩序的学习环境并促进学生社会情绪发展。通过观察、记录和分析学生的行为问题，教师可以获取以下信息：

（1）注意力不集中

教师可以通过观察学生在课堂上的注意力表现，识别其是否容易分心或难以保持专注。影响学生注意力的因素主要分为个人和环境两方面：个人因素包括兴趣、动机和疲劳程度，而环境因素则涉及噪声、课堂氛围和教学内容的吸引力。通过观察学生在不同教学环境和内容下的专注度变化，教师能够更全面地了解其注意力特点。

基于观察结果，教师可采取针对性策略提升学生的注意力：首先，通过优化课堂布置和营造积极氛围，创造有利于专注的学习环境；其次，运用多媒体教具、教学游戏和互动活动等多样化教学手段，增强课堂的吸引力和参与度。此外，教师可向学生传授专注力训练和注意力调节的方法，如任务分解、目标设定和学习计划制订，帮助他们掌握时间管理和注意力调控的技巧。

对于注意力问题较为突出的学生，教师应提供个性化指导，通过深入沟通和了解，制订有针对性的建议和辅导方案，帮助他们逐步改善注意力问题，建立良好的学习习惯。这种分层支持的方式，既能满足不同学生的需求，又能有效提升整体课堂的专注度和学习效果。

（2）缺乏纪律感

学生违反纪律的原因通常涉及注意力不集中、对课程缺乏兴趣、责任心不足或同伴冲突等方面，而自律能力缺失则可能源于学习动机不足、目标不明确、学习困难、不良习惯或情绪压力等因素。

针对这些问题，教师可采取多层次的干预策略：首先，与学生共同制定明确的课堂规则，并建立相应的奖惩机制，帮助学生理解纪律的重要性并增强遵守的动力；其次，通过个别或小组交流，深入了解学生的困惑，提供个性化指导，引导其认识纪律的价值并逐步养成良好习惯。

系统化的支持还包括帮助学生设定学习目标、制订学习计划和传授时间管理技巧，培养自律能力和责任感。同时，教师应鼓励学生进行自我反思和目标设定，激发其自我规范的意识和行动力。

（3）冲动行为

教师可以观察学生在冲动、情绪失控或控制力不足方面的表现，识别其在冲动控制方面的困难。学生难以有效管理情绪的原因可能包括年龄特征、发展阶段限制或情绪调节能力不足，表现为情绪波动大、易受外界刺激影响，在面临挫折、压力或社交情境时容易产生冲动行为。此外，同伴压力、学习困难或挑战也可能加剧学生的冲动倾向。

针对这些问题，教师可采取多层次的干预策略：教授学生情绪管理技巧，如深呼吸、放松训练和积极思维，帮助他们学会调节情绪，减少冲动行为；对于冲动行为较为严重的学生，通过个别心理辅导了解其情绪问题和压力源，提供针对性支持；引导学生进行行为反思，使其认识到冲动行为的后果，并探索更有效的应对方式。

AI 工具辅助参考："智米课堂"实时追踪学生表现，提供个性化反馈和易用的界面；"青椒课堂"分析学生互动行为，以数据可视化辅助教学决策；"问卷星"设计问卷收集详细数据，支持深入分析和数据共享。这些工具各有特色，可助力教师研究学生行为问题。

4. 个体差异

教师在研究学生个体差异时，可采用观察、问卷调查和个别访谈等方法，结合与学生及家长的沟通，全面了解学生的认知能力、情绪特点和性格特征，进而制订个性化的教学计划和支持策略。

（1）认知能力

学生的认知能力涵盖其学习思维模式、信息处理效率及学科知识的理解与运用水平。教师需要观察学生的学习表现、问题解决方式及学科理解程度，准确把握其认知特点。这些特点直接影响教师的教学策略选择和资源调配。

基于学生的认知能力和学习风格，教师可实施差异化教学，设计多层次、多样化的学习任务和活动。同时，教师应根据学生的认知水平适配教学资源，确保学生有效获取和理解学习内容。为提升学生的问题解决能力和学科理解水平，教师可采取多种支持措施，如设定具体目标、传授问题解决策略、提供实践机会等。

（2）情绪特点

学生的情绪特点主要体现在情绪稳定性、适应能力和情绪调节等方面。具体而言，学生的情绪表现存在显著差异。部分学生情绪稳定，能快速适应学习和环境变化，而另一些则对刺激更为敏感，情绪波动较大。面对新环境或压力，适应能力强的学生能迅速调整，而部分学生则需要更多支持。此外，学生在情绪管理和表达方面也存在差异，有的善于调节和沟通，有的则面临困难。

针对这些特点，教师可采取多种干预措施：首先，教授情绪管理技巧，如深呼吸、放松训练和情绪调节策略，帮助学生提升自我调节能力；对于情绪困扰较重的学生，进行个别交流和心理辅导，提供情绪支持和建议；同时，通过开展情感教育活动、鼓励学生交流合作，营造积极的学习氛围，促进情感表达和相互理解。此外，教师还可与家庭和学校心理支持团队合作，共同关注学生的情绪发展，提供综合性指导。

（3）性格特征

了解学生的性格特征是教师实施个性化指导的重要基础。根据学生的性格特点，教师可提供有针对性的学习支持，帮助其发挥潜能、克服困难，培养自信心和自律性。

对于外向型学生，教师可通过鼓励参与班级讨论、合作项目和角色扮演等方式，激发其学习兴趣和积极性。这类学生通常善于交流合作，团队活动能有效调动其学习热情。内向型学生则更倾向于独立思考和自我反省。教师应给予他们充分的思考时间和表达空间，在舒适的环境中提供适当支持，促进其学习能力的发展。

在培养学生自信心方面，教师可通过积极评价和有效反馈，帮助学生建立自我认同。同时，教师应设计适度的挑战性任务，让学生在成功体验中逐步增强自信。自律性的培养是学业成功的关键。教师应指导学生制定目标、规划时间和管理任务，帮助其形成良好的学习习惯和自我管理能力。适当的奖励和激励机制也能有效提升学生的自律性。

AI 工具辅助参考："问卷星"允许教师设计针对学生个体差异的问卷调查，收集学生在认知能力、情绪特点和性格特征方面的数据，帮助教师全面了解学生。国产的心理测评工具，如学习动力问卷、性格测试等，可以帮助教师量化评估学生的认知能力、情绪特点和性格特征。

四、推广学科最新研究成果的能力

1. 构建学科平台

构建学科平台是一个需要持续投入和长期积累的过程，其核心在于通过多种渠道建立并维护学术网络，不断提升学术影响力。具体可从以下几个方面展开：

首先，积极参与学术会议和研讨会。这些活动帮助教师建立学术联系，提供展示研究成果的平台，还能使教师通过面对面交流获取反馈、拓宽视野，并发现潜在的合作机会。会议期间，教师参与深入讨论，进行思想碰撞，往往能激发新的研究思路，为后续合作奠定基础。

其次，发表高质量学术论文。选择具有良好声誉的期刊投稿，不仅能获得学术界的认可，还能吸引更多同行关注，为后续合作创造机会。持续产出高质量研究成果，是提升学术地位的重要保障。

再次，充分利用社交媒体和在线平台也是拓展学术网络的有效方式。如加入专业社区、参与学术论坛讨论，以及利用在线学术平台分享研究成果，能够突破地域限制，与更多学者建立联系，开展跨地域合作。加入专业学术组织和协会同样重要，这些组织不仅提供学术交流的平台，还能通过参与其活动和项目，获取学术资源和支持。在组织内展示研究成果，既能提升学术影响力，也有助于建立长期的合作关系。

此外，主动寻求合作机会。通过与其他学者共同申请研究项目、合作撰写论文，教师不仅能整合各方优势，提升研究质量，还能实现资源共享和互利共赢。跨领域合作更能促进学科间的融合与创新。

2. 评估研究成果

评估研究成果的可靠性和科学性需要从多个维度进行综合考量，包括研究方法、数据分析、样本特征以及同行评审等关键要素。

研究方法的科学性是评估的基础，教师应重点关注研究设计是否合理，实验或调查过程是否规范，数据收集是否标准化，以及样本规模是否满足统计要求。这些因素直接影响研究结果的可靠性。

数据分析的严谨性关系到研究结论的可信度。教师需要考查研究是否采用了恰当的统计方法，数据分析工具是否合适，以及数据处理和解释是否符合学术规范。

样本特征也是评估的重要指标。如样本规模是否达到统计显著性要求，样本是否具有代表性，能否准确反映目标群体的特征。合理的样本选择是研究结果推广的基础。

同行评审则是评估研究成果科学性的重要依据。经过同行专家严格评审并在知名学术期刊发表的研究，通常具有更高的可信度。同行评审机制能够有效保证研究的质量和学术价值。

3. 强化沟通能力

教师需要具备出色的口头和书面沟通能力，以便与不同受众进行有效交流，包括学术界同行、公众和媒体等。

在口头沟通方面，教师应能根据受众特点调整表达方式。教师面对同行时，需清晰阐述研究成果，深入探讨专业问题；面向公众时，则要用通俗语言解释复杂概念，实现跨领域沟通。

书面表达能力同样不可或缺。教师应能撰写逻辑严谨、表述清晰的学术论文和研究报告，同时具备将专业内容转化为大众可理解文本的能力，确保研究成果的广泛传播。

此外，教师应充分利用现代技术拓展沟通渠道，通过学科博客、社交媒体和学术网站等平台，提高研究成果的可见度和可及性，吸引更多关注，促进知识共享。多渠道的沟通方式有助于扩大影响力，推动学术成果的社会转化。

4. 选择有效的传播方式

推广学科最新研究成果需要根据目标受众的特点，选择适宜的传播渠道和方式。面向学术同行时，可通过学术期刊、会议和报告等专业平台进行传播；针对公众，则宜采用社交媒体、科普节目和科学杂志等更贴近大众的媒介。这种差异化传播策略能有效提升研究成果的传播效果。

实现研究成果的广泛传播，关键在于将复杂的学术内容转化为易于理解的形式。教师应避免使用过多专业术语，通过撰写科普文章、制作图表和设计演示文稿等方式，将学术信息转化为生动有趣的故事和案例，从而吸引读者兴趣，促进信息消化。

除了传统媒体，教师还可借助现代科技，通过自媒体、学术博客、视频演讲和在线论坛等新兴渠道，与读者直接互动，提供多层次的学术信息。如此既能增加研究成果的曝光度，还能吸引更多目标受众，实现更广泛的知识传播。

五、创新教学实践的能力

教师在教学实践中应该致力于教学策略创新、教学资源创新、学习环境创新、跨学科教学能力、创新评估方法和创新思维培养等方面的发展，从而提升课堂教学效果，拓展专业发展平台，增强学术影响力，最终实现教学相长的良性循环。

1. 教学策略创新

教学策略创新是教师在教学过程中运用新颖方法和策略，以激发学生的主动学习和探究精神，提高学习效果和参与度。相较于以教师为中心的知识灌输，创新策略更注重培养学生的兴趣、思维和实践能力。

问题导向学习通过真实情境引导学生提出问题、收集信息、分析讨论，最终找到解决方案。此过程重在培养学生的自主学习能力，锻炼其批判性思维和问题解决能力，教师主要扮演引导者和支持者的角色，为学生搭建探索支架。

合作学习则通过小组互动激发学生的创造力。在教师的引导下，学生通过观点交流、任务分工和协同作业，充分发挥各自优势，在互动中深化学习，以提升学习效果、培养自身的团队协作能力。

案例教学将理论知识与实际情境相结合。教师精选典型案例，引导学生通过分析和讨论，将抽象概念转化为具体应用，帮助学生建立从理论到实践的知识迁移能力。而游戏化教学则通过融入游戏元素，如教育游戏、模拟活动等，创造趣味性学习环境。这种策略能显著提升学生的参与度和学习动力，在轻松氛围中培养其问题解决和反思能力。

2. 教学资源创新

教学资源创新通过整合多样化资源、引入先进技术、开发互动平台等方式，为教师提供了更丰富的教学工具，帮助学生更高效地掌握知识。教师可以将传统教材与数字资源结合，如利用多媒体课件、在线视频等，丰富教学内容；通过虚拟现实（VR）和增强现实（AR）技术，创设沉浸式学习体验，如在科学教学中使用虚拟实验室，或在语文教学中将古诗词场景可视化。互动式学习平台能够增强学生的参与感和自主性，如通过在线平台设计互动测验或协作项目，鼓励学生主动探索知识。

AI技术则可以根据学生的学习数据，推荐个性化资源并提供即时反馈，帮助学生有针对性地提升学习效果。此外，教师可以通过设计情境化教学资源，将学科知识与实际应用结合，如在地理教学中设计虚拟旅行任务，或在英语教学中模拟真实对话场景。定期更新与优化资源也是教学资源创新的重要环节，教师可以通过培训、阅读专业文献或与同行交流，获取最新资源与技术，确保教学内容的时效性与先进性。

3. 学习环境创新

学习环境创新是指教师为学生创造积极、互动和创造性的学习环境的过程和实践，涉及教室布局和设计、学习活动的设置、教师和学生的互动方式等等。

教室布局的灵活性是学习环境创新的重要组成部分。传统的教室布局通常是面向教师的讲台式布局，但现在越来越多的教师开始尝试布置灵活多样的学习空间。例如，环形座位布局可以促进学生之间的交流和合作；小组讨论桌可以方便学生小组合作学习；开放区域可以鼓励学生在自由的环境中进行创造性思考。灵活的教室布局可以满足不同学习活动的需求，提供舒适的学习环境，激发学生的学习兴趣和积极性。

实践性的学习活动是学习环境创新的另一个重要方面。通过实验、观察、实地考察等实践活动，学生可以将学习与实际情境相结合，从真实的体验中获取学习意义和知识深度。实践性学习活动可以培养学生的观察力、思考力和合作能力，加深学生对学科内容的理解，并激发他们的实际运用能力和问题解决能力。

互动的学习活动也是创新学习环境的重要组成部分。学生之间的互动、教师与学生间的互动可促进学习的深入和发展。小组合作学习、讨论、分享和反馈是一些常见的互动学习活动，这些活动可以鼓励学生积极参与和互相支持，拓宽视野，开拓思维，并从其他人的观点和经验中学习。教师在互动学习活动中提供指导和支持，引导学生的讨论和思考，以促进互动学习的发生。

4. 跨学科教学能力

跨学科教学能力是教师在知识边界日益模糊的背景下，整合多学科知识设计教学的核心素养。这种能力要求教师不仅掌握各学科的基本概念和核心内容，更要理解学科间的内在联系与互补性，从而在教学中实现知识的有机融合。

有效的跨学科教学需要教师精心设计教学活动：通过探究性学习，引导学生解决真实场景中的多学科问题；借助项目学习，让学生在跨学科实践中综合运用知识；运用案例研究，帮助学生理解多学科视角对问题解决的贡献。教学活动设计应基于促进学生建立学科间的联系、培养综合思维能力的理念。

跨学科教学对学生能力发展具有深远影响。在跨学科学习中，学生需要与他人分享观点、整合知识，这种协作过程本身就是重要的学习体验，因此能帮助学生建立知识网络，培养综合分析能力，还能提升团队协作技能。教师提升跨学科教学能力，既是应对知识融合趋势的必然要求，也是培养学生核心素养的关键途径。

5. 创新评估方法

创新评估方法突破传统考试的局限，着重评估学生的综合能力和实践应用水平。与标准答案导向的考试不同，创新评估关注学生的分析思考、问题解决和团队协作等核心素养。

项目作业作为典型的创新评估方式，要求学生运用所学知识解决实际问题。教师通过观察学生在项目中的理解深度、分析能力、创新思维以及团队协作表现，全面评估其综合能力。这种方式不仅考查知识掌握，更强调知识的迁移应用。

实践任务则通过真实或模拟场景，如实验、考察等，评估学生的知识应用能力和问题解决水平，以此反映学生在实际情境中的表现，促进理论与实践的结合。

表现评估通过观察学生在学习活动中的参与度、贡献度和展示能力，关注其学习过程和发展轨迹。这种方法强调学生的实际表现，注重其创造性思维和学习成长。教师可根据评估结果，优化教学策略，促进学生全面发展。

6. 创新思维培养

创新思维培养旨在通过启发式教学，激发学生的独立思考能力和问题解决能力，为其未来发展奠定基础。教师可通过设计开放性问题和多样化活动，培养学生的创造力和探索精神。

在具体实践中，教师可提出具有挑战性的问题，引导学生探索多元解决方案，培养其发散性思维。同时，教师可通过设计探究性实验和项目，让学生在实践过程中发现问题、提出假设、验证方案，从而培养批判性思维和创新能力。在此过程中，教师应扮演引导者角色，激发学生的求知欲和主动性。

学生创新思维的培养需要构建系统化的培养体系，其中评估反馈机制是不可或缺的关键环节。教师应当建立多维度的评价体系，采用形成性评价与总结性评价相结合的方式，并及时给予学生建设性的反馈。反馈不仅关注结果，更要重视思维过程，引导学生进行自我反思与持续改进。同时，教师应营造开放、包容的学习氛围，鼓励学生之间的合作交流，通过头脑风暴、小组讨论等形式，激发创新思维的火花。此外，教师还需为学生提供丰富的学习资源，包括创新案例、前沿资讯和实践机会，为创新思维的培养提供有力支撑。

第四节　学科创新和发展能力

❋ **本节要点**
　　追踪学科发展新趋势
　　跨领域的综合能力
　　创新思维和解决问题能力
　　教学策略创新和实践能力

一、追踪学科发展新趋势

学科教师应具备扎实的学科知识，包括核心概念、原理和理论框架，以确保教学内容的准确性和深度。在此基础上，教师应持续关注学科前沿动态，更新专业知识，提升教学水平和专业素养。

1. 阅读学术期刊和论文

学术期刊和论文是学科教师获取前沿知识、提升专业素养的重要渠道。作为学术成果传播的核心载体，它们为教师提供了权威、可靠的学术资源，帮助教师把握学科发展动态，优化教学内容与方法。

阅读学术期刊和论文有助于教师及时了解学科领域的最新研究成果和发展趋势，这些文献及材料不仅反映了学科理论的前沿进展，还展示了新观点、新方法和新技术的应用实践。教师通过持续追踪这些学术动态，可以有效更新专业知识体系，确保教学内容的时效性和前瞻性。

此外，学术期刊中的教育研究类论文为教学实践提供了科学依据。这些研究涵盖了教学方法创新、教育政策解读以及课程设计优化等多个维度，可为教师改进教学策略、提升教学效果提供理论支持和实践参考。

2. 参加学术会议和研讨会

学术会议和研讨会汇聚了领域内的专家学者，是教师了解学科前沿动态、提升专业水平、拓宽学术视野的重要平台。与同行专家的深入交流，不仅有助于教师获得多元观点和反馈，还能激发创新思维，提升教学和研究能力，促进教师跨机构、跨领域的协同创新。

学术会议也为教师提供了展示研究成果、提升学术影响力的舞台。通过与领域内权威专家的互动，教师能够获得专业指导，拓展职业发展空间。这种学术交流不仅有助于教师个人成长，也能为学科发展注入新的活力。

3. 关注学科专业网站和社交媒体

专业网站和社交媒体平台汇聚了丰富的学术资源、研究成果和专家观点，为教师提供了便捷的知识更新途径。关注学科相关的专业平台，教师能够及时掌握学科动态，了解研究热点和前沿趋势。平台上的讨论区和博客为教师提供了与同行交流的机会，促进经验分享和思想碰撞，激发教学创新灵感。同时，这些平台还提供了大量教学资源，如课程设计、实验案例等，有助于教师参考借鉴，优化教学内容和方法。

学科专业网站和社交媒体也是教师与领域专家互动的桥梁。通过合理利用专业网站和社交媒体资源，如关注专家动态、主动参与线上学术交流等，教师能够从中获取权威观点和研究建议，不断更新自己的知识体系，保持专业敏锐度。持续的知识输入最有益于教师专业发展，为教学和科研提供指导。

4. 加入学科专业组织

学科教师专业组织构建了一个丰富的学术资源和交流平台，汇聚领域内的优秀教师和专家，可为教师提供学科最新动态、研究成果和教育政策信息。学科组织定期举办的学术研讨会和培训课程，可为教师提供分享经验、交流观点的机会，有助于教师保持专业知识的时效性，提升教学水平和研究能力。

学科专业组织为教师搭建了跨机构合作的桥梁，鼓励教师参与学术项目和教学创新实践，创造与同行深入交流的机会，共同探索学科发展和教育改革的前沿问题。同时，专业组织与教育机构的广泛合作有利于拓宽教师的学术视野，还能为其职业发展提供新的平台。通过积极参与学科专业组织的活动，教师能够展示专业能力，提升行业影响力，获得更多职业发展机遇。

5. 进行科研和教学实践

积极参与科研和教学实践是教师追踪学科发展、提升专业水平的关键，教师应积极参与科研和教学实践，通过探索学科创新与应用，推动自身专业成长。科研实践为教师提供了深入了解学科前沿的机会，教师应寻求与领域专家合作的机会，掌握最新理论、技术和方法，开展创新性研究。教学实践则要求教师将学科新趋势融入课堂，运用最新知识和创新教学方法，提升教学效果，满足学生的学习需求。

科研与教学实践还可促进教师与同事、学生之间的深度合作：在科研项目中，教师与同行共同探讨学科发展；在教学实践中，通过与学生的互动，教师能够及时了解学习反馈，引导学生探索学科前沿。这种双向互动有利于增强教师的专业素养和教学技能，还能培养其领导力和创新能力。

二、跨领域的综合能力

学科教师需要具备跨领域的综合能力，能够整合不同学科领域的知识和概念，帮助学生拓宽思维，解决复杂的问题，同时促进跨学科的研究和学习。

1. 跨学科培训与学习

学科教师跨学科培训与学习的方法多种多样且相互关联，其目的在于通过多种途径提升教师的综合能力，推动教学创新。

首先，教师可以通过参加其他学科的专业研讨会，与不同领域的专家学者交流，拓宽学科视野，了解其他学科的基本概念、理论和方法，从而发现学科间的联系与交叉点，借鉴其他学科的教学策略，丰富自身的教学实践。

其次，选修其他学科的课程能够帮助教师系统学习其他学科的核心概念和方法，深入理解不同学科的知识体系，为教学提供新的灵感和思路，提升教学的多元性和综合性。

再次，参与跨学科研修项目。经由系统化的学习和实践活动，教师可以掌握多学科知识和方法，将跨学科理念与教学实践相结合，促进教学模式的创新和教育资源的共享。

最后，组建跨学科教研团队也是重要途径之一。不同学科的教师通过分享专业知识和经验，探索学科间的联系与交叉点，共同设计跨学科教学活动，推动教学创新。当然，开展跨学科案例教学与项目研究必须将学生置于真实的多学科环境中，培养其跨学科思维和合作能力，同时帮助教师更好地理解和应用跨学科教学的方法和策略。这些方法相互补充，不仅有助于教师个人成长，也为跨学科教学的实践与推广提供了有力支持。

2. 与其他学科教师合作

学科教师与其他学科教师的合作与交流能够拓宽教师的学科视野，促进教学与研究的创新。教师可以通过与其他学科教师的互动，了解不同学科的教学视角和方法，学习如何整合多学科的知识和概念。这种互相学习与借鉴的过程，不仅帮助教师开阔学科视野，还能使教师从不同角度思考问题，将其他学科的观点和经验融入自己的教学，为学生提供更综合的学习体验。

不同学科的教学方法各有特点，如艺术教育注重创造性思维，体育教育强调团队合作，科学教育重视实验探究。借鉴不同学科的教学方法，教师可以设计出更多样化的教学活动，帮助学生发展更广泛的技能和能力，如创新思维、团队协作和解决问题能力。

合作还体现在教师可以共同设计项目目标、任务和评估标准，整合多学科的知识和资源，为学生提供深入的学习体验。例如，在环保主题的跨学科项目中，语言、数学、科学和艺术学科的教师可以分别从不同角度指导学生，帮助他们全面理解和解决实际问题。

教学资源的共享也是合作的重要成果之一。通过分享教案、课件和其他教学材料，教师可以相互借鉴经验，丰富教学内容，同时节省教学准备的时间与精力。此外，跨学科研究的合作能够推动学科之间的知识互补与创新。教师可以共同确定研究问题、采集数据并分析结果，从多学科的视角探索复杂问题，促进研究成果的应用与转化。

3. 利用综合性教材和资源

学科教师跨领域的综合能力可以通过综合性教材和资源得到有效支持。这些资源将多个学科的知识与概念整合在一起，为教师提供了一个跨学科的教学平台，同时也帮助学生更好地理解学科之间的关系和相互作用。

教师可以通过选择综合性的教材作为教学参考，如选择跨学科教材或整合过的多学科内容的教材，为学生提供综合学习体验。教师还可以整合不同学科的教学资源，如教学视频、在线课程和教学游戏，让学生接触到多学科的知识，并将其联系起来，形成整体的学习体验。

此外，设计跨学科的教学项目是推动综合性学习的重要方式，教师可以将不同学科的知识和技能融入实际项目中，如探究生态系统与气候变化的项目，让学生在了解生物学、地理学和气候科学的同时，探究它们之间的相互关系。在教学过程中，教师还可以通过交叉讲解的方式，将不同学科的知识和概念联系起来，如通过举例、案例或讨论，帮助学生全面理解多学科内容。

为了创造更丰富、更综合的学习环境，教师还可以将综合性教学应用于学科整合的实践中，如开设跨学科主题课程，将多个学科的知识和技能融合在一起进行教学，从而增强学生对学科间联系的认识，并帮助他们在解决实际问题时综合运用不同学科的知识。

4. 开展跨学科研究项目

引导学生开展跨学科研究项目能够提升学生的综合能力，也为教师自身的专业发展提供了实践机会。教师可以以具有实际意义和挑战性的问题作为研究主题，引导学生深入思考并理解问题的复杂性，激发他们的学习兴趣和探索欲望。然后，教师可指导学生整合多学科领域的知识和概念，通过参考教材、学术论文和专业网站等资源，为项目提供理论支持和实施方法，帮助学生建立跨学科的知识框架。

在团队合作方面，教师可以鼓励学生以小组形式合作，分享各自的学科专业知识和技能，促进知识的跨学科迁移与整合，培养学生的协作能力和沟通技巧。教师还需引导学生设计研究计划和方法，结合不同学科的研究手段，如实验、调查或模拟，灵活运用多学科方法收集和分析数据，提升学生的研究能力和实践能力。

跨学科研究项目应以多种形式呈现研究结果，如书面报告、口头展示或海报展示，结合文字、图表、图片和模型等表达方式，清晰传达复杂的研究内容。通过引导学生开展跨学科研究项目，教师不仅能够提升自身的跨学科教学能力，也能为学生提供宝贵的学术研究和实践机会，锻炼学生的表达能力和综合思维能力。

5. 培养跨学科思维

教师可以通过课堂讨论引导学生进行跨学科思考，提供多学科的资料和观点，激发学生从不同角度分析和解决问题的兴趣。教师需要鼓励学生综合运用多学科知识，研习开放性问题或跨学科案例，培养其综合思维和解决问题的能力。案例分析是培养学生跨学科思维的有效方式。教师可以选择与学生生活或社会实际相关的案例，组织学生从不同学科角度进行分析和讨论，帮助他们理解学科间的相互关系，并整合多学科知识解决实际问题。

设计综合性项目也是培养学生跨学科思维的途径。教师可以选取与学生生活密切相关的实际问题作为项目主题，指导学生在项目中整合多学科知识和技能，通过小组合作、信息收集与分析等方式，提出创新性解决方案，帮助他们更好地理解学科间的联系，培养学生的创造力、合作能力和综合思维能力。

三、创新思维和解决问题能力

学科教师在培养学生的创新思维和解决问题能力时，首先应鼓励学生提出新观点和新方法，并营造开放的学习环境，以激发学生的独立思考能力，让他们从不同角度探索问题并提出创新性解决方案。例如，组织小组讨论、辩论赛或科学实验等活动，为学生提供表达观点的机会，同时给予正向反馈和指导，帮助他们完善思路。

设计有挑战性的问题和项目是培养学生创新能力的另一有效途径。教师可以设计开放性问题或跨学科项目，如如何减少交通拥堵或设计可持续发展的城市区域，这些问题没有固定答案，需要学生综合运用多学科知识进行探索。这不仅有利于形成学生的跨学科思维，也能为其将来应对复杂问题做好准备。

批判性思维和探索精神的培养同样至关重要。教师可以通过课堂讨论和案例分析等方式，引导学生质疑现有观点并深入思考问题。例如，通过分析实际案例，引导学生理解问题的复杂性并提出创新性解决方案。此外，教师还应鼓励学生提出问题并运用思维工具如逻辑推理和问题解决模型，提升他们的分析能力和创新意识。

为了培养学生的创新意识和问题解决能力，教师需要提供必要的资源和指导。这包括个性化的学术支持以及实践支持，如指导学生运用专业知识分析问题或组织学生参与实际项目。此外，教师还可以推荐学科相关的资源，如学术期刊和专业网站，帮助学生拓宽知识面。

最后，合作学习是培养学生创新思维和解决问题能力的重要方式。在合作过程中，学生能够学会倾听、尊重他人观点，并通过集体智慧产生创新思路。教师在此过程中应提供指导和支持，如明确任务要求、提供协作工具，并通过反馈帮助学生改进合作效果。

四、教学策略创新和实践能力

学科教师需要不断创新教学策略，灵活运用多元化的教学资源，以提升教学效果和学生参与度。教师应根据学生的个性化需求和特点，设计具有挑战性和启发性的学习活动，引导学生主动探索和独立思考。

1. 多样化的教学资源

教师应善于整合各类教学资源，构建多元化、个性化的学习环境，丰富课堂教学形式，提升学生的学习体验和参与度。数字化工具如电子白板，不仅使教学内容展示更加生动，还能通过互动标注帮助学生加深理解。多媒体资源如图片、视频和音频，则以直观方式呈现知识，强化学生的记忆与理解。

在线学习平台为学生提供了突破时空限制的学习环境，使其能够随时随地参与学习活动，同时培养自主学习能力。实验室设备则为学生创造了实践机会，VR 技术也可助力将理论知识转化为实际应用能力。同时，AI 在线平台的自适应学习功能也可以提供多样化、个性化的教学资源支持。教师可根据学生的学习表现动态调整内容和难度，满足不同学生的需求，提供精准的学习支持。

2. 项目式学习活动

具有挑战性和启发性的项目式学习有利于学生将学科知识应用于实际情境，提升其学习动机和成就感。多元化的项目式学习活动可以为学生提供不同的学习方式，供学生根据自己的爱好选择，同时可培养学生的合作能力、创新思维和问题解决能力。

教师应鼓励学生自主选择感兴趣的主题进行探索性学习，通过调研、实地考察等方式深入研究，最终形成研究报告或展示。此过程需要学生独立思考、判断和分析，并且要求学生有创新思维和团队合作能力。

实践型项目如设计与构建项目可以锻炼学生的动手能力，如建造模型、编程机器人或开发 App，使学习更具深度和实用性。教师可开展贴近学生生活、解决实际问题的教学活动，要求学生通过分析、研究和实践寻找解决方案，也可帮助学生应用课堂知识，使学习更具现实意义。

企业模拟也是项目式学习方式，学生需要体验创业过程，从市场调研到制订商业计划书，全面参与企业运营的各个环节。这一过程可以全方位培育学生的创业意识、团队合作能力和商业思维。社会服务项目通过义工活动、社区服务等形式，提升学生的社会责任感和公民意识。学生在实践中感受社会问题，培养团队合作精神、沟通技巧和自我管理能力，同时发展人文关怀和综合素质。

3. 个性化教学

个性化教学以学生个体差异为核心，通过有针对性地调整教学策略，满足学生的多样化需求，提升学习效果。教师需深入了解学生的学习风格、兴趣爱好和能力水平，从而设计更贴合实际的教学方案。

学生的学习方式各有特点，有的偏好听觉学习，有的倾向实践操作，有的则擅长通过阅读和书写获取知识。教师可通过观察学生在不同学习环境中的表现，灵活调整教学方法。例如，教师可结合多媒体资源或可视化材料，以更直观的方式呈现知识，帮助学生更好地理解和吸收。

兴趣是学习的强大驱动力。教师应关注学生的兴趣点，将其融入个性化教学内容中。通过引入与学生兴趣相关的实例或案例，将学科知识与实际生活相结合，使学习更具吸引力和现实意义。

当然，学生的学习能力存在差异，个性化教学需要根据学生的实际水平提供相应的支持与挑战。持续的评估和反馈可以帮助教师及时了解学生的学习进展，并调整教学策略。对于能力较强的学生，教师可设计更具深度的学习任务，促进其进一步发展；而对于能力较弱的学生，教师则可通过简化和分步的学习活动，帮助他们逐步掌握知识。

个性化教学的核心在于关注每个学生的需求与发展。教师设置满足学生多样化需求的教育环境才能激发其学习动力，充分发挥自身潜力，从而有效提升学习效果。

4. 围绕问题开展探究式学习

教师通过引导学生围绕问题的探究和解决展开深度学习，能够有效培养其批判性思维、创新思维和解决问题的能力。教师应鼓励学生尝试独立解决问题，重在强调学生的学习主动性和自主性，使其从被动接受者转变为知识的探索者和问题的解决者。

教师可设计开放式问题和具有挑战性的学习任务，促使学生从多角度审视问题，并通过逻辑推理和论证寻找解决方案。教师需要在引导过程中激发学生的思考与分析能力，辅助学生在问题定义、信息收集、分析比较和提出解决方案等阶段尝试独立解决问题，从而逐步形成批判性思维。

在问题解决的过程中，学生不仅需要运用已有知识，还需借助创新思维探索新的解决方案。教师应鼓励学生提出多种可能的答案或方案，并提供必要的支持与引导，帮助他们在创新过程中找到更优的解决路径。此外，学生在探究学习过程中需要运用多种策略和技巧应对复杂问题，他们需搜集和整理信息、分析与筛选方案、评估并选择最佳方案，最终实施并评估其有效性。

5. 运用 AI 技术

AI 技术在学科教学中的应用有多种可能性，在线协作、虚拟实验室和数据可视化等都已经成了常用工具。教师应熟练掌握并合理应用 AI 技术服务教学，创造更丰富、更高效的学习体验。

AI 驱动的在线协作工具为学生提供了更智能的合作与交流平台。AI 系统可以根据学生的学习风格和能力自动分组，优化小组互动；通过实时语言翻译和内容分析功能，AI 工具能够支持跨语言、跨文化的协作学习，帮助学生分享观点、进行批判性讨论，从而培养其团队合作能力和沟通技巧。

AI 技术为虚拟实验室和模拟软件注入了更强的交互性与智能。在科学、工程或医学等学科中，AI 支持的虚拟实验室可以模拟复杂的实验场景，并根据学生的操作提供即时反馈与指导，帮助学生更好地理解实验原理与步骤。AI 模拟软件还能通过自适应学习功能，根据学生的学习进度调整实验难度，确保每位学生都能获得适合的学习体验。

此外，AI 技术极大地提升了数据可视化的能力。在许多学科中，数据分析和可视化是核心技能，而 AI 工具可以将复杂数据以图表、图形或动画的形式动态呈现，帮助学生更清晰地解读数据，发现其中的模式、趋势和关联。

第四章　AI 时代的教师职业技能

人工智能（AI）技术的快速发展正在重塑传统教学模式，教师需具备应对新技术挑战的能力，掌握 AI 工具进行精准教学，才能满足学生的个性化需求，推动教育创新。在人工智能时代，教师的职业技能需重新定义。教师不仅要具备传统教学能力，还需掌握新技术应用和创新方法。新的时代要求教师积极适应人工智能带来的变化，提升 AI 辅助教学技能，更好地应对 AI 带来的教育转型挑战。

第一节　教师职业技能的演变

✳ **本节要点**

传统教学模式与技能

现代教学模式与技能

未来教师职业技能的发展趋势

教育技术的变革

人工智能对教师职业及职业技能的影响

教师职业技能的演变是多方面因素的综合结果，教育领域的发展、社会的变革以及科技的进步都在推动教师职业技能的不断演变。现代教师需要具备更广泛的知识储备、创新和创造力、课堂管理及教学设计的技能，以及应用最新信息技术的能力，才能适应不断变化的教育环境，满足学生的多样化需求。

一、传统教学模式与技能

传统教学模式以教师为中心，强调教师作为知识传授者的角色。在这种模式下，教师通常被视为课堂的权威和主导者，而学生则处于被动接受的地位。教师的职业技能主要体现在教学方法的选择与应用、教学内容的组织与设计以及课堂管理能力等方面。

在教学方法上，传统教师需掌握多种教学策略，并根据教学目标和学生需求灵活运用。

教师需要具备清晰的讲解能力，帮助学生理解并掌握学科内容，同时引导学生发展批判性思维和创新能力。

在教学内容的组织与设计方面，教师需拥有扎实的学科知识和系统的课程设计能力，能够将知识内容按逻辑和层次进行组织，确保教学目标的实现和教学进程的顺利进行。

课堂管理是传统教师的重要技能之一。教师良好的组织能力是创建积极学习环境的保障，包括有效管理课堂时间与资源，维持课堂纪律，以及妥善处理学生间的冲突与问题。

传统教学模式下的教师需具备多方面的技能，以确保教学效果和课堂秩序。然而，随着教育理念的更新，教师的角色和技能也在不断演变，以适应新时代的教育需求。

主要传统教学模式与对应的教师职业技能如表 4-1 所示：

表 4-1　主要传统教学模式与教师职业技能

序号	传统教学模式	教师职业技能要求
1	学科知识灌输	学科知识广博 / 自我学习和更新能力
2	教师控制	教学方法的选择与应用能力
3	教学规范和纪律	课堂管理的能力
4	教师讲解和演示	讲解能力
5	学生作业和测评	评估和反馈的能力

1.学科知识灌输

传统教学模式以学科知识灌输为核心，强调教师作为知识传授者的角色。教师通常经由讲解、演示和讲义等方式，将学科知识系统化地传授给学生。这种模式下，教师需深入理解学科的核心概念和基本原理，通过自身的学习与理解，才能确保知识的准确传达，为学生提供有价值的知识内容。

教师要具备扎实的专业功底，不仅要掌握学科知识，还需灵活运用教学技巧和方法。了解学生的学习特点和需求，合理组织教学内容，是帮助学生更好理解和掌握知识的关键。教师通过有效的知识传递引导学生逐步构建学科知识体系。

传统教学需要教师做好终身知识储备。教育领域的知识和教学方法不断更新，教师需持续学习新知识，关注教学方法的创新。参与专业培训和教育研究能够帮助教师不断提升教学能力和专业素养，确保知识传递的有效性和时效性。

知识传递型教师还需注重教学内容的逻辑性和层次性。通过系统化的课程设计，教师将知识按逻辑顺序呈现，逐步帮助学生构建知识体系，提升学习效果。这种系统化的知识传递方式，有助于学生更好地理解和掌握学科内容。

2.教师控制

在传统教学模式中，教师作为课堂的主导者，全面掌控课程内容、教学方法和课堂节奏。教师扮演着权威角色，学生则处于被动接受的地位。**教师根据学科标准和学习目标，精心设计课程内容，将学科知识分解为逻辑清晰的单元和主题，确保学生逐步建立扎实的知识基础。**

教师应选择并运用适当的教学方法，如讲解、演示、讨论和案例分析等，以满足不同学习需求和学科特点。课堂节奏和秩序的管理也是教师的重要职责，教师需合理安排时间，确保教学进度和内容的完整性。为了维持良好的课堂秩序，教师需善于引导学生按时完成任务，并管理学生间的互动与合作。

讲解是传统教学中最常见的教学方法。教师通过口头讲述和解释，将复杂的概念和原理分解为易于理解的部分，帮助学生建立基本认知。这种方法适用于引入新概念、技能和知识。

对于需要观察、模仿和掌握特定技能的学科，如实验科学、艺术和体育，教师通常采用实际演示、示例或模型等方式，展示具体操作和技巧。在实践和实验中，教师引导学生能够发现问题、验证理论并加深理解。

教学掌控力还要求教师不断学习并运用新的教学方法和策略。例如，倡导学生间的交流与互动，通过讨论和问答促进思考和合作。鼓励学生表达想法，培养批判性思维和解决问题的能力。根据学生的个体差异，提供个别辅导和指导，帮助他们克服困难，提高学习成绩。小组合作也是一种常用方法，鼓励学生合作学习、相互讨论和共同解决问题，促进互动与合作。

3. 教学规范和纪律

在传统教学模式中，教学规范与纪律的维护是确保课堂秩序和提升学习效果的关键。教师必须明确课堂规则和行为准则，引导学生遵守秩序，尊重教师与同学，营造一个稳定的学习环境。这些规则应涵盖学生的行为表现、互动方式及教学资源的使用，为课堂秩序提供基本准则。

教师需与学生进行有效沟通与互动，建立互相信任与尊重。在课堂中表达关怀与理解，使学生感受到支持与认同，进而更自觉地遵守课堂纪律。在管理学生纪律方面，教师要掌握有效的技巧，如通过非语言暗示或口头提醒纠正不当行为，运用奖惩制度激励积极表现，设立明确的奖励与惩罚机制等，鼓励学生遵守规则。此外，合理的教室布置和座位安排也能帮助学生更好地专注和参与教学活动。

教学规范还要求教师具备良好的时间管理能力：合理安排课堂时间，灵活调整教学节奏，确保学生有足够时间完成任务和参与讨论；高效组织和准备教学资源，如教材、教具和多媒体资料，以支持课堂教学的顺利进行。

4. 教师讲解和演示

教学讲解与演示是教师教学传统模式中传授知识和技能的核心手段。出色的讲解能力要求教师能够以清晰、生动的语言表达思想，运用具体示例和比喻，将抽象概念转化为易于理解的内容，帮助学生更好地掌握学科知识。

为了直观展示知识点，增强学生理解和记忆，教师还需熟练运用多种教学工具和资源，如书本、黑板、PPT 等，以丰富教学形式。在知识传递过程中，教师也应注重引导学生思考和探索。如使用启发性问题激发学生的批判性思维和问题解决能力，鼓励他们深入挖掘知识，发现新问题并寻找解决方案。

此外，教师需关注学生的学习需求和个体差异，根据学生的兴趣、知识水平和学习风格，灵活调整教学策略和方法，确保每位学生都能获得最佳学习效果。同时，提倡采用个性化的教学方式，更好地满足学生需求，提升学习效果。

5. 学生作业和测评

传统教学模式注重对学生的学习成果进行评价。教师需要通过各种评估方法和工具来准确地评估学生的学习成果，包括布置作业、考试、小组讨论、口头报告等。

作业布置是常见的评估方式之一，教师通常通过有针对性的作业检验学生的知识理解与应用能力，同时帮助学生发现并改正错误，巩固学习内容。

考试是另一种重要的评估手段，能够全面反映学生对概念的理解、问题解决能力以及分析与推理能力。教师从考试中评估学生的学习进展，并根据结果及时调整教学策略，优化教学效果。

评估学生的非认知能力一般采用小组讨论和口头报告等方式。这些活动为学生提供了展示观点和思考方式的机会，教师通过观察和评价，能够更全面地了解学生的合作、沟通和思维能力等非认知能力。

在评价过程中，教师需提供及时有效的反馈，帮助学生明确自身的学习成果与不足，并有针对性地改进。同时，教师应根据学生的个体差异，提供个性化的反馈与指导。

二、现代教学模式与技能

现代教学模式推动教师从知识传输者向学习引导者转变。教师不再局限于知识传授，而是更多地扮演学生学习的引导者、激励者和指导者，为学生提供多元化的学习机会和支持。这一转变要求教师具备学生导向的教学理念、多样化的教学策略、科技应用能力、创新与创造力、跨学科教学能力及学习评估与反馈能力。

现代教学模式强调以学生为中心，注重个性化与合作学习。这要求教师具备更多综合素质和技能，不仅要具备教学设计与策划能力、个性化教学能力和跨学科教学能力，还要兼有信息技术应用能力、课程评估与反馈能力及良好的师德师风。此外，教师还要善于与学生进行有效沟通，保护学生创造力，提高学生的审美情趣。

1. 以学生为中心

现代教育理念强调以学生为中心，关注个体差异，提供个性化学习支持。在知识快速迭代的今天，自主学习能力、创新思维、协作精神和问题解决能力已成为人才必备素质。以学生为中心的教学模式正是培养这些能力的关键：通过赋予学生更多学习自主权，促进其创造性思维发展；通过小组合作学习，培养团队协作能力；通过项目式学习，提升问题解决能力。为有效实施以学生为中心的教学，教师需要重点提升以下专业能力：

目标设定能力：制定明确且符合学生需求的学习目标，既要确保目标的可达成性，又要与学生的兴趣点相结合，以此激发学习动机。

教学设计能力：根据学生的认知特点和学习风格，灵活运用多样化的教学策略和资源。善用信息技术手段，如多媒体教学、在线学习平台等，为学生提供个性化的学习支持。

情感支持能力：建立平等、互信的师生关系，通过积极倾听和有效沟通，及时了解学生的学习状态和需求。给予适时的鼓励和指导，帮助学生建立学习自信，保持积极的学习态度。

2. 项目驱动学习

项目驱动学习作为现代教学模式的重要实践，强调通过真实情境中的问题解决和项目实践来促进知识建构和能力培养，使学生能够将理论知识与实际应用相结合，有效提升问题解决能力和创新思维。在项目驱动学习中，教师的角色从知识传授者转变为学习引导者。其核心职责包括：

目标与任务设计：教师需与学生共同制定明确的学习目标，设计具有挑战性和实践性的项目任务，以此激发学习动机，提高参与度。

过程指导与支持：在项目实施过程中，教师应为学生提供必要的资源支持和专业指导，促进团队协作与有效沟通，培养学生的合作能力。

反思与评估：教师需引导学生进行过程性反思，帮助其总结经验教训，深化知识理解。同时，教师应通过多元化的评估方式，及时了解学生的学习进展，调整教学策略。

为有效实施项目驱动学习，教师需要掌握多样化的教学策略，如合作学习、探究式学习等，并根据学生的个体差异灵活运用，培养其核心素养，为其终身学习奠定基础。

3. 合作学习

合作学习作为现代教学的重要策略，通过多元互动促进学生思维发展和能力提升。这要求教师精心设计具有挑战性的合作任务，为学生创造交流观点、分享经验的机会，促进思维碰撞与知识建构；在合作过程中，教师应适时介入，引导学生进行有效沟通，培养其倾听、表达与协商的能力；采用多元评价方式，既关注学习成果，也重视合作过程，帮助学生反思改进。

值得注意的是，合作学习不仅限于学生之间，教师间的跨学科合作同样重要。这种合作可为教师提供拓宽视野、更新理念的机会，推动其专业素养的持续提升。教师通过整合不同学科知识，能够设计更具深度和广度的学习活动。教师间的经验分享与专业对话，也有助于优化教学策略，提高教学质量。

为有效开展跨学科合作，教师需要具备开放包容的态度，尊重不同学科的特点和价值，善于借鉴其他领域的优秀经验。有效的沟通技能能够帮助教师清晰表达观点，积极倾听他人意见，寻求共识。而团队协作精神要求教师在合作中主动承担责任，协调各方资源，推动项目顺利实施。

4. 创造性思维

现代教学模式通过转变教师角色，创新教学方法，着力培养具有创造力和实践能力的未来人才。教师作为学习引导者，其核心职责已从知识传授转向能力培养。具体而言，教师首先需要打造创新环境，通过探究式学习、问题导向学习等启发式教学方法，鼓励学生突破常规思维，提出新见解。在培养问题解决能力方面，教师应引导学生掌握系统化的问题分析方法，培养其批判性思维和逻辑推理能力，提升其解决复杂问题的水平。教师还可设计开放任务如项目式学习、案例研究等，给予学生充分的探索空间，培养其自主学习和创新能力。此外，教师应采用过程性评价与结果性评价相结合的方式，关注学生的思维过程和创新表现，提供及时反馈。

为有效实施创新教育，教师可采取的策略有：设计具有挑战性的学习任务，激发学生的探索欲望；组织跨学科项目，培养学生的综合思维能力；运用数字化工具，拓展创新实践的空间；建立支持性学习环境，鼓励冒险和试错。

系统化创新教育的目标是培养学生的四个核心素养：创造性思维，能够突破常规，提出独特见解和解决方案；问题解决能力，能够分析复杂问题，制订有效策略并实施；自主学习能力，具备持续学习和知识更新的意识与能力；团队协作能力，善于与他人合作，共同解决挑战。

5. 信息和通信技术的应用

教育技术的发展为现代教育带来了革命性变革，教师需要具备科技应用能力，有效整合数字工具以提升教学效果：教师应熟练掌握 AI 在线教育平台、教学管理系统、智能白板等数字工具，创造互动性强的学习环境；利用数字平台获取全球优质教育资源，并根据教学需求制作个性化教学材料，如教学视频、虚拟实验等；通过在线互动平台实现实时反馈，开展个性化辅导，激发学生学习兴趣，培养自主学习能力；运用数字工具优化教学管理流程，提高作业批改、学习评估等环节的效率，实现教学过程的精细化管理。

在应用教育科技时，教师需注意以教学目标为导向，合理选择技术工具，根据学生特点，设计个性化学习方案。为确保教学效果，教师还需要平衡教育技术应用与传统教学，同时持续更新技术知识，适应教育科技发展。

有效整合教育科技，将技术与教学深度融合，有助于教师突破时空限制，实现随时随地的教与学。教师可利用多媒体技术，创设沉浸式学习体验，丰富教学形式。结合 AI 技术进行数据分析，可实现精准化学习评估。此外，学校还可构建开放的教育资源平台，实现优质教育资源的广泛传播，促进资源共享。

6. 反思和评估

为了培养学生的自主学习与自我评价能力，教师需要转变角色，从知识传授者转变为学习引导者，重点培养学生的元认知能力和自我管理技能。

在评估方面，现代教学强调多元化评估体系的构建，即评估方式多样化、评估主体多元化以及评估过程动态化。除传统考试外，还可采用项目评估、作品评价、口头评价等方式，全面考查学生的知识应用、问题解决和创新能力。教师鼓励学生参与自我评价和同伴互评，培养其反思能力和批判性思维，并通过形成性评价及时了解学生学习进展，提供针对性指导。

在反馈机制上，教师应注重提供及时、具体、个性化和建设性的反馈。快速回应学生的学习表现，确保反馈的时效性；提供明确、可操作的改进建议，帮助学生准确理解自身优缺点；根据学生特点和学习需求，制订差异化的反馈策略；以鼓励为主，激发学生的学习动机和自信心。

只有建立科学的评估体系和有效的反馈机制，教师才能够提高学生的自我认知能力，促进其主动反思学习过程。教师还需要逐步培养学生的自我调节能力，增强其学习策略的灵活性，提升其学习参与度和成就感。

主要现代教学模式与对应的教师职业技能如表 4-2 所示：

表 4-2　主要现代教学模式与教师职业技能

序号	现代教学模式	教师职业技能要求
1	学生中心	学生关怀能力、引导学生能力、教学设计能力、倾听和沟通能力
2	项目驱动学习	教学策略多样化能力
3	合作学习	跨学科教学能力
4	创造性思维	创新和创造力
5	信息和通信技术的应用	教育技术应用能力
6	反思和评估	多元学习评估和反馈能力

总体上看，传统教学模式与现代教学模式在教学理念、师生角色、学习方式和评价体系等方面呈现出显著差异，体现了教育理念的演进与发展。传统教学模式以教师为中心，教师作为知识传授者和课堂权威，主要采用讲授和演示的教学方法，学生则处于被动接受标准化知识的位置，评价体系也主要依赖于考试成绩。这种模式能够确保知识传递的系统性，但可能限制学生的主动性、创造力和批判性思维的发展，导致学习兴趣的减退和创造力的抑制。

相比之下，现代教学模式以学生为中心，教师角色转变为学习引导者与支持者，注重培养学生的学习兴趣、探究能力和自主学习能力。教学方法上，现代教学模式采用项目化学习、合作学习等多元化策略，强调学生的个性化发展和能力培养，评价体系则实施综合评价与自我评价相结合。这种模式有助于培养学生的自主学习能力、创新思维和问题解决能力，使其更好地适应未来社会的挑战，能够更好地应对现实生活和未来社会的需求。

然而，在实际教学中，传统教学模式和现代教学模式并非相互排斥，而是可以互补的。传统教学模式在知识系统传授方面仍具有优势，而现代教学模式则需要根据实际教学情境进行适当调整。教师应根据教学目标与学生特点，灵活整合两种模式的优势，秉持"以学生发展为中心"的理念，科学选择和整合不同教学模式，实现教学效果的最优化。这种灵活的教学策略不仅能够确保知识传授的系统性，更能促进学生的全面发展，培养其适应未来社会所需的核心素养。

三、未来教师职业技能的发展趋势

面对快速变革的教育环境，未来教师的专业发展将呈现多维度的能力要求。教师需要具备教育技术的应用能力，能够灵活运用数字工具，创新教学方式，丰富学习资源。同时，教师应具备异质化教学能力，满足学生个性化学习需求，能够培养其创造力和创新思维，为其应对未来社会挑战做好准备。

跨学科教学能力将成为教师专业发展的重要方向。教师需要突破学科界限，将不同领域的知识有机融合，设计综合性学习项目，培养学生的系统思维能力。此外，全球视野与跨文化能力也日益重要，教师应具备与多元文化背景学生有效互动的能力，培养学生的国际理解力和合作精神。

团队合作与沟通能力是未来教师不可或缺的素质。教师需要善于与同事合作，共同设计教学方案，分享教学经验，推动教学创新。同时，教师还应具备终身学习意识，通过持续的专业培训、教育研究和学术交流，不断提升教学能力和专业素养。

1. 教育技术的应用能力

教育技术应用能力已成为未来教师专业发展的核心要素。在数字化转型的背景下，教育技术正重塑传统教学模式，为教育创新提供新的可能。

在线教学平台作为基础性工具，为教师提供了多维度的教学支持。教师可通过平台实现课程资源的数字化管理，开展个性化辅导，并通过实时互动功能增强教学效果。这种模式不仅拓展了教学时空，也为学生提供了更灵活的学习方式。

虚拟现实（VR）技术的引入为教学带来了革命性变革。通过构建沉浸式学习环境，教师能够将抽象概念具象化，使学生在虚拟场景中获得直观体验，特别适用于英语、地理、历史、科学等学科的教学，能够显著提升学生的学习兴趣和应用深度。

人工智能技术则为个性化教育提供了有力支撑。通过大数据分析，教师可以精准把握每个学生的学习特点，制订有针对性的教学方案。同时，AI 辅助的自动批改功能不仅提高了教学效率，还为教师腾出更多时间进行教学设计和个别指导。

教育技术赋能教学能够在更多层面上帮助教师提供更丰富、更精准的教学服务。同时，掌握教育技术有助于教师适应教育变革，保持教学创新力，实现教育公平，突破地域限制，为更多学生提供优质教育资源。面对快速发展的教育技术，教师需要保持持续学习的态度，不断更新技术应用能力并且有效整合教育技术，为学生创造更具吸引力和实效性的学习体验，推动教育向更高层次发展。

2. 异质化教学的能力

异质化教学能力体现了教育从标准化向个性化转变的趋势。面对学生在学习需求、兴趣偏好和能力水平等方面的差异，教师需要具备灵活的教学策略和多元的实施手段，为每个学生提供适合其发展的学习路径。个性化教学的核心在于根据学生的个体特征量身定制教学方案，这要求教师深入理解学生的学习风格和认知特点，设计差异化的教学活动和材料，激发学生的学习动机和潜能。

在实践层面，教师可以通过小组合作、项目学习等多样化的教学组织形式，培养学生的自主学习能力和问题解决能力。同时，教师应运用形成性评价和诊断性评价，及时了解学生的学习进展，调整教学策略，帮助学生克服学习困难。现代教育技术为个性化教学提供了有力支持，在线学习平台能够根据学生的学习进度和水平，提供个性化的学习资源和作业，促进学生的自主学习和个性化发展。

人工智能（AI）技术的引入进一步提升了异质化教学的精准性和有效性。AI 系统能够分析学生的学习数据，为每个学生定制个性化的学习路径，提供匹配学生水平的学习内容和难度。在评估方面，AI 辅助教学系统能够实时分析学生的作业和答题情况，提供有针对性的反馈和建议，帮助学生及时发现问题并改进。此外，虚拟实验和模拟环境为学生提供了安全的实践平台，使其能够在模拟情境中进行探究学习，培养实践能力和创新思维。

随着教育技术的不断发展，异质化教学将成为推动教育公平和质量提升的重要力量。教师需要不断提升技术应用能力，将人工智能等先进技术与教学实践深度融合，为每个学生提供最适合的学习体验，使异质化教学精彩而高效。借助科技力量，持续探索和创新以学生为中心的个性化教学模式。

3. 创造力和创新思维的培养能力

在快速变革的时代背景下，培养学生的创造力和创新思维已成为教育的重要使命。教师作为教育实践的主导者，需要通过系统化的策略和方法，为学生创造有利于创新思维发展的学习环境。

首先，教师应当构建开放自主的学习空间，鼓励学生大胆质疑和探索，为其提供充分的资源支持，激发其创造潜能。教师应通过组织课堂讨论和合作学习，培养学生的批判性思维和创造性思维，使其在思维碰撞中获得新的见解。

其次，跨学科思维的培养是提升创造力的关键途径。教师应设计融合多学科知识的项目和任务，引导学生运用不同领域的知识和方法解决复杂问题。这种跨界的思维方式能够打破学科壁垒，激发创新灵感，培养学生的综合创新能力。同时，教师还需要提供多元化的学习材料和案例，鼓励学生从不同视角思考问题，提出多样化的解决方案，培养其思维的灵活性和独创性。

在创新能力的培养过程中，教师的支持与引导至关重要。教师应当营造包容的学习氛围，鼓励学生勇于尝试新想法，将失败视为学习的机会，培养其坚韧的创新精神。教师应通过设计开放性的学习任务，激发学生的好奇心和探索欲，引导其主动发现问题、分析问题并寻求解决方案。教师还应注重培养学生的反思习惯，引导其深入思考问题的本质，发展独立思考和解决问题的能力。

4. 跨学科教学能力

跨学科教学能力作为现代教师专业发展的重要素养，体现了教育从单一学科向综合化、整合化转变的趋势。教师不仅要具备多学科的知识储备，更要善于将不同学科的知识有机融合，为学生提供综合性的学习体验和认知发展机会。跨学科教学旨在培养学生的系统思维能力、复杂问题解决能力和创新实践能力，使其适应未来社会的多元化需求。

在知识层面，教师需要深入理解各学科的核心概念、理论框架和方法论，能够灵活运用多学科知识来解释现象并解决问题。这种广博的知识背景使教师能够洞察学科间的内在联系，为学生提供多维度的认知视角。在教学实践方面，教师应善于设计综合性的学习项目和任务，引导学生运用多学科知识进行探索和创造。跨学科的合作学习能够帮助学生建立知识间的联系，培养其综合分析和解决复杂问题的能力。

跨学科教学的实施需要教师具备创新的教学策略和评估方法。教师可以设计主题式学习活动，鼓励学生通过跨学科的研究和探究深化学习效果。在评估方面，教师应采用多元化的评价方式，注重考查学生的综合应用能力和创新表现。同时，教师还需要不断反思和优化跨学科教学实践，探索更有效的知识整合方式和教学策略。

5. 全球视野与跨文化能力

全球化背景下，教师的全球视野与跨文化能力不仅体现在对多元文化的理解和包容，更反映在能够有效应对不同文化背景学生的需求，促进其全面发展。教师需要具备广泛的知识储备，深入理解不同文化、经济和社会背景，关注全球化趋势及其带来的教育挑战。具备全球视野的教师能够更好地理解学生的文化差异，有效应对跨文化交流中的潜在问题。

在实践层面，教师应善于运用多样化的教学资源和策略，促进学生间的文化互动与交流。教师可组织各种跨文化活动，让学生体验不同文化的价值观和习俗，培养其文化包容性和适应能力。在课程设计方面，教师需要充分考虑学生的文化背景，选择多元化的教材和资源，设计包容性的任务和评估方式，引导学生进行比较性研究和讨论，深化其对多元文化的理解。

信息技术的应用为跨文化教育提供了新的可能。教师可以通过在线协作和远程学习平台，促进学生与全球同龄人的交流合作，拓宽其国际视野。此外，教师自身也应成为跨文化交流的典范，应以开放包容的态度对待文化差异，持续参与跨文化培训和交流活动，不断提升自身的跨文化能力。这种以身作则的示范作用，能够有效引导学生发展全球意识和跨文化素养。

6.团队合作与沟通能力

在日益复杂的工作环境中，团队合作与沟通能力已成为教师专业发展和学生培养的核心要素。教师作为教育实践的主导者，不仅自身需要具备这些能力，更要通过系统化的教学策略培养学生的协作精神和沟通技巧。首先，教师应当创设有利于团队合作的学习环境，通过组织小组讨论和合作项目，引导学生设定共同目标，合理分配任务和角色。

在沟通能力的培养方面，教师需要采用多元化的教学方法，通过角色扮演、小组讨论和公开演讲等活动，帮助学生提升口头和书面表达能力，培养其有效倾听和回应的技巧。同时，教师还应引导学生掌握冲突管理的方法，培养其在团队中妥善处理冲突的能力，促进团队合作的高效性及和谐性。

在全球化背景下，跨文化交流能力的培养显得尤为重要。教师可以通过组织学生交换项目、国际合作学习等方式，为学生创造与不同文化背景同伴交流合作的机会。跨文化体验不仅能够增进学生对多元文化的理解和尊重，更能培养其在国际化环境中的沟通与合作能力，拓宽其全球视野。

作为教育者，教师自身也应当成为团队合作与沟通的典范。通过与同事、家长的有效沟通，建立和谐的合作关系，教师能够为学生树立良好的榜样。同时，教师还应积极参与相关培训和工作坊，不断提升自身的团队协作和沟通技能，以更好地引导学生的全面发展。

7.终身学习

面对不断变化的教育环境和学生需求，教师需要保持持续学习的态度，积极关注教育领域的最新动态，参与专业培训、学术研讨会等活动，深入了解前沿的教学理念和教育技术。同时，教师还应主动参与教育研究，将理论与实践相结合，探索更有效的教学方法，不断提升专业素养。

教师间的交流与合作是促进专业发展的重要途径。通过参加教学讨论会、加入专业研究团队，教师可与同行分享经验，经由相互启发，获得新的教学视角和方法。此外，教师还应善于利用网络资源，构建个人学习网络，通过在线课程、教育博客等平台获取新知识，拓宽专业视野。

自我反思能够促进教师的专业发展，教师应通过观察学生学习成果、收集反馈信息，经由反思来持续优化教学策略。为了自身的专业成长，教师还应积极参与同行评议，接受专业指导，不断完善教学实践。

四、教育技术的变革

教育技术的演进改变了知识传递的方式，也重新定义了教与学的关系。这种转变体现在多个层面：从传统的黑板粉笔到数字化教学工具，从纸质教材到在线教育平台，教学资源从有限走向无限，学习空间从固定教室扩展到虚拟网络，教学方式从单向讲授转向互动协作，学习评价从单一考试转向多元评估。教育技术的变革正在推动教育向更加开放、灵活和个性化的方向发展，为培养适应未来社会需求的人才提供了新的可能。

1. 在线学习平台

在线学习平台通过整合丰富的数字化资源，包括多媒体课程、互动练习和案例分析，使学习者能够根据个人兴趣和进度自主安排学习。平台的社交功能为学生创造了虚拟学习社区，通过在线讨论、协作项目等方式，促进师生互动和同伴学习，培养学生的合作能力和社交技能。

在线学习平台的核心优势在于其智能化和个性化特征。基于学习分析技术，平台能够追踪学生的学习轨迹，提供智能推荐和个性化学习建议，帮助学生优化学习路径。实时的学习反馈和评估机制，使学生能够及时了解学习效果，调整学习策略，提高学习效率。此外，平台打破了时空限制，为跨地域、跨文化的学习交流提供了可能，拓宽了学生的国际视野。

对教师而言，在线学习平台提供了多元化的教学工具和策略。教师可以将课程材料、教学视频和作业任务数字化，实现资源的便捷共享和灵活使用。通过平台的互动功能，教师能够组织在线讨论、开展实时答疑，促进师生间的深度交流。平台的评估功能还可以帮助教师设计在线测验，利用数据分析工具及时掌握学习进展，提供个性化反馈。在线平台还支持协作学习项目的实施，教师可以组织虚拟小组，指导学生在网络环境中完成合作任务，培养其团队协作能力。有效利用在线学习平台，教师可以创造更灵活、互动性更强的学习环境，满足数字时代学习者的多样化需求。

2. 虚拟现实和增强现实

虚拟现实（VR）和增强现实（AR）技术正在重塑教育实践，为学生提供沉浸式和交互式的学习体验，可显著提升学习效果和参与度。VR技术通过构建逼真的虚拟环境，使学生能够身临其境地探索复杂概念和场景。例如，在虚拟实验室中，学生可以安全地进行化学实验，观察微观反应过程，而无须接触危险物质；虚拟语言实验室可以让学生无须出国而模拟各国的外语语境，在实际场景中应用语言。这种沉浸式体验不仅加深了学生对学科知识的理解，还培养了其科学探究能力。

AR技术则通过将虚拟元素叠加到现实环境中，创造了独特的交互学习机会。在艺术教育中，学生可以使用AR设备观察艺术品的细节，分析创作技巧，这种直观的体验能够激发学生的创造力和艺术鉴赏能力。此外，这些技术还打破了地理限制，使学生能够远程参与实地考察或与异地师生进行实时协作，拓展了学习资源和机会。

然而，VR 和 AR 技术在教育中的应用仍面临挑战。高昂的设备成本、教师的技术培训需求以及教学内容的适配性等问题需要得到有效解决。教师在应用这些技术时，需要确保其与教学目标的紧密结合，并为学生提供必要的指导和支持。同时，教师还应与家长和社区保持沟通，共同探索这些技术在教学中的有效应用。

在实践层面，教师可以通过多种方式整合 VR 和 AR 技术。例如，创建虚拟实验室和模拟环境，使学生能够安全地进行复杂实验；设计虚拟实地考察，拓宽学生的视野；将抽象概念可视化，提高学生的理解能力；开发互动学习活动，培养学生的创新思维；组织跨学科虚拟项目，提升学生的协作能力；提供个性化学习体验，满足不同学生的学习需求。

3. 个性化学习

教育技术的快速发展为个性化学习提供了前所未有的可能性。学习管理系统、智能学习软件和先进算法的应用等能够根据学生的个体特征、学习风格和能力水平，量身定制学习计划并推荐教学资源，帮助教师充分挖掘每位学生的学习潜力。

具体而言，学习管理系统通过收集和分析学生的学习数据，帮助教师深入了解学生的学习偏好、优势领域和薄弱环节。结合人工智能算法，系统能够为学生提供精准的学习推荐和实时反馈。例如，基于学生的学习历史和表现，系统可以推荐与其兴趣相符的学习资源，激发学习动机。同时，智能学习软件通过交互式界面和自适应机制，根据学生的学习进度动态调整内容和难度，提供个性化的学习体验。这种即时反馈机制使学生能够及时了解学习效果，自主调整学习策略。

个性化学习的实现还体现在教学资源的定制化上。教师可以根据学生的学习目标，设计多元化的学习材料，包括文本、图像、视频、动画和互动内容等，满足学生不同学习风格和兴趣的需求。此外，个性化学习强调培养学生的自主学习能力。教师应鼓励学生自主选择学习内容、设定学习目标，并进行自我评估和反思。

当然，个性化学习的实施也面临诸多挑战。数据隐私和安全问题需要得到充分重视，技术工具的使用与教师指导之间的平衡也需要谨慎把握。教师在推进个性化学习时，需要综合考虑这些因素，并与学生、家长及其他利益相关者保持密切沟通与合作。

4. 社交媒体和协作工具

社交媒体和协作工具的普及正在改变教育生态，为教学互动和学习协作提供了新的可能，不仅显著提升了教学过程的互动性和学生的参与度，也为教育创新注入了新的活力。教师可以通过微信、QQ 群等平台实现与学生的即时沟通，发布教学资源，提供个性化指导，并及时反馈学习进展。这种便捷的交流方式不仅提高了教学效率，还拉近了师生距离，促进了更深入的互动。

从学生学习层面上看，社交媒体为学生间的知识共享和协作学习搭建了桥梁。学生可以通过这些平台建立学习网络，分享资源，讨论问题，共同完成学习任务。以同伴互助的方式进行协作学习不仅能够提高学习效果，还能培养学生的团队协作能力。同时，在线协作工具如共享文档、协同编辑等功能的引入，使学生能够突破时空限制，开展实时合作，共同完成项目设计和成果创作。

教师在应用社交媒体和协作工具时需要重视数据安全和隐私保护，确保学生信息的安全性。教师还应引导学生正确使用社交媒体，培养其数字公民意识，避免网络风险。教师还需要基于教学目标和学生特点选择合适的协作工具，建立科学的评估机制，确保技术应用的有效性。

5. 数据分析和学习评估

熟练使用学习管理系统和学习分析工具有助于教师高效收集和分析学生的学习数据，深入了解学生的学习进展和需求，为个性化教学提供科学依据。AI 时代，数据驱动的教学方式使得教育决策更加科学和精准。

AI 学习管理系统为教师提供了全面的数据支持。系统能够追踪记录学生的学习时间、作业完成情况、测验成绩和课堂参与度等多维度信息。综合分析记录数据，教师能够准确识别学生的学习优势和薄弱环节，进而制订有针对性的教学策略。

AI 学习分析工具则进一步深化了教师对学生学习行为的理解。教师如果要了解每个学生的学习风格和节奏，就需要分析学生的学习模式、知识掌握程度和学习习惯等数据，提供基于数据的精准干预，才能为其提供个性化的学习支持和反馈。

在学习评估方面，数据分析为教师提供了更客观的依据。教师可以通过 AI 工具分析学习数据，准确评估学生的学习成果和学术发展，并据此提供精准的学业指导。同时，教师还可以利用数据分析结果优化教学策略和课程设计，评估不同教学方法的效果，持续改进教学活动和材料，提高教学的针对性和有效性。

在运用学习数据分析时，教师需要严格遵守数据隐私和安全原则。学校和教育机构必须建立完善的数据管理制度，确保学习数据的合法、安全和透明使用，切实保护学生隐私。

五、人工智能对教师职业及职业技能的影响

人工智能（AI）的崛起正在革新传统的教学方式和学习过程，更对教师的角色定位和教学方法提出了新的要求，为教育实践带来了前所未有的挑战与机遇。AI 技术的应用正在推动教师从知识传授者向学习引导者和创新设计者转变，这种变革促使教师重新思考教学策略，探索人机协同的教学模式，探讨如何在保持教育人文关怀的同时，充分利用 AI 技术提升教学效果。面对 AI 带来的挑战，教师需要不断提升自身数字素养，学会运用智能工具优化教学设计，同时保持对教育本质的深刻理解，在技术与人文之间找到平衡点，为培养适应未来社会

的人才提供有力支持。

1. 人工智能对教师职业的主要影响

（1）自动化和个性化学习

人工智能（AI）技术在教育领域的应用，特别是自动化和个性化学习，正在深刻改变教学实践。自动化学习管理系统通过追踪学生的学习参与度、作业完成情况和测验成绩等多维度数据，利用机器学习算法自动生成学习报告和评估结果。这种自动化处理不仅为教师提供学生学习的详细进展信息，还能显著提高教学管理效率，使教师能够将更多精力投入个性化教学支持中。

个性化学习平台则基于学生的个体差异，包括学习风格、兴趣倾向和能力水平，为学生提供定制化的学习方案。借助智能教育软件，教师能够根据学生的学习数据和个人特征，设计有针对性的学习资源和活动，提供精准的指导和反馈，提高学习效果和动机。

自动化和个性化学习平台的应用为教师带来了多重益处。一方面，这些应用可减轻教师的教学管理负担，使其能够更专注于满足学生的个性化需求；另一方面，通过数据分析，教师能够更准确地把握学生的学习状况，及时调整教学策略，提供更精准的学习支持。此外，教师还能够及时发现学生的学习困难，提供有针对性的帮助和指导，从而提高教学效果。

然而，在应用这些技术时，教师仍需保持适度的参与和指导。尽管 AI 技术能够提供丰富的学习数据和个性化建议，但教师的专业判断和人际互动仍然是不可替代的。教师需要与学生建立紧密的联系，深入了解其需求，确保个性化学习策略的有效实施。只有通过合理整合 AI 技术与教师专业能力，教育实践才能实现更高效、更精准的个性化教学。

以下是中外教育 AI 产品技术对比清单，按照 10 个核心教育场景分类呈现：

表 4-3　中外教育 AI 产品技术对比

AI 技术类别	国外代表产品	国内代表产品	核心功能
学习管理系统 Learning Management System	Canvas/Moodle	智慧树、学堂在线	学习行为追踪 + 数据可视化
智能辅导系统 Intelligent Tutoring System	Knewton	松鼠 AI、科大讯飞	知识图谱构建 + 动态学习路径
自适应学习平台 Adaptive Learning Platform	DreamBox	学而思精准学 Pro	智能难度调节 + 分层教学
学习分析工具 Learning Analytics Tools	Brightspace/Insights	极课大数据	学情诊断 + 预测分析
自动评估系统 Automated Assessment System	Gradescope	一起作业网	作业自动批改 + 错题管理

续表

AI 技术类别	国外代表产品	国内代表产品	核心功能
虚拟学习助手 Virtual Learning Assistant	IBM Watson Tutor	腾讯智学助手	智能问答 + 学习指导
行为分析工具 Behavioral Analytics Tools	GoGuardian	班级优化大师	学习投入度分析 + 预警系统
虚拟实验室 Virtual Laboratory	Labster	NOBOOK 虚拟实验	实验操作模拟 + 智能评分
语言学习工具 Language Learning Tools	Duolingo	英语流利说	语音评测 + 个性化练习
游戏化学习平台 Gamified Learning Platform	Kahoot!	作业盒子	互动答题 + 即时反馈

经对比显示，中国本土教育 AI 在教材适配性（覆盖全国 34 个省级行政区教材版本）、中文处理能力（支持汉字书写识别、方言交互）、政策合规性（遵守《未成年人网络保护条例》）等方面具有显著优势，但在跨语言学习支持、虚拟实验素材库规模等方面仍存在提升空间。

（2）虚拟助教和智能辅助教育

AI 技术推动了虚拟助教和智能辅助教育工具的出现，为学生创造个性化学习体验。虚拟助教通过语音和图像识别与学生互动，解答疑问并提供学习支持。智能教育工具则运用自然语言处理和机器学习分析学生表现，给出有针对性的学习建议。

虚拟助教能够理解学生问题，提供解答，并根据学习需求推荐个性化资源。智能辅助工具则通过追踪学生学习数据，识别知识强项和短板，并据此提供定制化学习方案和资源。

这些技术对教师影响主要有三方面：第一，它们可自动处理数据收集与分析，减轻教师工作负担；第二，教师仍需利用数据分析结果，定制个性化教学方案；第三，教师需要引导学生正确使用技术工具，保持与学生的面对面交流，提供人性化支持，并监督学习进度。

（3）自主学习和创新能力培养

AI 技术为自主学习和创新能力的培养提供了前所未有的机遇。在线学习平台使学生能够根据个人需求和节奏选择课程资源，形成自主学习模式。虚拟实验室和模拟环境的应用进一步拓展了创新实践的空间。学生可以突破时空限制，自主设计实验、分析数据、发现规律，并在此过程中提出新问题、探索解决方案。这种沉浸式体验能够有效培养科学思维和创造性问题解决能力。

AI 技术的普及促使教师角色从知识传授者向学习引导者转变。教师需要帮助学生构建自主学习能力，指导其在学习过程中发现问题、寻求知识并思考解决方案。具体而言，教师应着重培养学生对学习资源的甄别与运用能力，同时通过激发兴趣、培养观察力和提问能力来释放学生的创新潜能。组织创新项目、比赛等实践活动，为学生提供成果展示平台，也是教师的重要职责。这一角色转变要求教师持续更新知识储备，提升专业技能，并与教育科技发展保持同步。

（4）自动化评估和反馈

AI 技术通过自动化收集与分析学生学习表现，为教育领域带来了深刻的变革。具体而言，学习管理系统与智能教育软件可实时采集学生的作业成绩、测验结果及课堂参与度等数据。AI 算法对这些数据进行深度分析，生成可视化报告，为教师提供全面的学情参考。基于这些数据，教师能够准确评估学生的学习进展，制订个性化的学习计划与教学策略，实现因材施教。

在个性化反馈方面，AI 技术展现出独特优势。通过语音识别与自然语言处理等技术，虚拟助教能够对学生的作答进行实时分析，评估其准确性与完整性，并提供有针对性的指导建议。这种即时、精准的反馈机制，有助于学生及时发现问题、改进学习方法，从而提升学习成效。

AI 技术的引入，为教师提供了强大的教学支持工具。教师可依据 AI 生成的数据，动态调整教学策略，满足学生个性化学习需求。同时，AI 辅助的精准反馈，能够有效激发学生的学习动力，提高课堂参与度。

但是，教师在 AI 辅助教学中的核心地位不可替代。他们需要运用专业素养，将 AI 生成的数据转化为切实可行的教学行动。此外，教师还需引导学生正确理解与运用 AI 反馈，提供人性化的学习支持，帮助学生实现学习目标。这种"教师 +AI"的协同模式，将推动教育向更高效、更个性化的方向发展。

（5）教师专业发展和教学创新

AI 技术为教师的专业发展与教学创新提供了丰富的资源与机遇，助力教育实践的优化与提升。AI 技术显著提升了教学资源的整合与共享效率，教师可借助 AI 的智能搜索与推荐功能，快速获取符合教学需求的优质资源，如教学视频、课程材料与练习题等。同时，教师也能将自己的教学成果分享至平台，扩大资源的影响力。这种资源共享机制不仅丰富了教学素材，还促进了教学方法的多样化与创新。

在线社区与教学研究平台为教师提供了交流与合作的广阔空间。教师可通过这些平台分享教学经验、探讨教学问题，并从同行的反馈中获得启发。此外，教师可利用 AI 分析海量教育数据，评估教学效果与学生表现，并基于数据调整教学策略或开展行动研究。这种数据驱动的教学研究方式，能够提高教育实践的科学性与有效性。

尽管 AI 技术为教育领域带来了诸多机遇，但同时也伴随着一系列挑战与考验。首先，虚拟助教与智能教育工具虽能提供基础解答与指导，却无法完全取代教师的作用。教师作为具备思想与情感的教师，能够为学生提供人文关怀与情感支持。师生之间的人际互动与情感连接对学习发展至关重要，教师能够根据学生的个性特点与学习需求，提供个性化的指导与支持，这是 AI 技术无法替代的。

其次，教师需持续更新知识与技能，以适应 AI 技术的发展与应用。教师需要掌握 AI 教育工具的使用方法，并了解如何利用这些工具提升教学效果与学生学习成果。同时，教师还需认识到 AI 技术的局限性与潜在风险，以正确引导学生理解与使用 AI 技术。此外，教师更需具备信息素养与批判性思维能力，以应对 AI 技术带来的伦理与隐私问题。

最后，AI 技术在教育中的应用也引发了对公平性与隐私保护的担忧。AI 技术可能导致学生数据隐私泄露与个人信息滥用的风险，教师与学校需严格遵守相关法律法规，确保学生隐私得到充分保护。同时，教师还需警惕 AI 技术可能存在的偏见与不公平倾向，审慎评估与使用 AI 工具，以避免造成教育不公的局面。

2. 人工智能对教师职业技能的影响

（1）教学设计与个性化教学

AI 的快速发展对教师的教学设计与个性化教学提出了更高要求。教师需掌握数据分析、学习算法应用、教学策略调整、学习平台管理以及道德伦理意识等核心技能，以更好地利用 AI 技术优化教学设计与个性化教学，从而提升学生的学习效果与体验。如图 4-1 所示：

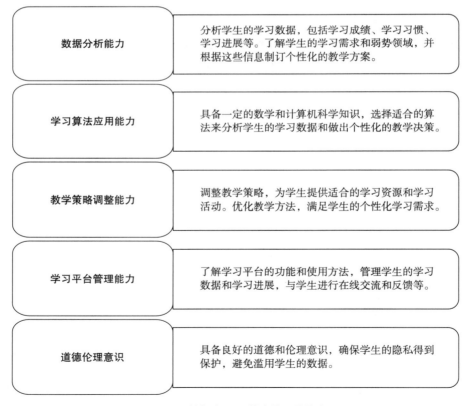

图 4-1　教师应用 AI 技术的必需能力

（2）教学辅助应用

AI 技术为教师提供了教学辅助与智能作业工具，助力个性化教学。教师需掌握这些工具的使用方法，为学生提供定制化学习资源与任务，并实时监测学习进展，及时反馈学习成果。具体而言，教师应具备以下能力：教学辅助工具的应用、智能家庭作业的指导、学习数据的分析和反馈、学习资源的整合和设计，以及学习平台的管理和监控。这些技能将帮助教师更高效地管理课堂，提供精准的教学支持，从而提升学生的学习效果与体验。如图 4-2 所示：

图 4-2　教师应用技术辅助教学的能力

（3）教学创新与教育科技应用

AI 技术驱动教学创新，教师需掌握教育科技工具与平台的应用，培养技术适应能力，并将其融入教学实践，以提升教学效果与创造力，优化学生学习体验与成果。教师可以考虑从以下几个方面提升教学创新和教育科技的综合应用能力：

熟练应用教育科技工具的能力	掌握在线教育平台、虚拟实验工具及学习管理系统等教育科技工具，通过灵活运用这些工具，提供多样化的学习资源与体验，提升教学效率与创新性。
教学创新和教育实践的能力	具备创新意识，积极探索教育科技应用与教学模式，并经由经验分享与交流，助力教育科技的发展与实践。
学习和适应先进技术的能力	持续更新技术知识与技能，紧跟教育科技趋势。教师可参与培训与学习活动，保持与技术发展的同步，提升适应能力。
教育科技评估和选择的能力	能评估和选择教育科技，结合教学目标与学生需求，筛选最适合的教学工具与平台。
把握教育科技的概念与趋势的能力	了解人工智能在教育中的应用及最新发展动态，提升现有工具的应用能力。

图 4-3 教师的教学创新和教育科技应用能力

（4）跨学科技术能力

教师应具备跨学科技术能力，包括基本编程、数据分析、机器学习和算法理解、技术与教学的融合能力，以及跨学科团队合作能力。这些能力有助于教师充分发挥 AI 技术在教学中的潜力，提升教学效果与学生学习体验。如图 4-4 所示：

基本编程能力	掌握基本编程概念，如算法、逻辑思维和编程语言，以理解AI技术原理，更有效地应用相关工具与平台。
数据分析能力	掌握数据分析能力，包括数据收集、清洗与可视化，通过AI技术分析学习数据，学生需求，提供个性化教学支持。
机器学习和算法理解能力	掌握机器学习与算法的基本原理，理解AI在教育中的应用，如个性化教学与自适应学习。教师应选择合适的学习算法，设计定制化学习方案。
技术与教学的融合能力	融合教育技术与教学，创新教学方法和教育模式。在了解不同技术工具和平台的基础上熟练应用，以提供多样化、个性化的教学。
跨学科团队合作能力	具备与技术专家（如计算机科学家、数据分析师）协作的能力，通过有效沟通，共同开发并应用AI技术解决教学问题。

图 4-4 教师的跨学科技术能力

（5）教育伦理与人性关怀

人工智能技术的迅猛发展凸显了教育伦理与人性关怀的重要性。教师应具备以下能力：一是教育伦理意识，确保技术应用符合道德规范；二是人性化关怀能力，为学生提供个性化支持；三是技术评估能力，判断技术应用的恰当性；四是反思和适应能力，及时调整教学策略；五是道德教育能力，引导学生正确使用技术。这些能力共同保障学生权益，提升技术在教学中的有效性与人文价值。如图 4-5 所示：

图 4-5　教师的教育伦理与人性关怀

综上所述，人工智能对教师职业技能的影响主要体现在五个核心领域：教学设计与个性化教学、教学辅助应用、教学创新与教育科技应用、跨学科技术能力及教育伦理与人性关怀。教师需掌握数据分析、学习算法应用、技术评估、数据反馈及跨学科协作等能力，以高效利用 AI 技术优化教学，提升学生学习效果与体验。同时，教师应注重教育伦理与人性关怀，保护学生权益，提供个性化支持，确保技术应用的恰当性与有效性。表 4-4 对上述人工智能对教师职业技能的影响做了简要汇总：

表 4-4　人工智能对教师职业技能的影响

序号	教师职业技能内容	具体技能要求
1	教学设计与个性化教学	数据分析、学习算法应用、教学策略调整、学习平台管理、道德伦理意识
2	教学辅助应用	教学辅助工具的应用、智能家庭作业的指导、学习数据的分析和反馈、学习资源的整合和设计、学习平台的管理和监控
3	教学创新与教育科技应用	熟练应用教育科技工具、教学创新和教育实践、学习和适应先进技术、教育科技评估和选择、把握教育科技领域的概念与趋势
4	跨学科技术能力	基本编程、数据分析、机器学习和算法理解、技术与教学的融合、跨学科团队合作
5	教育伦理与人性关怀	教育伦理意识、人性化关怀、技术评估、反思和适应、道德教育

第二节　必备的现代教育技术能力

❈ **本节要点**

　　信息处理能力

　　教育技术整合能力

　　信息交流与合作能力

　　创新教育技术能力

　　学科教师掌握现代教育技术能力对提升教学效果、实现个性化教学、拓展教学空间、创新教学方法以及适应教育变革具有重要意义。

　　通过数字化教学资源、多媒体教材及互动教学软件，教师能够增强课堂吸引力，提升学习效果；借助数据分析与学习管理系统，教师可精准了解学生学习情况，制订个性化教学策略，提供针对性指导与反馈；利用互联网与远程教学平台，教师能够突破时空限制，实现实时互动与远程授课，扩大教学影响力；结合 AI、虚拟现实、增强现实等新兴技术，教师可设计更具互动性与趣味性的教学活动，激发学生学习兴趣与动力。

　　此外，具备现代教育技术能力的教师能够更好地适应教育变革，培养学生未来所需的核心素养，如信息素养、创新思维与团队协作能力，为学生的全面发展奠定坚实基础。学科教师必须具备的现代教育技术能力包括但不限于以下几种：

一、信息处理能力

1. 信息搜索和筛选能力

信息搜索和筛选能力是教师获取优质教学资源、提升教学质量的关键。教师需从海量信息中快速定位与教学内容和学生需求匹配的资源，确保信息的准确性与适用性。具体而言，教师应掌握以下核心技能：

（1）搜索技巧

教师应掌握高效的搜索方法，以快速获取所需信息。首先，熟练使用搜索引擎和专业教育资源平台，了解并运用搜索操作符（如"site:""filetype:""－"等）和过滤器（如时间范围、文件类型）缩小搜索范围。其次，明确搜索目标，使用精准关键词，避免模糊或过于宽泛的查询。例如，在搜索"高中物理实验案例"时，可结合"高中物理""实验设计""教学案例"等关键词，提高搜索效率。此外，教师应熟悉学科相关的数据库和资源库，如国家教育资源公共服务平台、学科专业期刊网站等，以获取更权威的学术资源。

（2）资源评估

教师应具备评估信息质量的能力，确保资源的准确性与可靠性。其一，判断信息来源的可信度，优先选择权威机构（如教育部、知名高校）或专业平台发布的内容。其二，评估信息的时效性，特别是在科学、技术等领域，优先选择近期的研究成果或数据。其三，分析信息的适用性，确保其与教学目标和学生需求相匹配。例如，针对初中数学教学，选择符合课程标准的教材或案例。此外，教师需识别信息中的潜在偏见或错误，如商业网站可能存在的广告倾向，或社交媒体中未经证实的观点。

（3）信息筛选策略

教师应根据教学需求制订科学的筛选策略，确保信息的针对性与有效性：明确筛选标准，如相关性、权威性、时效性等，快速排除不符合要求的资源；结合教学目标与学生特点，灵活调整搜索范围与关键词。例如，针对低年级学生，选择语言简洁、图文并茂的资源；针对高年级学生，优先选择学术性强、内容深入的材料；采用分层筛选法，先通过标题和摘要进行初步筛选，再深入阅读全文，确保资源质量。此外，教师可借助工具（如文献管理软件）对筛选结果进行分类整理，便于后续使用与分享。

（4）持续更新与提升

教师应持续更新信息搜索与筛选能力，通过培训、研讨会及同行交流，紧跟教育科技发展动态，不断提升信息素养与检索水平，为教学提供更精准的支持。

2. 信息整理和组织能力

信息整理和组织能力是教师高效处理教学事务、提升工作效率和优化学生学习体验的关键。这一能力贯穿于备课、教学安排和学生管理等多个环节，具体体现在以下几个方面：

备课环节：备课是教学的基础，教师需根据教学目标、知识体系和学生需求，对教材内容进行逻辑排序与分类整理，确保教学的系统性与连贯性。同时，教师应理清思路，准备教案、教材及辅助资料，为课堂教学做好铺垫。

教学安排：在教学过程中，教师需合理安排每堂课的内容与时间，并针对学生特点制订教学策略。通过整理和组织教学资料，教师可制订详细的教学计划与大纲，明确教学重点、难点及时间分配，确保教学过程有序进行，最大化教学效果。

学生管理：教师需及时记录学生的学习情况，包括作业完成度、参与度及成绩等，以此深入了解每位学生的学习水平、能力与方式，为个性化教学提供支持。同时，教师可根据学生需求制订个别化教学计划与资源，提供针对性辅导，帮助学生发挥潜能。

教师提升信息整理和组织能力可以通过以下几种方式：

学习信息管理技巧：通过自学或参加专业培训，掌握信息整理的基本原则与方法，如分类、标签化、优先级排序等。熟练使用国产信息管理工具，如有道云笔记、WPS 云文档，或 AI 辅助工具如钉钉文档的智能分类功能，提升信息整理效率。

建立信息分类系统：按照学科、年级、教学主题等维度建立分类规则，利用百度网盘或腾讯文档进行文件存储与共享。使用 AI 工具如飞书多维表格，自动生成分类标签，实现信息的智能化管理。

制订教案与大纲：在备课中使用 WPS Office 或石墨文档，结合 AI 生成功能，快速创建结构化的教案与教学大纲。利用"希沃白板"等教学工具，将教案与多媒体资源整合，形成系统化的教学方案。

利用辅助工具：借助 ClassIn 或腾讯课堂等在线教学平台，管理课程资源与学生作业，实现教学信息的集中化管理。使用 AI 工具如科大讯飞语音转文字，快速整理课堂录音或会议记录，提升信息处理效率。

经验交流与观摩：通过钉钉或企业微信与同事进行在线协作与经验分享，共同优化信息整理方法。参与国家教育资源公共服务平台的在线观摩活动，学习优秀教师的信息组织技巧，并结合 AI 工具进行实践创新。

3. 数据分析和解读能力

数据分析和解读能力是教师了解学生学习情况、制订个性化教学策略的重要工具。教师可以从学生的作业成绩、考试成绩、课堂表现以及在线学习平台数据中收集信息，全面掌握学生的学习水平、进展与习惯，为教学决策提供科学依据。借助 Excel、SPSS 等工具对学生学习数据进行定量分析，教师可识别学习趋势、差异与问题。例如，分析考试成绩分布可以帮助教师发现学生的薄弱环节，而在线学习平台的数据则能揭示学生的学习习惯与参与度。基于这些分析结果，教师能够精准定位学生的学习瓶颈，制订有针对性的解决方案，并根据学生需求与发展方向，优化教学计划与策略。

为了提升数据分析能力，教师可以参加专业培训、自学或参考相关书籍与论文，掌握基本统计方法与数据处理技巧。同时，教师需要设计科学的实验与问卷，使用评估工具收集客观数据，并利用 Excel、SPSS 等软件进行整理与分析。在教学中，教师应根据数据分析结果，发现学生学习问题与需求，调整教学内容与方法，提供个性化支持。此外，教师可以将数据分析结果应用于实际教学，通过针对性辅导、个性化资源与灵活活动，提升学生学习效果与动力。最后，教师应定期反思数据分析与解读能力，通过同行交流、研讨会与教学观摩，不断总结经验，完善自身能力。

4. 信息呈现和传达能力

在教学过程中，教师需以清晰、生动的方式呈现信息，运用多样化的教学手段与技术工具，提升学生的理解力与参与度。

教师应根据学生学习需求与教学目标，灵活选择教学手段，如讲解、讨论、演示、案例研究或小组活动，以满足不同学生的学习习惯与需求。教师可运用多媒体技术工具（如投影仪、交互式白板、演示文稿）通过视觉、听觉与触觉多维度呈现信息，增强学生的注意力与记忆效果，使学习过程更加生动有趣。

将复杂信息直观化能增进学生的理解与记忆。教师可利用图表展示数据关系，或通过图示呈现抽象概念，促进学生的直观感知与概念理解。故事讲述是一种有效的教学方式，教师可将抽象知识与真实场景结合，激发学生的想象力与兴趣，提升知识的内化效果。为确保信息准确传达，教师必须具备清晰、简洁的语言表达能力，善于倾听与引导学生提问，促进课堂互动与有效参与。

5. 信息保护和隐私意识

在处理学生信息和教育数据时，教师应有强烈保护学生隐私和保密性的意识，严格遵守相关法规与政策，确保数据安全。教师应全面了解并遵守学校或教育机构的隐私保护政策，明确处理学生信息的规范与原则；严格遵守隐私保护规定，未经授权不得使用或传播学生个人信息，并采取技术及组织措施，防止信息泄露或非法访问；明确可收集与不可收集的信息范围，仅在必要时收集学生个人信息，并确保其妥善处理。同时，教师需保护教育数据安全，避免未经授权的访问与使用，切实维护学生隐私权益。

二、教育技术整合能力

教育技术整合能力是指教师将教育技术有效融入教学，以提升教学效果和学生学习成果的能力。在数字时代，学生作为"数字原住民"，对现代技术和互联网应用更为熟悉，教师只有高度整合教育技术，才能贴近学生的数字生活，与学生建立更紧密的联系，为其提供多元化、个性化的学习资源与方式。教育技术的应用拓展了教师的教学方法与策略，使其在信息传递、教学管理及评估反馈方面更加高效，从而优化教学实践，提升学生学习体验。

1. 选择与评估技术工具

选择与评估技术工具是教师整合教育技术的关键环节，需确保所选工具适应教学需求并提升教学效果。教师首先应根据教学目标明确技术工具的具体需求，如是否需要在线学习平台管理课外作业，或虚拟实验室辅助实验教学。随后，教师可通过网络搜索、教育技术展览会或同行交流，了解市场上技术工具的特点、功能与应用范围，重点关注其是否支持互动性、个性化学习及数据分析等核心功能。

在评估阶段，教师需判断技术工具是否满足教学需求，是否易于操作与维护，是否能有效提升学生学习成果，可参考用户评价、研究报告或论文进行综合研判。此外，教师可进行小规模试用，与同事合作开展试点教学，观察工具在实际教学中的表现，收集学生反馈，进一步评估其适用性。教师需综合考虑教学目标、工具特点及试用结果，选择能够激发学生兴趣、提升学习成果的工具，同时确保其界面友好、操作简单，并提供用户支持与培训。

教师还需关注工具的安全性与隐私保护，确保其符合相关法规，避免学生个人信息与学习数据泄露；评估工具的购买、使用与维护成本，权衡性价比与长期投入产出比；选择能够适应未来教学需求变化的技术工具，避免频繁更换带来的资源浪费。

2. 整合教育资源

教师应该要搜集、整理和评估各类教育资源，如在线课程、教学视频、互动教材等，并将其整合到教学中，以丰富学生的学习内容和体验。

选择教育资源的首要依据是教学目标，教师需要清晰界定学生应达到的知识、技能和能力水平，确保资源与教学目标一致。在广泛调查和搜索与教学目标相关资源的基础上（包括在线教育平台、电子图书馆及教育网站等），教师应对潜在资源进行质量、可靠性、合法性及与学生需求匹配度的评估，选择能够有效促进学习的资源，剔除不相关或低质量的选项。

然后，教师可将筛选后的资源整合到教学中，设计多样化的教学活动，如在线讨论、案例分析或实践项目，引导学生利用资源进行深度学习。教学过程中，教师需跟踪学生在使用资源时的学习情况，通过观察表现、收集作品及传统评估方法，了解学生对资源的理解与应用程度，并根据反馈调整教学策略。

3. 整合在线和离线教学

教师要将传统面对面教学与在线教学有机结合，利用在线资源与工具补充和延伸教学内容，同时保持与学生的互动与反馈。教师首先应选择适合教学需求的在线教育平台，如学习管理系统或虚拟学习环境，这些平台通常提供在线课程、教学视频、练习题及讨论板等功能，便于教师灵活运用在线资源。其次，教师可设计互动性在线学习活动，如讨论课、小组项目或在线作业，录制教学视频供学生离线复习与巩固知识，同时引入在线视频资源，如教学视频库或平台上的优质内容，丰富教学内容。

此外，教师还可利用互动教材与在线资源支持教学，互动教材通过多媒体内容、实例与练习帮助学生深入理解知识，而在线资源如电子图书馆、学术文献数据库等，则为学生提供更广泛的学习资料。尽管在线教学提供了便利与灵活性，师生间的面对面教学仍不可或缺。教师需合理安排面对面教学时间，如讨论课、实验课或演示课，为学生提供更多互动与实践机会，以及即时的反馈与指导。整合在线和离线教学，取其各自优势，才能优化教学效果，提升学生的学习体验。

4. 整合多媒体和互动性教学工具

多媒体教学工具包括幻灯片演示、音视频制作等。幻灯片演示可以用来展示教材的重点内容、知识点的概念和关系，以及案例分析等，通过图文并茂的方式提供信息，使学生更直观地理解课堂内容。音视频制作可以用来收集和呈现真实的案例、实验过程和生动的教学示范，通过多媒体展示手段激发学生的好奇心，并培养他们的观察、分析和解决问题的能力。

互动性教学工具包括 AI 智能体、在线测验、虚拟实验和互动游戏等。AI 智能体作为"虚拟助教"，能够解答学生疑问，引导深入思考，培养批判性思维与问题解决能力，同时根据学习数据生成个性化学习计划，推荐学习材料，提升学习效率；在线测验用于检测知识掌握程度，巩固学习内容；虚拟实验让学生在虚拟环境中模拟真实操作，培养实验设计与数据分析能力；互动游戏通过游戏化方式激发学习兴趣，加深知识理解与记忆，同时培养合作、竞争与解决问题的能力。

整合多媒体和互动性教学工具的关键在于合理运用，需要考虑到学生的学习需求和特点。教师应根据课程目标和学生的学习情况，选择适当的教学工具，设计相应的教学内容。在训练 AI 智能体时，教师可以选择学生学习习惯和风格、个性特点等作为训练内容，为学生提供即时互动的个性化学习指导；在设计幻灯片演示时，教师可以结合图文并茂的方式，将重点概念和知识点清晰地呈现给学生；在设计视频制作时，教师可以选择合适的案例和教学示范，并用生动的方式进行演示；在设计在线测验时，教师可以设置合适的题型和难易度，以检测学生的掌握程度；在设计互动游戏时，教师可以选择合适的游戏化方式，激发学生的学习兴趣并提高他们的参与度。同时，教师还应引导学生积极参与互动教学活动，鼓励他们展示自己的想法和解决问题的方法，提高他们的学习能力和思维水平。

5. 整合数据分析和个性化教学

教师要将学习分析工具与个性化教学相结合，通过收集和分析学生学习数据，制订有针对性的教学策略。教师可利用在线测验、学习管理系统及学习分析工具，收集学生的考试成绩、作业完成情况、参与度及在线互动行为等数据，全面了解学生的学习水平、习惯与兴趣，为个性化教学提供依据。随后，教师借助数据分析工具，深入挖掘学生学习数据，识别其学习困难与优点，掌握学习进展与潜在问题。

基于数据分析结果，教师可制订个性化教学策略，满足学生多样化需求。例如，根据学生的学习水平与进度，调整课程内容，提供适合的学习材料与教学活动，并通过针对性辅导帮助学生克服学习困难，提升学习效果。同时，教师可为学生提供个性化反馈与指导，对成绩优异者布置挑战性任务，促进其进一步提升；对学习困难者给予额外支持，帮助其弥补知识与能力差距。此外，教师需持续监测学生的学习进展与反馈，评估个性化教学策略的有效性。若发现策略效果未达预期，教师应及时调整与优化，确保教学支持更加精准有效。

6. 整合跨学科技术

将跨学科教育技术融入学科教学，教师首先需要明确教学目标，确定学生需要掌握的学科知识与技能，并规划编程、机器学习或虚拟现实等技术的应用领域。其次，教师需全面了解这些技术的基本概念、原理与应用场景，并关注其最新发展动态，确保技术与学科教学的有效结合。

为提升自身技术能力，教师可通过参加培训课程、研讨会或在线学习，深入掌握技术细节，并探索其在教学中的具体应用。此外，教师可与其他学科领域的教师合作，共同研究跨学科教学的可能性，分享经验与资源，开发跨学科项目与活动。

在教学资源整合方面，教师需积极寻找并利用在线平台、应用程序及教学材料等工具，结合学科知识与跨学科技术进行教学设计。例如，学生可用编程解决数学问题，或通过虚拟现实模拟科学实验，从而激发创造力与问题解决能力。

在教学过程中，教师应鼓励学生积极参与跨学科技术的学习与实践，并通过个人或团队项目展示其成果，同时及时给予反馈与评估，提升学生的学习动力与成就感。

三、信息交流与合作能力

在 AI 时代，教师的信息交流与合作能力体现为教师能够与学生、教育同行、家长及其他利益相关者建立高效、灵活的沟通与合作机制，从而促进学生的全面发展，并有效应对 AI 时代带来的教育变革与挑战。具体而言，教师需具备以下能力：

1. 多元沟通能力

在 AI 时代，教师的多元沟通能力是其与学生、家长及教育同行高效互动的关键。这种能力要求教师能够根据不同的对象和场景，灵活运用多种沟通方式，确保信息传递的准确性和有效性。

口头交流作为最直接的方式，不仅体现在课堂提问与指导中，还通过电话或语音消息延伸至课外，为师生互动提供了即时性和亲近感。书面交流则以其严谨性和可追溯性见长，无论是邮件、留言还是评语，都能帮助学生清晰接收反馈并自主改进。

随着科技的进步，在线平台交流已成为不可或缺的工具，教师通过教育管理系统发布任务、组织讨论，不仅提升了沟通效率，还为学生提供了更广阔的学习空间。而在特殊时期，视频会议则成为远程教学的桥梁，实现了实时互动与知识传递的无缝衔接。

多样化的沟通方式不仅满足了不同学生的个性化需求，也为家校合作提供了有力支持，使教师能够全面掌握学生的学习动态，及时调整教学策略，从而在 AI 时代的教育变革中游刃有余。

2. 技术应用能力

教师的技术应用能力体现在教师能够熟练运用各类教育科技工具，实现与学生及其他教育相关者的高效互动。在线协作平台如腾讯文档、金山文档等，为教师和学生提供了实时共享与编辑文档的功能，使课堂项目协作更加便捷高效。

教学管理系统如学习通，则帮助教师全面管理学生信息、布置作业、跟踪学习表现，并通过在线课程和互动评估优化教学过程。社交媒体平台如微信、QQ，凭借其即时性和便捷性，成为教师与家长、学生沟通的重要桥梁，便于课程资料共享、通知发布及问题解答。

此外，在线学习平台不仅为学生提供了丰富的学习资源和课程内容，还通过进度跟踪与评估功能，帮助教师精准掌握学生的学习情况，从而提供更有针对性的指导。

3. 协同合作能力

教师的协同合作能力要求教师能够与教育同行、专家及跨学科团队紧密协作，共同设计教学方案、分享资源、探讨策略，从而为学生提供更优质的教育体验。

通过教学社区或在线平台，教师可以分享教学经验与资源，丰富教学内容，提升教学质量。与教育专家或团队的合作则能帮助教师深入理解学习理论，吸收最新研究成果，优化教学方法与策略。在制订教学方案时，团队成员的多元视角与专业分工能够激发创造力，设计出更具系统性与创新性的课程。

此外，教师团队可通过共同反思与专业发展，互相学习、探讨问题并寻找解决方案，从而提升个人教学水平，推动整体教育实践的进步。为了培养这种能力，教师可以积极参与专业发展活动、加入教育社群、主动创建合作机会，并在团队中学会倾听与贡献，最终实现教育目标的协同达成。

4. 跨文化合作能力

教师的跨文化合作能力有助于教师在国际化教育环境中游刃有余。这种能力要求教师具备跨文化敏感性和理解力，能够识别并尊重不同文化背景下的价值观、行为模式和沟通方式，避免偏见与歧视，从而建立信任与互信的基础。

教师应主动学习其他文化的特点与习俗，通过阅读、跨文化培训及与多元背景人士的交流，不断提升自身的跨文化素养。在跨文化环境中，教师还需掌握有效的沟通技巧，尊重不同文化的语言习惯，并善于搭建合作桥梁，营造开放、包容的学习氛围。

教师需要引入多元文化的教学资源与方法，促进学生之间的交流与协作，鼓励他们从彼此的文化背景中汲取灵感，实现共同成长。此外，教师还需为跨文化背景的学生提供额外的支持与关怀，关注他们的个人需求与情感状态，确保每位学生都能获得平等的学习机会与尊重，也为学生的全面发展提供有力支持。

四、创新教育技术能力

在 AI 时代，教师的创新教育技术能力是其适应教育变革、提升教学效果的关键。AI 时代要求教师不仅能够熟练运用 AI 工具和数字化平台，还需具备创新思维，探索技术与教育的深度融合。这种能力聚焦于以下几个方面：

1. VR 和 AR 技术

虚拟现实（VR）和增强现实（AR）技术为教学开辟了全新的维度，其应用广泛且深入。VR 技术能够模拟真实场景，如带领学生进行虚拟实地考察，参观博物馆、古迹或自然保护区，使他们身临其境地感受环境，深化知识理解；同时，VR 还可以模拟实验室环境，让学生在虚拟空间中进行化学、生物等实验操作，解决设备不足或安全隐患问题，提供灵活互动的学习机会。在医学教育中，VR 可以模拟手术场景，帮助学生提升实践能力；在科学教育中，VR 能让学生"亲临"太空，探索宇宙奥秘。

AR 技术则通过将抽象概念可视化，如展示分子结构或电流流动，帮助学生轻松掌握复杂知识；在艺术教育中，AR 可以将名画或雕塑以三维形式呈现，揭示作品细节与创作背景。此外，VR 和 AR 在职业教育和技能培训中模拟真实工作场景，如机械维修、建筑设计等，提供沉浸式实践体验；在语言学习中，VR 创建虚拟语境，让学生在模拟的国外环境中练习口语，AR 则通过实时翻译和注释功能辅助外语学习。

教师还可以利用 AR 技术开发交互式学习工具，通过扫描书籍或物体，为学生呈现丰富的相关信息、动画或实时数据，激发学习兴趣与好奇心。同时，AR 支持个性化学习与实时评估，教师可根据学生需求提供定制化材料，并通过实时反馈精准掌握学习进展与困难。这些创新应用不仅丰富了教学形式，还通过沉浸式体验和互动性设计，为教育创新注入了新的活力。

2. 编程和机器学习

教师如果掌握基本的编程概念和机器学习原理，就能够通过编程和机器学习技术设计互动性教学活动、创建智能化学习环境，并培养学生的计算思维与创造力。

在学科教学中，编程和机器学习的应用可以显著提升教学效果。例如，在数学课程中，教师可以引导学生使用 Python 编写程序解决复杂方程或模拟概率问题，帮助学生直观理解抽象概念；在科学课程中，学生可以通过编程分析实验数据，如使用机器学习算法预测实验结果或模拟自然现象，培养科学探究能力。在语言学习中，教师可以设计基于 Scratch 的互动性故事创作活动，鼓励学生通过编程设计对话和情节，提升语言表达能力与创造力。

此外，机器学习技术能够帮助教师创建个性化学习环境、分析学生的学习数据以及提供定制化的学习资源和任务。在社会科学领域，学生可以运用编程和机器学习分析历史数据或社会现象，如预测经济趋势或模拟人口变化，增强实际应用能力。将编程思维融入学科教学的好处是，教师能够帮助学生掌握问题分解、抽象建模、算法设计等核心思维方式，提升学生的计算思维能力。

3. 社交媒体和协作工具

教师熟练运用社交媒体和协作工具是促进学生合作与互动、创建共享学习社群的基础。在线协作平台如腾讯文档、学习通，可以帮助教师引导学生共同完成作业或项目，学生能够实时编辑、评论和分享文件，培养集体创作与协作能力。

教师可以借助社交学习网络，在学习管理系统或在线课堂平台上构建学习社群，鼓励学生共享资源、讨论问题并提供反馈，激发合作精神与学习动力。学生博客或论坛则可为学生提供分享学习心得、项目成果的渠道，促进互动与反思，提升表达与批判思维能力。

教师还可使用社交媒体工具如微信、微博等创建主题标签或活动，增强学生的参与度，扩大学习社交圈，促进同伴交流与资源分享。远程协作工具则支持学生跨地域合作，组成团队解决问题或完成研究，培养跨文化交流与团队合作能力。

4. 教育数据分析和学习分析

教师的数据分析能力关系到教学的优化决策和个性化教学实现。教师需要收集和分析学生的学习行为数据，深入了解学生的学习习惯、进展和兴趣，如通过分析学习时间分布，确定学生的高效学习时段，可帮助学生更科学地规划学习活动并提供针对性指导。

借助机器学习算法，教师可以预测学生的学习成绩，识别潜在风险学生，并及早干预，提供个性化辅导或资源，帮助他们提升学业表现。教育数据分析亦可为课程评估与改进提供有力支持，教师需要分析学习成果、教学反馈和行为数据，从中发现教学问题并优化教学策略，提升学生的学习体验与成效。同时，基于学生的学习历史、偏好和表现，教师可以推荐个性化的学习资源或活动，激发学习动力。

5. 创新教学设计和评估

教师的教学设计创新能力主要体现在能否结合新兴教育技术和工具，设计并实施创新教学场景与活动，能否科学评估教学效果与学生学习成果。整合虚拟现实（VR）和增强现实（AR）技术，教师可以创造沉浸式学习体验，如模拟历史场景或科学实验，激发学生的学习兴趣；借助线上协作工具和教育应用，教师可提供多样化的学习体验，如游戏化学习或实时互动，增强课堂的吸引力。

项目导向式学习活动是另一种创新方式，教师引导学生从实际问题出发，通过探索与解决问题培养其综合能力，同时通过项目成果评估学习效果。而以学生为中心的学习设计则强调学生的主动参与，教师可以鼓励学生提出感兴趣的主题，组织研究、分享与展示，提升学习自主性与个性化。

反向课堂教学模式则通过课前自主学习与课堂深度讨论相结合，最大化课堂时间的利用效率，促进学生深度学习。为了全面评估学习效果，教师可以采用多元化评估方法，如学习日志、项目展示、同伴评价、自我评估等，从多维度了解学生的学习进展与发展潜力。

6.跨学科教育和合作

AI 的到来加快了教师对跨学科或跨界合作的需求。教师需要整合技术资源、解决复杂问题、满足学生个性化需求、推动教育创新，并适应快速变化的教育环境，这种综合能力需要跨学科或跨界合作的支持。

与不同领域的专家、教育科技开发者等合作，教师能够将新兴技术融入教学实践，设计更具创造力的学习体验，如组织跨学科项目学习，将科学、艺术、社会科学等学科知识整合到环保主题项目中，培养学生的综合思维与问题解决能力。教师可以与艺术家、科技公司、社区组织等合作，设计创意艺术项目、开发教育 App 或开展社会实践，为学生提供多元化的学习资源与经验。

此外，学校和教师还可以与教育科技公司合作，将虚拟现实（VR）、人工智能（AI）等技术应用于教学，如设计 VR 场景或个性化学习系统，丰富学生的学习体验。跨校合作也是创新教学的重要途径，学校可以与其他学校建立姐妹校关系，开展学生交流与互访项目。跨学科教育还聚焦于设计整合多学科知识的课程，此类课程目标在于帮助学生综合运用科学、社会科学、经济学等知识，提升其综合素养与创新能力。

第三节　AI辅助教学技能

❋ **本节要点**

定制化教学能力

数据驱动的教学能力

教育科技整合及应用能力

AIAT 应用能力

教学过程的监控和评估能力

强化教育伦理和保护信息隐私

2024 年 10 月，北京市教委发布的《北京市教育领域人工智能应用指南》，被认为是我国首份教育领域人工智能应用指南，文中提出："倡导'以人为本'的应用理念，鼓励教师在理解人工智能基本知识的基础上，进一步深化应用，促进教育教学创新，逐步实现大规模因材施教、创新性与个性化教学，引领学生正确认识和合理使用人工智能，培养学生创新思维、探究精神以及与人工智能协作的能力，为学生适应未来社会发展需要打下坚实的基础。"这标志着教师应用人工智能技术辅助教学已是大势所趋。

在这一背景下，教师必须具备相应的 AI 辅助教学能力（AI-assisted teaching，AIAT），即能够灵活运用人工智能（AI）技术和工具来支持和增强教学过程，提供个性化、创新且有效的教育体验，以更好地适应和应对 AI 时代的教育挑战。教师的 AIAT 能力是以下几种教学能力的综合：

一、定制化教学能力

教师在运用 AI 开展定制化教学时，需从三个层面构建能力基础：深入了解教育领域现有的 AI 应用场景，掌握其教学实践落地方案；具备人工智能的基本概念、核心技术和关键算法知识；明晰 AI 技术对教学的影响机制，才能有效利用 AI 助手提供的数据洞察优化教学策略。其中，语音识别、自然语言处理、计算机视觉、学习分析和数据挖掘技术是支持个性化教学的四大核心技术。

1. 语音识别技术

语音识别技术（automatic speech recognition，ASR）为教学创新提供了全新路径，尤其在满足差异化学习需求方面展现出独特价值。对听力能力较弱的学生而言，该技术将课堂讲解实时转化为文字内容，通过视觉化的呈现方式弥补了听觉理解的不足，有助于这些学生更准确地把握教学要点，也为习惯依赖书面材料的学习者提供了便捷的笔记整理工具。

在外语教学场景中，语音识别技术的应用更为多元。此项技术不仅能够提供即时翻译和字幕支持，降低语言理解门槛，还具备发音评估功能。系统可智能分析学习者的语音特征，精准指出发音偏差，腾讯元宝中的口语陪练 AI 除此功能外，还提供语法修正功能，为口语能力的提升提供科学依据。

实时反馈是语音识别技术的重要特征。当授课内容被即时转化为文字时，学生能够将注意力更多地集中在知识理解层面，而无须担心遗漏重要信息。这种即时的信息呈现方式有效提升了课堂专注度，使学习过程更加高效。文本化的内容呈现也有利于学生随时回顾、反复推敲，从而深化对知识点的理解与掌握。

语音识别技术的教学应用，实质上构建了一个多模态的学习环境，通过听觉与视觉的双重刺激，为不同学习特点的学生提供了个性化的支持方案，从而实现"因材施教"的教学理念。

2. 自然语言处理技术

自然语言处理（natural language processing，NLP）技术为教学评估与指导提供了智能化解决方案。国内多款 AI 产品已能够通过深度分析学生书面作业和在线讨论，精准识别学生在语言表达、逻辑结构和观点阐述等方面的特点与不足，为教师制订个性化写作指导策略提供支持。这些产品在自然语言处理技术的驱动下，不仅提升了教学效率，还为学生提供了有针对性的反馈，助力书面表达能力的提升。

代表性产品包括科大讯飞"智学网"、百度"文心一言"、腾讯"智笔"、阿里云"教育大脑"、好未来"魔镜系统"、猿辅导"小猿搜题"以及作业帮"智能批改"等。这些工具通过智能批改、语义分析、逻辑推理等功能，帮助教师快速定位学生写作中的问题，并提供改进建议。教师如果结合各个产品的技术优势和数据资源，就能更精准地理解学生的语言习惯和表达特点，使之适用于各种教学场景。

在个性化学习资源推荐方面，自然语言处理技术展现出独特优势。基于对学生学习轨迹、兴趣偏好和能力水平的综合分析，系统能够智能匹配适合的学习材料，实现精准推送。在师生互动环节，自然语言处理技术扮演着智能助教的角色。当学生提出疑问时，系统能够快速理解问题核心，为教师提供解答参考。自然语言处理技术的教学应用，实质上是将人工智能与教育实践进行深度融合，在为教师提供强有力教辅工具的同时，也为学生构建了一个智能化、个性化的学习支持系统。

3. 计算机视觉技术

计算机视觉（computer vision，CV）技术为教学提供了全新的观察与评估工具，帮助教师更精准地把握学生的学习状态与需求。通过摄像头或视觉传感器，该技术能够实时捕捉学生的课堂表现，如注意力集中程度、互动频率和表情变化，为教师调整教学策略提供数据支持。

在作业评估方面，计算机视觉技术展现出显著优势。例如，科大讯飞的"智能阅卷系统"能够快速识别学生手写内容，实现作业的自动化批改与反馈；2024年6月又推出"星火智能批阅机"，集智能批改、学情分析、个性作业于一体。对于艺术类作品，如绘画和设计，百度的"AI艺术和创意辅助平台"可对其创意和技巧进行智能分析，为学生提供有针对性的改进建议。

此外，计算机视觉技术还广泛应用于实践教学场景。腾讯的"智慧实验室"通过动作捕捉技术，实时分析学生在实验中的操作，帮助教师及时纠正错误。在虚拟和增强现实领域，商汤科技的"AR课堂"通过沉浸式体验，为学生创造更生动、交互性更强的学习环境。

4. 学习分析和数据挖掘技术

学习分析（learning analytics）技术和数据挖掘（data mining）技术为教学提供了精准的个性化支持，帮助教师更好地满足学生的学习需求。这些技术能够揭示学生的学习习惯、兴趣和能力水平，记录学生学习行为、答题情况和学习进度等数据并深度挖掘，可为教师制订有针对性的教学计划提供科学依据。

国产AI产品在这一领域已有广泛应用。例如，科大讯飞的"智学网"通过分析学生的学习数据，精准识别知识薄弱点，并提供个性化的学习资源推荐。"百度教育大脑"则利用数据挖掘技术，根据学生的学习风格（如视觉型或实践型）智能匹配适合的学习材料，提升学习效率。此外，好未来的"魔镜系统"通过追踪学生的学习轨迹，为进度较慢的学生提供定制化的练习和指导，帮助他们突破学习瓶颈。

学习分析和数据挖掘技术可以优化教学资源分配，实现对学生的精准辅导。教师可以根据技术系统对学习数据的分析结果，及时调整教学策略，为不同学生提供更贴合其需求的学习支持。

二、数据驱动的教学能力

数据驱动的教学能力是指教师通过收集和分析学生的学习数据，并根据这些数据进行教学调整和优化的能力。AI技术在这一方面提供了强大的支持。

1. 收集学习数据

AI技术在学习数据的自动化收集与分析方面展现出显著优势，为教师提供了更全面、精准的教学支持。AI能够实时记录学生的答题情况、学习时间、进度等行为数据，并自动整理汇总，极大提升了数据收集效率，减轻了教师的工作负担。

国产AI产品如上文提及的科大讯飞"智学网"可全面追踪学生的学习轨迹，生成详细的学习行为报告；"百度教育大脑"可深入挖掘学生的学习时间分布、答题正确率等数据；好未来的"魔镜系统"可为教师提供动态的教学反馈；腾讯的"智慧课堂"可通过智能分析为学生定制学习计划。灵活整合使用这些 AI 产品可推动教学向更精准、更智能的方向发展。

传统的数据收集方式依赖于手工记录，效率低且容易出错。AI 技术能够自动记录学生的学习行为数据并实时整理和汇总，生成个性化的学习报告和进度图，既可帮助学生直观了解自己的学习表现和薄弱环节，也可帮助教师精准定位学生的学习问题。未来，AI 还可能通过情感计算技术，分析学生的学习情绪和状态，为教师提供更全面的教学反馈。

2. 分析学习数据

AI 技术通过机器学习和数据挖掘算法，深度分析学生学习数据，为教师提供精准的教学支持。通过追踪学生的学习历史，AI 能够识别学生的学习习惯和偏好，如学习时间分布和任务完成情况，帮助教师优化教学安排。同时，AI 可以揭示学生对不同学科的兴趣点和擅长领域，为教师提供个性化的教学建议和资源推荐。

此外，AI 技术能够精准定位学生的学习困难。AI 能够基于分析答题情况和正确率，识别出学生在特定知识点或题型上的薄弱环节，帮助教师有针对性地进行辅导，提升学习效果。更为重要的是，AI 还能根据学生的学习速度和答题表现，动态调整学习内容的难度和方式，提供自适应的学习路径。

3. 个性化教学调整

基于学生学习数据的分析结果，教师能够实现更加精准的教学调整，从而更好地满足学生的个性化需求。对于学习进度较慢的学生，AI 技术通过分析其答题情况和学习时间分布，帮助教师识别出薄弱知识点和易混淆概念，进而提供有针对性的辅导，如补充习题、详细讲解和示范，同时制订个性化学习计划，帮助学生逐步跟上进度。

对于学习进度较快的学生，教师则可以根据其答题正确率和思考深度，设计出更具挑战性的任务或探究性课题，激活其独立思考和问题解决能力。AI 分析得出的学生学习偏好和兴趣，便于教师选用更贴合其需求的学习资源，亦可增强学生的主动学习意愿和参与度。AI 技术的应用，使教学从"标准化"向"个性化"转变，为每个学生提供了更适合其发展的学习路径。

4. AI 辅助的学生支持

AI 辅助的学生支持可通过自然语言处理技术，为学生提供精准、即时的答疑服务，同时推动其深入思考与理解。例如，百度的"文心一言"能够理解学生提问的意图，从海量知识库中检索相关信息，提供详尽的解答和背景知识，帮助学生拓展思维；DeepSeek 的深度思考功能能够帮助学生了解问题回答过程中的逻辑思路，学生可以通过与 AI 互动，快速解决学习中的困惑，提升学习效率。

此外，AI 不仅提供答案，还能通过实例、示意图等辅助材料，对复杂概念进行清晰解释。科大讯飞的"智学网"便利用这一功能，为学生提供个性化的学习支持，帮助其更好地掌握知识。同时，AI 还能根据学生的学习记录和兴趣，智能推荐相关资源，如教学视频、在线课程等，进一步巩固所学内容。

5. 虚拟实验和模拟操作环境

AI 技术打造的虚拟实验和模拟操作环境，为学生提供了安全、灵活且高效的实践学习平台。诸如计算机图形技术、物理模型和仿真技术等创设的虚拟环境能够模拟真实或难以实现的实验场景，让学生在互动中深入理解实验原理，提升实验技能。例如，腾讯的"AI Lab"允许学生自由调整实验参数，观察不同条件下的结果，从而更好地掌握物理定律和变量间的相互作用。

虚拟实验的优势在于其安全性和可重复性。学生可以在无风险的环境中反复尝试，纠正错误并深化理解，同时探索传统实验室难以实现的大型或复杂实验。此外，教师通过分析学生在虚拟实验中的数据，能够精准评估其对实验原理的理解和技能掌握情况，并提供有针对性的指导与反馈。例如，中央电化教育馆推出的"虚拟实验服务系统"的实验测试的功能可即时提供评估反馈；征铭科技的"虚拟实验"是基于中学物理、化学、生物教材制作而成的配套模拟实验软件，提供单人练习和双人 PK 抢答，寓娱乐与学习为一体，也提供即时数据反馈。

三、教育科技整合及应用能力

教育科技整合及应用能力的本质在于将教育技术与教学实践深度融合以提升教学效果，要求教师不仅能够熟练运用各类教育科技工具和教学平台，包括学习管理系统、互动教学软件和数字化资源平台，还要具备将多种教育技术进行有效整合的能力，创造多元化的学习环境。在此基础上，教师还应具备运用教育技术进行教学评估和数据分析的能力，为教学改进提供科学依据。

具体而言，教师先要构建符合本土教育生态的技术应用体系。以钉钉、腾讯课堂等国产协同平台为例，这些工具通过有机融合即时通信、在线授课与教学资源管理功能，正在推动基础教育模式的创新。在部分学校的实践中，教师利用钉钉搭建混合式教学空间，通过班级圈实现预习资料的分层推送，结合腾讯课堂的实时互动工具开展课堂活动，课后借助智能批改系统进行作业反馈，形成完整的数字化教学闭环。这类本土化平台的深度整合，既保留了传统教学的优势，又通过技术手段强化了个性化指导能力，在特殊时期可展现出大规模教育服务供给的可行性。

人工智能技术的进化正在重构教学评估的维度与方法。科大讯飞研发的"智慧课堂"系统，通过语音识别与自然语言处理技术，对课堂教学过程进行多模态分析。在部分试点应用中，该系统不仅能生成师生互动可视化图谱，还能识别教学环节中的知识薄弱点。例如在数学课堂中，通过监测学生提问的关键词分布，系统可自动生成有针对性的巩固练习，将传统经验型评估转化为基于数据洞察的教学优化。这种技术路径为教师提供了超越人工观察维度的评估支持。

教育新基建推动下的技术创新，催生出具有中国特色的 OMO（online-merge-offline）教学模式。好未来公司研发的智能教学系统，通过整合笔迹识别与知识图谱技术，实现纸质作业的数字化解析。在具体应用场景中，学生的手写解题过程被智能设备采集后，系统不仅能识别答案正误，更能分析思维路径中的关键节点。这种技术方案在保留传统书写习惯的同时，赋予教学过程更精细的反馈机制，为解决教育技术应用中"重设备轻过程"的痛点提供了新思路。

国产教育科技的发展呈现出鲜明的场景适应性特征。清北网校开发的虚拟教研室，通过扩展现实技术构建跨区域教研共同体，部分偏远地区教师借助设备可沉浸式观摩优质课堂教学实景，并通过自然交互参与远程研讨。这种技术应用不仅突破物理空间限制，更创造出符合教师专业成长规律的研修模式，为促进教育均衡发展提供了技术支撑。

当前教育科技发展已进入生态化创新阶段，技术整合正从工具应用层面向系统变革层面演进。由教育部推出的"国家中小学智慧教育平台"，聚合云计算与人工智能技术，开发出覆盖教学设计、实施与评估的智能辅助系统。在部分区域教育改革中，该系统通过分析区域教育数据特征，为教师提供符合本地学情的教学策略建议，推动教育技术从个体工具应用向系统化服务支撑转变。这种国家级平台的规模化应用，标志着教育数字化转型进入深化发展的新阶段。

四、AIAT 应用能力

AI 辅助教学（AI-assisted teaching，AIAT）应用能力是指通过人工智能技术增强教育活动的效率、效果和个性化水平的能力。其核心是结合 AI 技术优势与教师专业经验，优化教学流程、资源分配和学生体验，涵盖技术工具的使用、教育数据的处理、个性化教学策略设计及人机协作优化教学效果等方面。

1. AIAT 应用领域

国产教育科技企业依托 AI 技术，在教学内容生成与优化、个性化学习支持、教学过程管理、教育数据分析与决策、跨场景协同五大领域取得显著突破，推动教育模式全面革新。

（1）教学内容生成与优化

在教学内容生成与优化方面，企业通过 AI 技术实现教学资源的高效产出与动态迭代。科大讯飞"智慧课堂"基于知识图谱和自然语言处理（NLP）技术，可快速生成标准化教案，并支持考纲动态调整；百度"文心大模型"驱动的智能组卷系统，通过分析错题数据实现个性化题库生成；学而思的课件优化引擎则能根据课堂反馈实时调整演示逻辑与案例难度。以猿辅导的"AI 备课工具"为例，教师只需选定教学目标，系统即可同步输出动态模型、训练题及微课资源，显著提升备课效率。

（2）个性化学习支持

个性化学习支持能力体现在 AI 对学生学情的精准捕捉与适配。网易有道智能笔通过光学字符识别（optical character recognition，OCR）技术实时识别作业错误，快速推送针对性讲解；松鼠 AI 的智适应系统基于独创的 MCM（model of thinking, capacity, method）模型，智能跳过已掌握内容，优化学习路径；作业帮的"AI 老师"模块根据答题表现生成学习能量图，提供精准训练建议。科大讯飞"AI 学习机"则通过分析课堂表情数据，在专注度下降时自动切换互动模式，提升知识留存效果。

（3）教学过程管理

在教学过程管理领域，AI 技术实现教学全流程的智能化重构。腾讯教育的智能课堂方案通过人脸识别技术实现无感考勤与专注度分析；阿里云教育平台运用 NLP 算法精准分析理科解题步骤；好未来 WISROOM 系统实时捕捉多项互动指标，生成小组效能分析图。典型应用如科大讯飞 AI 作业管理系统，不仅能批量解析作文结构，还可标记共性错误，生成讲评优先级，提升备课针对性。

（4）教育数据分析与决策

教育数据分析与决策能力表现为 AI 对教学数据的深度解析与策略转化。科大讯飞"因材施教综合解决方案"构建多维学业预警指标，实现精准分层教学；百度教育大脑为区域教育局构建辍学风险预测模型，提升干预效果。国产许多 AI 产品都能做到整合教学数据，自动生成教研优化建议。

（5）跨场景协同

在跨场景协同方面，AI 技术打破物理边界，构建教育生态联动。华为云"数字孪生校园"实现线上线下数据贯通，提升跨部门协作效率；腾讯教育"云课堂 + 元宇宙"方案支持跨地域学生开展虚拟项目实践；矩道科技"VR 虚拟现实课堂"通过 VR 技术实现各种实验与观察等操作。

2. AIAT 常用 AI 对比

在 AI 辅助教学（AIAT）领域，国内外技术呈现出差异化发展路径，各具特色且互为补充。国外技术以开放性探索见长，OpenAI 的 GPT 系列和 Grammarly 在多语言内容生成和开放式对话中表现优异，特别适合大学人文课程的讨论与写作辅导；Google Lens 和 Proctorio 则通过多模态交互与 AR 实验模拟，推动 STEM 学科的可视化教学；Knewton 和 Coursera 依托复杂的知识图谱算法，支持跨学科的个性化学习路径设计，为 MOOCs 和高等教育提供助力。此外，国外在情感计算和多模态技术（如 Affectiva 和 Google Expeditions）上的优势，使其在特殊教育干预和探索式学习中占据领先地位。

国内技术则更注重本土化需求和实用性。科大讯飞和阿里云教育专注于中文场景下的精准处理，在作文批改和口语评测等 K12 语文 / 英语考试领域表现突出；作业帮和好未来 AI 课堂通过拍照搜题和课堂监控，显著提升了 K12 学习效率；猿题库和网易有道则针对中高考题库进行垂直优化，以提分为导向。DeepSeek 作为国内新兴力量，在复杂逻辑推理和动态学习规划上展现出独特价值，其擅长文本逻辑推理、学科知识关联以及动态学习路径规划，填补了高阶思维培养工具的空白，尤其在文科材料题解析、科学实验报告分析以及数学竞赛辅导中表现亮眼。

在技术布局上，国内外存在明显差异。国外技术在多模态交互、跨学科知识关联和情感计算方面较为成熟，而国内则更注重数据合规性和场景适配性。例如，DeepSeek 的私有化部署符合严格的教育数据监管要求，科大讯飞和腾讯英语君针对中文方言和英语听说考试需求开发，体现了本土化优势。然而，国内在 CV（计算机视觉）、语音识别与合成以及 VR/AR（虚拟 / 增强现实）技术上的投入相对有限，DeepSeek 目前仍以文本和逻辑分析为核心，尚未深入这些领域。

表 4-5 提供了国内外主流产品在 AIAT 方面的功能和适用场景对比：

表 4-5　AIAT 常用技术对比表

技术类别		产品名称	功能对比	适用场景
自然语言处理（NLP）	国外	OpenAI GPT、Grammarly	多语言生成与开放式对话	大学讨论课
	国产	科大讯飞、阿里云教育、DeepSeek	中文精准处理（作文批改、口语评测）、长文本分析与学科知识推理	K12 作文 / 口语训练、复杂题目解析（如文科材料题）
计算机视觉（CV）	国外	Google Lens、Proctorio	多模态交互（AR 实验）	STEM 可视化
	国产	作业帮、好未来 AI 课堂	解题辅助与课堂监控	作业辅导与课堂管理
智能推荐系统	国外	Knewton、Coursera	跨学科知识图谱	MOOCs 个性化学习
	国产	猿题库、网易有道、DeepSeek	垂直领域提分、动态学习路径规划	K12 应试、自适应训练
语音识别与合成	国外	Amazon Alexa、Duolingo	多语种混合识别	语言学习
	国产	科大讯飞、腾讯英语君	中文方言支持	英语听说考试
虚拟 / 增强现实（VR/AR）	国外	Google Expeditions、Labster	探索式学习	通识教育沉浸体验
	国产	网易 VR、HTC Vive 教育	职业技能培训	职校实操培训
知识图谱	国外	IBM Watson、Wolfram Alpha	逻辑推理与跨学科关联	高等教育研究
	国产	百度教育、松鼠 AI、DeepSeek	知识点拆解、学科知识深度关联	K12 重难点突破、竞赛题逻辑链分析
情感计算	国外	Affectiva、Microsoft	多模态情绪分析	特殊教育干预
	国产	旷视科技、猿辅导	课堂专注度监测	大班课管理

3. AIAT 的价值与挑战

AI 辅助教学（AIAT）正在重塑教育生态，其核心价值在于将教师从机械性劳动中解放，使其专注于更具创造性的育人任务。例如通过智能批改系统，教师可节省大量时间投入个性化辅导，显著提升学生课堂参与度。AI 的规模化因材施教能力尤为突出，能够动态调整学习路径，加速知识缺口的填补，实现传统班级授课制难以达到的精准化教育。此外，AI 驱动的多语言翻译工具促进了教育公平，使大部分地区学生能够以母语学习各种外语课程，大幅提升学业完成率。

然而，AI 生成的内容具有幻觉性，对信息受众构成潜在风险。研究表明，教育大模型在解答历史论述题时存在事实性错误，甚至在文学分析中生成背离作者原意的解读，这种偏离主题的表述仍是一种普遍现象。为此，教师要扮演"知识守门人"角色，通过双层校验机制确保知识传递的准确性。

数据隐私与算法偏见是另一重伦理挑战。未经人类监督的算法决策可能导致误判，因此需建立"人机共判"模式，在系统判断确定性不足时触发教师人工介入。这种模式在特殊教育领域已取得显著成效，降低了情绪识别的误判率，同时保留了技术的高效监测优势。

构建可信的人机协同生态，需重新定义教师的专业能力维度。擅长运用 AI 的教师应具备数据素养、元认知督导和人本化补偿等新特质。通过专业 AI 培训，教师能够有效识别 AI 生成错误，并创造性开发教学方法，将 AI 错题转化为思辨讨论点。这印证了技术无法替代教师作为"有温度的知识诠释者"的本质角色。

未来教育应是教师与 AI 形成"动态能力互补共同体"。在知识传授层面，AI 持续优化自适应学习系统；在价值塑造领域，教师主导的人文精神和哲学思辨体系应帮助学生建立思想免疫力。当 AI 处理标准化知识的效率与教师人文关怀的深度形成共振时，学生的学习效能将产生叠加效应，最终促使教育回归其本质——用技术拓展可能性，以人文守护教育应有的温度与深度。

五、教学过程的监控和评估能力

教学过程的监控和评估能力是教师在教学中利用 AI 工具和技术来支持和增强教学过程的能力。教师需要熟练运用智能教具、虚拟实验室、在线学习平台等丰富资源扩展教学内容，提供更多元化和互动性的学习体验。

AI 技术有助于教师更好地监控和评估教学过程。教师可使用学习数据分析工具收集并分析学生的学习时间、答题情况、进度等信息，发现学生的学习潜在问题。例如，教师可以根据学生的学习时间分布，判断其学习习惯是否合理，是否存在拖延现象，并据此提供有针对性的时间管理建议和学习计划，帮助学生优化学习效率。同时，教师还能通过分析学生的答题情况和学习进度，了解其对知识点的掌握程度，及时调整教学策略，确保学生跟上课程进度。此外，对学生的学习笔记、讨论和互动情况进行分析，也为教师提供更多的判断依据。

自然语言处理（NLP）技术的应用进一步增强了教学的互动性和效率。AI 能够理解学生提问的语义和背景，从海量资源中生成准确、详细的解答，满足学生的即时需求。此外，AI 还能通过语义理解和情感分析，捕捉学生提问中的情绪和潜在需求，帮助教师更好地了解学生的心理状态，提供相应的支持。

在自动评估方面，AI 技术通过对学生学习数据的综合分析，能够精准评估其知识掌握情况和学习进度。教师可以根据评估结果，为学生提供具体的反馈和建议，帮助其巩固薄弱点或强化知识的深入理解。同时，AI 还能追踪学生的学习行为，如资源使用情况、学习路径等，为教师提供优化学习策略的依据。借助情感分析，AI 还能解读学生的学习反馈，帮助教师了解其学习动机和困难，从而采取更有针对性的改进措施。

六、强化教育伦理和保护信息隐私

应用人工智能技术不仅带来了教学效率的提升，也对教育伦理提出了更高的要求。教师使用 AI 的过程也是收集学生各种数据的过程，这些数据包含个人身份、学习记录、学术表现等敏感信息，其隐私性和安全性直接关系到学生的自尊心、自信心以及家庭隐私权。因此，教师应遵守相关法律法规和学校隐私政策，审慎处理数据，避免泄露或滥用。在收集和使用学生数据时，教师应事先告知学生和家长数据收集的目的、范围和使用方式，确保其知情同意。

在技术层面，教师应采用安全、受保护的信息系统和技术处理学生数据。例如，使用经过认证的加密软件和云服务，确保学生账户的密码强度，并定期更换密码。同时，教师应合理存储和备份数据，定期清理过期或不再需要的数据，以降低数据泄露的风险。此外，教师在使用学生数据时，应遵循数据最小化原则，仅收集和使用必要的信息，并将其限制在特定目的范围内。在共享数据时，教师应事先获得学生和家长的授权，并确保数据的安全传输和处理。同时，教师应尊重学生和家长对数据的访问、更正和删除权利，为其提供透明的数据管理途径。

教师应承担起教育学生关于信息隐私保护的责任，帮助学生理解隐私权的重要性，掌握创建强密码、安全浏览网页、谨慎分享个人信息等基本技能。同时，教师应引导学生了解学校的数据使用政策，使其能够主动管理自己的数据，避免因信息泄露而引发的风险。

第四节　AI 时代的教师角色重塑

※ **本节要点**

教师角色的重新定位

重塑教师角色的实践

重构人文培养体系

2024 年 1 月 30 日—31 日，由教育部、中国联合国教科文组织全国委员会、上海市人民政府共同举办的 2024 世界数字教育大会在上海举行。教育部部长怀进鹏在主旨演讲中表示："我们将实施人工智能赋能行动，促进智能技术与教育教学（AI for Education）、科学研究（AI for Science）、社会（AI for Society）的深度融合，为学习型社会、智能教育和数字技术发展提供有效的行动支撑。……同时，我们将坚持'数字向善'，加强人工智能与数字伦理研究，科学研判人工智能技术对教育的影响，特别是其负面影响，对侵害人的隐私权益行为保持高度警惕，积极引导智能技术合理应用，让技术进步造福师生。"

教育部的 AI 赋能行动正在深刻重塑教师角色，主要体现在三个方面：功能上，教师从单纯的教学执行者转变为教育生态的设计者，需要平衡智能技术与人文价值；能力上，教师不仅要掌握技术应用，更要具备技术批判与领导能力，形成数字伦理与智能教育管理的新素养；价值上，教师从技术工具的执行者转变为数字文明的守护者，践行"数字向善"理念。

一、教师角色的重新定位

AI 技术密集爆发，教师角色需要突破传统定位，主动创造人与技术共生的教育新生态。技术越发达，教师作为"人的引导者"的角色就越重要，可以从五个关键维度构建新的职业内核。

1. 学习引导者

AI 时代的教师不再垄断知识输出，而是应该成为学生的学习引导者，设计能够激发深度思考的教学支架，可从三个方面入手：

（1）认知冲突设计

在 AI 时代，教师可以通过主动制造认知矛盾点，引导学生进行对比思考，培养其辩证思维。以历史课为例，教师可以设计教学活动，让学生首先使用 AI 工具生成对某一历史事件的分析，如"二战爆发的原因"，并获取 AI 生成的结论。随后，教师引导学生查阅不同国家数据库的原始档案，如战争时期的官方文件、新闻报道或外交记录，对比 AI 生成的分析与原始档案的差异。这种对比能够制造认知矛盾点，使学生意识到 AI 生成的结论可能存在立场偏差或局限性，帮助学生意识到 AI 生成的分析可能基于某一国家的数据库，忽略了其他国家的视角，从而导致结论的片面性。教师甚至可以进一步引导学生思考：为什么 AI 会生成这样的结论？其背后的数据来源和算法逻辑是什么？

这种"先信后疑"的引导过程能够帮助学生培养辩证思维，使其在技术与现实之间找到平衡。教师希望学生能够认识到 AI 工具的优势，如快速生成信息、提供多角度分析等，同时也能够意识到 AI 的局限性，如立场偏差、数据依赖等。为此，教师需要引导学生更加理性地使用 AI 工具，既利用其便利性，又保持批判性思维，避免盲目依赖技术。

（2）思维工具应用

在教学中，可视化思维工具能够有效辅助学生学习，并促进其批判性思维和知识的动态化。以双栏笔记法为例，教师可以引导学生将 AI 提供的解题步骤记录在左栏，同时在右栏强制标注关键决策逻辑，迫使其思考背后的逻辑和选择依据。例如，在数学解题中，学生可能会发现 AI 推荐了多种解法，但通过标注决策逻辑，学生能够明确每种方法的适用条件和优劣，从而培养其分析能力和判断力。

在文科教学中，教师可以进一步利用可视化思维工具，将静态知识转化为可质疑的动态模型。教师可以要求学生在 AI 生成的概念图谱上手动添加"证据来源""反例""待验证假设"三个标注栏。通过添加"证据来源"，学生能够追溯知识的依据，增强其严谨性；通过添加"反例"，学生能够挑战既有结论，培养其批判性思维；通过添加"待验证假设"，学生能够提出新的研究方向，激发其探究精神。动态化的知识模型有利于学生认识到知识的相对性和可发展性。

（3）建立持续反思机制

教师需要定期引导学生审视学习方法是否有效、是否有改进措施，帮助学生在学习过程中不断优化自我。例如，在完成 AI 辅助的科研项目后，教师可以要求学生进行深度反思，分析算法推荐的数据处理方式是否存在隐藏偏见，以及自己最初的研究假设如何被 AI 反馈重塑。学生可能会发现，AI 推荐的数据处理方法虽然高效，但可能忽略了某些关键变量或特定背景信息，从而导致研究结果的偏差。这种反思能够提醒学生更谨慎地使用 AI 工具，并在未来的研究中避免类似问题。

此外，持续反思机制还能帮助学生识别认知盲区和经验偏差。在 AI 辅助的科研项目中，学生可能会过于依赖 AI 生成的结论，而忽视了对原始数据的独立分析。教师应引导学生通过反思认识依赖 AI 的危害，增加数据验证环节或引入多角度分析方法。同时，学生还可以通过反思发现自己在研究假设形成过程中的经验偏差，不能过度依赖某一理论或忽视相反的证据。

2. 跨领域协作者

教师作为跨领域的协作者意味着教师需要打破学科之间的界限，与其他领域的专家、技术开发者、教育工作者以及学生本身紧密合作，共同推动教育的创新与发展。

（1）与技术开发者协作

教师需要与技术专家紧密合作，深入理解 AI 工具的功能、原理和局限性，从而将其合理应用于教学实践中。教师可以与技术开发者共同探讨智能化学习管理系统的设计，确保其能够满足教学需求，如支持多样化的学习资源整合、动态评估学生学习进度等。

技术开发者可以帮助教师合理应用 AI 工具，提升教学效果，与此同时，教师可以通过反馈使用中的问题，帮助技术开发者优化算法，避免因数据偏差或模型局限性导致结果的不准确。教师与技术开发者的协作能够提升 AI 工具的应用效果，有助于教师更好地理解应用背后的技术逻辑，确保 AI 应用的有效性。

（2）与其他学科的教师合作

在 AI 时代，许多问题的解决需要多学科的知识和视角，跨学科合作因此成为教师设计教学项目的重要策略。以编程课为例，教师可以与历史、艺术或科学教师合作，设计出融合多学科内容的教学项目：教师可以引入历史背景，让学生编写模拟历史事件的程序，如二战中的关键战役；或者结合艺术元素，设计出能够生成艺术作品的算法；还可以融入科学知识，开发模拟自然现象的程序，如生态系统模型。

跨学科合作还能够培养学生的创新思维和解决复杂问题的能力。在设计教学项目时，教师可以从不同学科的角度提出问题，激发学生的多元思考。上述编程课与其他学科结合的例子中，学生不仅需要编写程序，还需要分析历史事件的因果关系，理解艺术创作的基本原则，并思考如何通过算法模拟这些关系，并将其转化为代码逻辑。多学科视角的融合能够帮助学生跳出单一学科的思维框架，培养其创新思维和综合解决问题的能力。

（3）与学生协作

尽管 AI 技术使得学生可以更自主地获取知识，但教师的角色并未因此减弱，反而更加关键。教师需要成为学生学习过程中的引导者和伙伴，帮助他们有效利用 AI 工具，培养批判性思维和信息筛选能力。教师应积极与学生建立紧密的协作关系，倾听学生的反馈，了解他们的学习需求，并据此调整教学策略：发现学生对 AI 工具的使用存在困惑，教师可以组织工作坊或一对一辅导，帮助他们掌握工具的使用技巧；发现学生的学习兴趣或进度存在差异时，教师可以利用 AI 技术设计个性化的学习路径，满足不同学生的需求。教师应充分利用 AI 技术的优势，为学生的全面发展提供支持。

3. 数据决策者

教师成为数据决策者的主要原因在于教育场景的全面数字化和教学精准化的需求，促使教学决策从传统的"大致判断"向"证据支撑"的方向转变。AI 技术为教育提供了海量数据，如课堂互动记录、作业正确率、学习行为轨迹等，这些数据为教学决策提供了科学依据。然而，数据的价值需通过教师的专业判断才能转化为有效决策，教师需要依据 AI 提供的数据，分析学生的学习特点和需求，从而制订个性化的教学策略，为不同学生设计分层任务，以满足其多样化的学习需求。

数据决策者的角色要求教师具备双重能力：既要掌握基础的数据分析技能，能够理解和使用 AI 工具生成的数据；还要发挥教师的专业判断力，将数据转化为有效的教学决策。这种决策能力体现在制订个性化教学策略、动态调整教学节奏、优化教学资源配置三个方面。

在个性化教学策略制订方面，教师需要根据学生的学习数据，如作业正确率、学习行为轨迹等，判断其知识掌握情况，并设计有针对性的教学任务。教师需要利用课堂实时反馈数据，如学生答题速度、注意力监测结果，动态调整教学节奏，优化教学效果。并且，教师还需要通过数据判断教学资源的供需情况，进行教学资源调配。例如，根据学生的作业正确率和课堂表现，教师可以判断哪些知识点需要更多教学资源的支持，从而调整教学计划或增加相关资源。

4. 终身学习者

由于 AI 技术迭代的加速，AI 工具的升级周期已从"年"缩短至"月"，如生成式 AI（如 ChatGPT）的功能几乎是每月迭代，教师若停止学习，将难以驾驭智能备课、学情分析等新工具。与此同时，学生通过短视频、AI 答疑平台获取知识的习惯，要求教师掌握视频剪辑、交互式课件设计等技能。

AI 时代教师的学习内容需围绕三个方面展开：技术工具的应用，包括生成式 AI（如设计跨学科教案）、智能教学平台（实时追踪学习盲区）及新型媒介（短视频、VR）。数据素养与伦理要求教师既要学会从海量数据中提取教学参考信息，又要遵守隐私保护法规，避免滥用 AI 收集学生数据形成伦理风险。教师可使用新技术创新教学法，如设计"AI 分层作业 + 教师深度讨论"的混合模式，或利用 AI 模拟真实项目场景，如用 ChatGPT 扮演辩论对手，培养学生的批判性思维。

5. 教育生态共建者

AI 技术在教育中的应用，本质上是为教师赋能，而非替代教师的角色。教育的目标始终是促进学生的全面发展，培养其独立思考、创造力和社会责任感等核心素养。教师在运用 AI 工具时，需要将其嵌入具体的教育场景中，才能服务于学生的个性化需求和成长目标。AI 可以通过数据分析帮助教师识别学生的学习难点，但如何设计有针对性的教学策略、如何引导学生从错误中学习，仍然需要教师的专业判断和人文关怀。因此，教师不仅是技术的使用者，更是技术应用的引导者，其核心任务在于调和技术效率与教育价值之间的潜在冲突，确保技术服务于"人的成长"这一根本目标。

此外，教师参与教育生态的构建，是推动 AI 技术在教育领域可持续发展的关键。教师与技术开发者、教育研究者以及学生家长等多方协作，可以共同探索技术与教育深度融合的路径。在这一过程中，教师的教学实践反馈尤为重要，它不仅能够帮助技术开发者优化工具，还能为新型教育范式的建立提供实证依据。例如，教师可以通过课堂实践验证 AI 工具的有效性，并根据实际效果提出改进建议。这种多方协作的模式，不仅能够推动技术的进化，还能确保 AI 技术始终以培养人文素养为导向。

二、重塑教师角色的实践

教师在 AI 时代的核心任务，是在技术应用与人文关怀之间找到平衡。这意味着教师需要更多地关注学生的思维能力、情感认知和伦理素养，引导他们成为具有综合素质的人才。AI 时代，教师角色的重塑是教育变革的必然趋势。

1. 更新教育知识和技能

教师需要关注新兴的教育理论、技术和工具。持续学习和更新教育知识，了解人工智能技术在教育中的应用，掌握相关的教育技能和教学方法。

教育领域不断涌现出新的理论、技术和工具，如个性化学习、混合式教学、虚拟现实技术等，这些前沿动态将深刻影响教学方式和效果，因此教师应保持求知欲，积极学习并掌握相关内容，以提升专业素养。

人工智能技术在教育中的应用日益广泛，涵盖个性化学习、智能辅导和智能评估等方面。教师需要理解 AI 技术的原理、应用场景及其局限性，以便在教学中有针对性地利用这些技术，提升教学效果和学生学习体验。

随着 AI 技术的演进，教学方法也在不断更新。教师应熟练掌握 AIAT、在线教学平台和课堂互动工具等新技能，并将其融入教学实践中。更新教育知识和技能有利于教师提高教学水平，帮助教师更好地适应新的教学环境，从而为学生提供更加优质和个性化的教育服务。教师只有通过持续学习和实践，才能够在 AI 时代保持专业竞争力，推动教育质量的不断提升。

2. 掌握 AIAT 工具

在 AI 时代，教师需要熟练掌握各类 AI 辅助教学（AIAT）工具和平台，并将其灵活运用于教学实践。教师应深入了解在线学习管理系统、虚拟实验室和自适应学习平台等教育科技工具的功能与应用场景。例如，国内开发的"希沃白板"和"智慧课堂"等工具，能够帮助教师设计互动式教学内容，提升课堂参与度；科大讯飞的智能语音技术和"猿题库"的自适应学习系统，则可以为学生提供个性化的学习支持。

其次，教师应根据学生的学习需求、目标和教学内容，选择合适的技术工具。例如，针对实践能力培养，可以使用"虚拟仿真实验平台"；针对不同学习进度的学生，可以借助"学而思网校"或"作业帮"等自适应学习平台，实现精准化教学。通过合理选择工具，教师能够更好地满足学生的多样化需求。

此外，教师需要将技术工具有机融入教学活动中，包括在线课程设计、互动内容创建、作业布置与评估等环节。例如，利用钉钉或腾讯课堂组织在线教学，通过"班级优化大师"进行学生表现跟踪与反馈。2025 年 1 月，北师大教育学部推出"AI 大先生"综合平台，提供 AI 赋能校长、教师、学生三大主体发展的智能教育方案，涵盖 AI 赋能"教、学、评、辅、研、训、管、服"八大场景的前沿议题与未来行动。教师熟练运用这些工具，既能够提高教学效率，还能推动教学质量的整体提升。

3. 培养个性化教学能力

教师可以充分利用国产 AI 辅助教学工具，将技术优势与教学实践相结合，不断提升个性化教学能力，为学生提供更精准、更高效的学习支持。首先，教师需要关注学生的个体差异，包括学习习惯、兴趣和风格等方面，与学生深入沟通，更好地理解他们的内在需求，从而为个性化教学奠定基础。

其次，教师应利用人工智能技术进行学习分析，以精准识别学生的学习特点和需求。例如，借助科大讯飞的智能测评系统或"猿题库"的学习数据分析功能，教师可以全面掌握学生的学习表现和瓶颈，为制订个性化教学策略提供科学依据。

在此基础上，教师需要设计符合学生特点的教学策略。例如，通过"希沃白板"调整课程内容和教学方法，利用"作业帮"或"学而思网校"提供定制化的学习资源，满足不同学生的学习需求。此外，教师可以采用一对一指导、小组辅导或在线课程等方式，为学生提供有针对性的学习支持。对于学习进度较慢的学生，教师可以通过钉钉或腾讯课堂组织在线辅导，利用"班级优化大师"跟踪学习进展；对于需要拓展学习的学生，可以推荐"智慧树"或"网易云课堂"的优质资源。

4. 发展跨学科能力和创新思维

在 AI 时代，教师需要具备跨学科的知识整合能力，以设计具有综合性和创新性的教学方案。教师应能够将不同学科的知识与资源有机结合，如将数学与艺术结合，帮助学生通过几何原理理解画作构图；或将科学与历史结合，让学生探索科技发展的历史背景。跨学科整合有助于拓宽学生的知识视野，还能培养他们的综合思维和应用能力。

教师可设计探究式学习、问题解决和设计思考等活动培养学生的创新思维，如借助"希沃白板"设计互动式跨学科课程，或通过科大讯飞的智能语音技术支持学生进行多语言项目研究。教师可以鼓励学生从多角度思考问题，尝试独特的解决方案，挖掘他们的创新潜力。

一些 AI 技术可以帮助教师设计综合性实践项目，让学生在实际操作中应用多学科知识。例如，通过"智慧树"平台组织跨学科团队合作，或利用"虚拟仿真实验平台"进行科学探究。还可借助钉钉或腾讯课堂组织在线跨学科讨论，利用"班级优化大师"进行综合性评估。教师应充分利用国产 AI 辅助教学工具，将跨学科知识与创新思维融入教学实践，为学生提供更丰富、更深入的学习体验。

5. 建立合作网络和学习社群

在当今快速变化的教育环境中，教师需要主动融入合作网络和专业社群，与其他教育从业者和专家进行深度交流，共同探索教育科技的应用与最佳实践。教师加入教育协会、研究团体或教师交流组织，从中构建学习网络，结识志同道合的同行，还能分享教学经验、资源和创新方法，丰富自己的教学视角。构建广泛的教育资源网络有助于促进教师之间的互助合作，共同应对教育领域的挑战。

在合作网络和学习社群中，教师可以围绕教育科技的应用展开讨论，分享成功案例，尝试新技术，探讨教学创新。例如，借助科大讯飞的智能教研平台，教师可以参与跨区域的教学研讨，了解最新的教育科技动态；通过"希沃学院"或"智慧树"等平台，教师能够获取前沿的教学资源和研究成果，不断更新知识储备，提升专业素养。参与各种合作活动可拓宽教师教学思路，为教学注入新的活力。

此外，合作网络和学习社群为教师构建了一个坚实的支持系统。在教学中遇到困难时，教师可以通过社群获得鼓励和建议；在职业发展方面，合作网络也为教师提供了了解行业趋势、拓宽职业渠道的机会。例如，参与"希沃白板"组织的教学竞赛或"作业帮"的教研活动，不仅能够展示教师的才华，还能提升他们的职业影响力。因此，融入合作网络和学习社群，是教师适应教育变革、实现专业成长的重要途径。

三、重构人文培养体系

1. 重构人文精神的意义

AI 工具的普及虽然提升了效率，却也带来诸多隐患：ChatGPT 等工具虽能快速提供答案，却带来了削弱人类批判性思维与深度思考能力的可能性，助长"搜索即答案"的认知惰性。虚拟社交与元宇宙的沉浸体验正加剧人际疏离，过度理性化的技术逻辑正挤压人性温度与精神归属感，等等。面对这些挑战，教师亟需借鉴《庄子》"物物而不物于物"的智慧，在应用 AI 技术中保持清醒，确保人文为上、技术向善。

当前，技术异化已引发多重认知失衡。学生通过使用各种大语言模型可立即获取答案，却失去了思辨训练，陷入了《论语》所说的"学而不思则罔"的误区。如果人文教育仍停留在知识灌输层面，将加速培养"检索式文盲"。AI 时代的人文培养体系重构，最大的意义就是防止人类沦为"高级工具人"，过度依赖 AI 不仅会导致认知能力退化，还可能引发价值观扭曲。因此，在 AI 时代，更需要坚守人文精神，培养完整的人，确保技术发展始终服务于人类文明的进步，而非成为异化人性的工具。

2. 学生人文精神塑造

在人工智能迅速发展的背景下，塑造学生的人文精神显得尤为重要。教育不应仅仅关注技术的传授，而应回归对人的深度关怀。技术本身是中性的，但其应用方式却深受人的价值观和道德判断的影响。因此，人文教育应成为各专业学生的必修课，融入日常教学，而非孤立地开设理论课程。

人文精神的根基在于对生命意义的感知与共情能力。教师需要创造更多让学生接触真实世界的场景，如组织他们参与社区服务，用技术解决弱势群体的实际困难。在文学、艺术课程中，可以探讨人性与机器的边界，通过经典作品分析人类情感、创造力的不可替代性。这种实践不仅培养技术责任感，也让人文精神从抽象概念转化为具体行动。

教师对学生的人文引导至关重要。如果教师只关注技术传授而忽视价值引导，学生很容易沦为"工具人"。课堂应当成为思辨的场所，鼓励学生质疑技术的边界，而非盲目接受。教师要教育学生习惯性地用批判性眼光看待 AI 的局限性，比如语言模型的文化偏见、自动化对就业的冲击等等，只有这样，学生才能真正成长为技术时代清醒的思考者，而非被技术驯化的使用者。

3. 重构教师人文精神

在 AI 时代，教师人文精神的重构需要以教育本质为根基，重新审视育人方向。教师应跳出单纯的知识传授，聚焦学生的全面发展，培养他们成为有独立思考能力、社会责任感和人文关怀的数字公民。这意味着教师要善于引导学生批判性地看待信息，激发他们的创造力，而非依赖机械记忆。同时，教师需要关注学生的情感世界，帮助他们树立正确的价值观，在数字化浪潮中保持内心的温度。

面对 AI 技术的冲击，教师应主动提升数字素养，将技术转化为教学的有力工具。但更重要的是，教师需保持清醒，避免技术异化，引导学生理性使用 AI，警惕其潜在风险。在人机协作的新模式下，教师应发挥自身优势，与 AI 形成互补，共同推动教育创新。

教师还应引导学生合理利用 AI 技术。不仅要引导学生遵守网络道德规范，尊重知识产权，保护个人隐私，还要引导学生关注 AI 技术发展带来的社会问题，培养他们的社会责任感和参与意识。在传承人类优秀文化传统的基础上，教师应引导学生思考人与技术的关系，共同构建人机共生的美好未来。

只有富有人文精神修养的教师才能回归真正的人文教育温度。教师需要构建融合国际视野与中华文化精髓的人文精神，形成应对 AI 时代挑战的独特育人智慧。其核心内涵包含以人为本的教育理念以及中华优秀传统文化的人文底蕴。国际教育倡导的全人教育、批判性思维与创造力培养，与儒家"有教无类""因材施教"的育人传统形成跨时空呼应，共同指向学生核心素养的全面发展。中华师道传统中"立德树人"的价值导向与"知行合一"的实践智慧，则为技术时代的教师角色注入道德引领力。

中华优秀传统文化可为抵御 AI 技术异化提供深层价值支撑。中庸思想引导师生在技术应用中把握适度原则；"和而不同"的理念守护个性发展，可以对抗算法同质化；"天人合一"

启示技术伦理的生态边界；"仁爱"精神强化教育的情感温度，弥补技术的情感缺失；"修身齐家治国平天下"的育人格局，则将技术应用纳入社会责任框架，培养兼具人文情怀与创新能力的时代新人。

在教育实践中，传统文化依然有其强大的生命力，教师可在讨论 AI 伦理时引入"己所不欲，勿施于人"的道德准则，在分析技术冲击时激活"自强不息"的进取精神，构建人机关系时运用"和而不同"的共处智慧。对待中华优秀传统文化的文化自觉既是对教育本质的回归，更是通过创造性转化形成具有中国特色的育人范式，确保教师在 AI 技术洪流中守护教育的人文价值。

第五节　AI 时代教师专业技能的评估

※ **本节要点**

面向未来的专业能力评估

多元化评估

评估过程的反拨作用

一、面向未来的专业能力评估

AI 技术正在重塑传统课堂模式，教师角色转变意味着与之匹配的专业技能也需要转换提升，对教学技能的需求必须做结构性调整。因此，教师专业技能的认可度也需要相应的评估，其标准需反映教师对 AI 工具的整合能力、数据驱动的教学决策能力。未来教育更强调批判性思维、创造力、协作能力等高阶素养，评估标准需明确教师在 AI 辅助下如何培养学生这些能力。以下列出 AI 时代教师的六项专业能力评估重点，供参考完善。

1. AI 技术整合与应用能力

评估 AI 技术整合与应用能力可以考查教师对技术工具熟练度、人机协同设计与教学有效性。教师需要熟练掌握智能备课系统、学习分析平台等 AI 工具，并能将其灵活运用于备课、课堂管理、作业批改等教学环节。同时，教师应具备人机协同设计能力，能够将 AI 技术与教学场景深度融合，如利用生成式 AI 开发跨学科探究任务，并评估其教学价值。为确保 AI 技术真正服务于教学质量，教师还需具备教学效果评估能力，通过数据分析客观评估 AI 工具对学生学习的影响，及时调整教学策略，优化教学设计。

表 4-6 为评估指标示例：

表 4-6　AI 技术整合与应用能力评估

评估重点	评估指标	指标示例
技术工具 熟练度	工具操作的熟练度、应用的广度、使用的效率	能否熟练操作智能备课系统和学习分析平台；是否在多个教学环节（如备课、课堂管理、作业批改）中使用 AI 工具；使用 AI 工具后，教学准备时间是否显著缩短
人机协同 设计	是否将 AI 与教学场景深度融合，突破传统教学限制；是否跨学科创新	利用生成式 AI 开发跨学科探究任务并评估其教育有效性
教学 有效性	效果评估的科学性、数据反馈的及时性、教学策略的优化程度	是否通过数据分析评估 AI 工具对学生学习效果的影响；是否根据数据反馈及时调整教学策略；优化后的教学策略是否显著提升学生学习效果

2. 数据驱动的教学决策能力

数据驱动的教学决策能力要求教师在数据应用的全流程中展现专业素养。第一，教师要能够从课堂表现、作业、测试等多维度获取数据，并将其高效整合至统一平台，确保数据的实时性与完整性。第二，教师应具备数据解读与策略转化能力，能够从数据中提炼关键信息，快速调整教学节奏。可通过课堂数据识别学生薄弱点，及时优化教学重点，提升学习效率。第三，教师还须具备预测性干预能力，利用 AI 模型预判学生可能面临的学业风险，如倦怠或认知盲区，并制订有针对性的干预措施，同时量化评估干预效果。第四，教师应具备个性化教学设计与实施能力，为不同学习水平的学生设计差异化任务，并根据反馈动态调整方案，确保个性化教学的实际成效。

其评估重点如表 4-7：

表 4-7　数据驱动的教学决策能力评估

评估重点	评估指标	指标示例
数据收集与整合能力	数据来源的多样性、数据整合的完整性、数据更新的及时性	是否从课堂表现、作业、测试等多渠道收集数据；能否将不同数据整合到统一的分析平台；能否实时更新学生的学习数据
数据解读与策略转化能力	数据提取的准确性、教学策略调整的及时性、行动转化的有效性	能否根据课堂数据准确识别学生的薄弱知识点；能否在发现问题后立即调整教学节奏；调整后的教学策略是否显著提升学生的学习效果
预测性干预能力	风险预判的准确性、干预措施的针对性、干预效果的量化评估	能否准确预测学生的学业倦怠或认知盲区；是否根据预判结果制订个性化的干预方案；干预后学生成绩或学习行为的改善程度如何
个性化教学设计与实施能力	个性化方案的设计质量 个性化方案的实施效果 学生对个性化教学的反馈	是否为不同学习水平的学生设计不同的学习任务；是否根据学生反馈调整教学方案；学生对个性化教学的满意度调查结果

3. 高阶素养培养能力

高阶素养培养能力是教师在教学实践中促进学生批判性思维、创造力及其他高阶思维发展的核心能力，评估这种能力的要点在于：第一，教师需依据学科核心素养与学生认知水平，制定可观测的批判性思维与创造力培养目标，并设计匹配的梯度化教学活动及多维评估体系。第二，通过构建开放式问题，指导学生运用逻辑分析工具解构复杂议题，在课堂辩论、案例研讨等实践中形成严谨的论证能力与反思习惯。第三，借助跨学科项目式学习，创设允许试错的创新场景，引导学生通过原型设计、方案更新等过程实现创意转化。第四，熟练运用各种可视化工具，针对不同学情选择合适的方法，系统提升学生的元认知与思维品质。

具体评估指标如下表：

表 4-8　高阶素养培养能力评估

评估重点	评估指标	指标示例
目标设定与规划能力	目标设定的清晰度、教学规划的科学性、目标与课程内容的契合度	是否明确列出批判性思维和创造力的培养目标；是否根据目标设计具体的教学活动和评估方法；目标是否与课程大纲和学生的学习需求相匹配
批判性思维培养能力	问题设计的深度、学生分析能力的提升、批判性思维的应用效果	是否设计开放性问题，引导学生多角度思考；学生是否能够独立分析复杂问题并提出合理解决方案；学生在课堂讨论或作业中是否展现出批判性思维
创造力培养能力	创新任务的设计质量、学生创造力的表现、创造力培养的实际效果	教师是否设计跨学科或开放性的探究任务；学生是否能够提出新颖的想法或解决方案；学生在作品或项目中是否展现出创造性思维
高阶思维工具与方法的运用能力	工具与方法的多样性、适用性及应用效果	是否在课堂中引入多种高阶思维工具；是否根据学生的学习特点选择合适的方法；学生使用工具后，思维能力是否显著提升

4. 教育伦理与技术反思能力

在教育伦理与技术反思能力的评估中，教师的核心能力主要体现在技术批判能力培养以及公民培育能力培养方面。教师要有培养学生具备技术批判能力的强烈意识，通过设计关于技术伦理的讨论或案例分析任务，引导学生独立分析技术应用的正负面影响，并在任务中展现出深度思考能力。此外，教师还须具备培育合格公民的能力，设计关于社会公平、环保等主题的探究任务，激发学生积极参与社会议题的讨论或行动，并在任务中展现出社会责任感。

评估指标如表4-9所示：

表 4-9   教育伦理与技术反思能力评估

评估重点	评估指标	指标示例
技术批判能力培养	技术批判任务的深度、学生批判性思维的提升、技术批判的实际效果	是否设计关于技术伦理的讨论或案例分析任务；是否能够独立分析技术应用的正负面影响；学生在技术批判任务中是否展现出深度思考能力
公民培育能力培养	公民教育任务的针对性、学生公民意识的提升、公民培育的实际效果	是否设计关于社会公平、环保等主题的探究任务；学生是否能够积极参与社会议题的讨论或行动；学生在公民教育任务中是否展现出社会责任感

5. 持续学习与创新能力

持续学习与创新能力是教师适应教育变革的核心素养，教师需从以下六个方面提升这种能力：其一，制定明确目标，根据教学需求和学生特点，科学规划技术适应与教学革新的实施路径。其二，主动掌握新兴教育技术，熟练运用 AI 教学平台、虚拟现实等工具，优化教学效能。其三，创新教学方法，通过设计跨学科探究任务，实施项目式学习、翻转课堂等模式，激发学生学习兴趣。其四，建立反思机制，定期评估教学效果，及时调整优化教学策略。其五，构建学习共同体，通过资源共享与协作研究，解决教学实践中的具体问题。其六，强化跨学科整合能力，引导学生运用多学科知识解决复杂问题，培养创新思维。

评估指标如表4-10所示：

表 4-10   持续学习与创新能力评估

评估重点	评估指标	指标示例
目标设定与规划能力	目标设定的清晰度、规划的科学性、目标与教学需求的契合度	教师是否明确列出技术适应和教学革新的具体目标；是否根据目标制订详细的学习与创新计划；目标是否与当前教学需求和学生学习特点相匹配
技术适应能力	技术学习的主动性、技术应用的熟练度、技术适应的实际效果	教师是否主动学习新的教育技术工具；是否能够熟练操作新技术工具；使用新技术后，教学效率或学生参与度是否显著提升
教学革新能力	创新任务的设计质量、教学方法的多样性、教学革新的实际效果	教师是否设计跨学科或开放性的探究任务；是否引入项目式学习、翻转课堂等创新教学方法；教学革新后，学生的学习兴趣或成绩是否显著提升
反思与改进能力	反思的频率、改进措施的针对性、改进的实际效果	教师是否定期进行教学反思并记录；是否根据反思结果提出具体的改进措施；改进后的教学策略是否更有效地促进学生发展
学习共同体参与能力	参与的积极性、资源共享的频率、协作的有效性	教师是否定期参加教研活动或专业发展培训；是否与其他教师分享教学资源和创新经验；是否通过协作解决教学中的实际问题

评估重点	评估指标	指标示例
跨学科整合能力	跨学科任务的设计质量、学生跨学科思维的提升、跨学科教学的实际效果	教师是否设计跨学科的探究任务或项目；学生是否能够运用多学科知识解决复杂问题；学生在跨学科任务中是否展现出创新思维

6. 情感联结与人本教育能力

情感联结与人本教育能力是教师在技术应用中守护人文价值的关键。教师需要具备敏锐的心理洞察力，能够通过行为数据分析，准确识别学生的焦虑倾向，并采取有针对性的干预措施。在技术工具的使用中，教师更要注重情感联结，如在智能作业批改中嵌入个性化评语，通过温暖而具体的言语反馈激发学生的学习动力。同时，教师需提供专业的心理支持，针对焦虑学生实施一对一心理干预，帮助学生缓解压力。此外，教师应始终关注学生的情感需求和个性发展，提供差异化的支持与反馈，避免学生过度依赖技术应用，守护人文价值。

如表 4-11 所示，该能力可从以下几个方面评估：

表 4-11　情感联结与人本教育能力评估

评估重点	评估指标	指标示例
心理状态识别能力	数据解读的准确性、识别的及时性和针对性	能否通过学习行为数据筛选出焦虑倾向的学生；是否在学生出现情绪问题后及时采取干预措施；是否根据学生心理状态制订个性化的支持方案
情感联结与关怀能力	情感联结的主动性、关怀措施的有效性、学生情感反馈的积极性	是否在智能作业批改系统中嵌入个性化语音评语；教师是否通过录制鼓励性语音反馈强化学生学习动机；学生是否对教师的关怀措施表现出积极的情感反馈
心理辅导与支持能力	心理辅导的针对性和实施效果、学生心理状态的改善程度	是否针对焦虑倾向学生进行心理辅导；是否根据学生心理需求提供一对一心理支持；学生心理状态是否在辅导后显著改善
人文价值守护能力	人文关怀的体现、技术应用的适度性；学生人文素养的提升	是否在技术应用中注重学生的情感需求和个性发展；是否避免过度依赖技术而忽视面对面交流；学生是否在教学中展现出更高的人文素养
个性化支持与反馈能力	个性化支持的针对性、反馈的及时性和有效性	是否为不同情感需求的学生提供差异化的支持；是否在学生出现情感问题后及时提供反馈；学生根据反馈改进后，情感状态是否显著改善

二、多元化评估

在 AI 时代，教师专业能力的评估需要构建多元化的考查体系，可采用人机混合评估。未来的教师专业能力评估标准需要有"技术、教学、伦理"三维框架，确保教育始终领先于技术变革，评估体系需保持开放迭代，为教师专业能力的持续进化提供动力与方向。

1. 技术支持的评估方法

（1）评价课堂管理和教学交互技能

教育科技领域已涌现出多项自主研发的课堂行为分析技术，为教学评价体系提供了智能化解决方案。依托计算机视觉和语音识别技术，这些系统能对课堂教学进行多维度量化评估，在教师发展性评价和学生学情分析方面展现出独特价值。

在教师教学行为分析方面，科大讯飞研发的"智慧课堂"评估系统可通过语音识别技术实时分析教师语速、发音清晰度和课堂用语规范性，其语义分析模块能自动识别提问频次、高阶思维引导等教学策略。好未来教育集团开发的"魔镜系统"则采用姿态估计算法，可量化统计教师肢体语言开放度、板书书写规范性和师生空间距离，为教师改进教态提供可视化数据支持。

在学生课堂参与度监测领域，商汤科技推出的"课堂专注度分析系统"利用人脸识别和微表情分析技术，通过眼神追踪和面部动作捕捉，可精准识别学生注意力集中时段；燧机科技的"智慧课堂学生行为检测评估系统"能够实时监测学生的上课行为，自动评估学生的行为，准确判断学生的表情、小动作、课堂参与度及互动质量；顺势教育云平台利用多模态行为识别算法来实时捕捉和分析师生互动频率、学生专注度等微观数据，并通过联动课堂录播系统生成可视化热力图，帮助教师快速定位教学中的薄弱环节。

这些国产 AI 技术已形成完整的教学评价生态，教育管理部门可运用此类技术建立动态数据库，通过机器学习模型发现优质课堂的共性特征，为教师培训提供实证依据。

（2）个性化反馈和针对性培训

AI 分析在教育领域的应用，可以帮助教师更全面地了解自己的教学表现，找出优点和改进建议。AI 系统可以针对教学过程和学生表现数据进行智能分析，生成客观的教学评估报告，帮助教师全面了解自身教学效果，识别优势领域与改进空间。

基于 AI 分析结果，系统可为每位教师提供个性化反馈与针对性培训方案。通过大数据对比分析，系统能够精准定位教师在教学中的具体问题，如课堂管理、互动技巧等方面，并提供切实可行的改进建议与行动计划。这种定制化的专业发展支持，能够有效满足不同教师的个性化需求，助力其教学能力的持续提升。

此外，AI 分析还为教学优化提供了科学依据。教师可以通过实时监测学生的学习表现，及时调整教学策略，提升教学效率与质量。同时，个性化的专业发展支持能够激发教师的学习动力，促进其职业素养的持续提升，最终实现教学水平的整体提高。目前，国内大公司如腾讯、科大讯飞、阿里云等都有此类相关 AI 产品。

（3）AI 技术组合记录教学实践

使用 AI 技术组合记录教师教学实践，可以通过国产 AI 产品的多种功能实现教学过程的智能化、高效化记录与管理。

百度智能云的视频分析技术能够对教学视频进行智能处理，自动识别课堂中的关键场景并生成结构化标签，帮助教师快速定位重点教学环节。

腾讯教育的 AI 批改系统能够对学生作品进行智能评价，自动识别语法错误和逻辑问题，并生成评分和改进建议，同时将学生作品与评价结果记录到电子档案袋中，形成学生的学习成长档案。

科大讯飞的智能教育平台利用自然语言处理技术，对教学设计进行语义分析并提供优化建议，同时自动归档优化后的方案，形成系统的教学资源库。阿里云的智能语音识别技术可以实时记录课堂中的师生对话，并通过情感分析技术生成课堂互动报告，帮助教师了解课堂氛围并优化教学策略。

华为云的多媒体处理技术则能够将教学成果进行智能剪辑与整合，生成高质量的教学展示内容，便于教师分享与交流。商汤科技的教育 AI 平台通过对教学数据的深度分析，生成可视化报告，帮助教师发现教学中的问题与改进方向。

（4）在线自评和互评

教师通过 AI 技术平台进行在线自评和互评，能够借助智能化工具实现高效、客观的评价过程。教师可以上传教学视频或教学设计，利用 AI 技术如百度智能云的视频分析或科大讯飞的语义分析，对课堂表现或教学方案进行智能分析，生成详细的报告，帮助教师发现自身教学中的优点与不足。AI 可以分析教师的语速、表情、课堂互动等数据，提供具体的改进建议，教师结合这些数据与自身反思，能够更全面地完成自评。

教师之间的评价也可以通过 AI 平台。如借助腾讯教育的 AI 批改系统或阿里云的语音识别技术，教师可以上传教学成果或课堂实录，系统会自动生成评价报告，其他教师可以基于这些客观数据，结合自身经验，对同行的教学实践进行评价。

此外，众多的多媒体处理技术能够将教学过程进行智能剪辑，便于教师直观了解彼此的教学风格与效果，使互评更具针对性。评价结果会自动归档到电子档案袋中，形成系统的教学评价记录，帮助教师进行教学反思与优化。商汤科技的教育 AI 平台也能够对评价数据进行深度分析，生成可视化报告，帮助教师发现教学中的共性问题与改进方向。

2. 基于数据的决策支持

数据的客观性能够为教师和学生的评估与决策提供科学、客观的依据。AI 学习分析工具在教学领域的应用，不仅能够追踪学生的学习行为和表现，还能评估教师的教学表现与专业发展。分析技术可以分析学生的学习进展、参与度、课堂互动，以及教师的教学策略、效果和课堂管理等，形成学生成绩、课堂互动频率等分析报告，帮助教师直观地看到教学效果，并有针对性地调整教学策略。同时，AI 分析工具还能为教师提供个性化的反馈和发展建议，如推荐适合的培训课程或教学资源，帮助教师弥补不足，提升教学能力。

教师绩效数据的综合分析也是评估教学质量的重要手段。教学评价、学生成绩和学生反馈等数据，能够从不同角度反映教师的教学效果和专业素养。教学评价可以体现教师的教学态度、方法及课堂管理能力，而学生成绩则直接反映教学的有效性。学生反馈则提供了学生对教学内容、课堂氛围等方面的评价，帮助教师了解学生的真实感受。接着，使用分析工具针对这些数据进行整合分析，能够为教师提供全面的评估结果，帮助其发现教学中的问题并加以改进。

只有整合多方面的数据，教师才能够更科学地评估自身的教学质量与专业发展水平，从而做出更明智的决策。教师的自评为教学反思提供了第一手资料，帮助教师明确自身的优势与改进方向；学生和同事的反馈则从不同视角揭示了教学中可能被忽视的问题，为教师提供了多维度的改进建议。同时，对教学案例和教学成果的分析，能够直观地展示教师在教学设计、实施中的创新与成效，为教师的专业成长提供实践依据。这些综合数据除了帮助教师全面了解自身的教学表现，还能为其制订下一步的教学策略和职业发展规划提供有力支持。

3. 情境化评估模拟

情境化评估模拟方法为教师提供了一个实践与反思的平台，帮助他们在仿真的教学情境中展现能力、检验反应策略，从而有效提升教学质量。评估可通过设计真实的教学场景，如处理学生冲突、应对突发事件或设计跨学科项目等，促使教师在模拟环境中锻炼解决问题的技巧，并增强对复杂情境的适应能力。例如，在处理学生冲突的模拟中，教师可以学习如何通过有效沟通和情绪管理化解矛盾；在应对突发事件的场景中，教师则能培养冷静应对、快速决策的能力。

角色转换是另一种有效的评估方式。通过扮演不同角色，如教学管理者或学生家长，教师能够在互动中展现沟通能力、人际关系处理能力以及问题解决能力。这种角色转换不仅让教师更直观地体验不同视角下的挑战，还能帮助他们发现自身在应对复杂情境时的不足。例如，在与家长互动的模拟中，教师可以学习如何更好地倾听与回应，从而在实际教学中建立更融洽的家校关系。

虚拟现实（VR）和增强现实（AR）技术的引入，进一步提升了情境化评估的深度与沉浸感。在虚拟教学环境中，教师可以体验各种教学场景，如课堂管理、知识传授或学生互动，并通过即时反馈调整教学策略。增强现实技术则通过在真实场景中叠加数字内容，创造出更具互动性的评估环境。例如，教师可以在真实教室中使用 AR 技术模拟学生行为，从而更准确地评估自己的课堂管理能力。

三、评估过程的反拨作用

AI 时代，教师的专业能力评估既推动了教师专业能力提升与教学创新，也带来了形式化教学与职业焦虑等问题。因此，优化评估体系，平衡技术与教育本质，成为关键挑战。

1.正向反拨作用

（1）技术融合与教学专业化提升

AI 评估标准的引入，要求教师不仅要具备传统的教学能力，还需掌握数据分析和智能工具整合的技能。这种转变促使教师更加深入地理解技术在课堂教学中的应用价值，教师可以通过技术平台实时追踪学生的学习数据，动态调整教学策略，优化课堂管理。这种数据驱动的教学方式不仅提高了课堂效率，还帮助教师更精准地识别学生的学习需求，从而提供更有针对性的指导。此外，技术融合还推动了教师对新兴教育工具的学习与应用，利用虚拟现实（VR）或增强现实（AR）技术创设沉浸式学习环境，可进一步提升教学的专业化水平。

（2）个性化教学能力强化

AI 评估体系强调教师利用智能工具设计分层任务，关注学生的个体差异，这直接推动了教师个性化教学能力的提升。教师可以通过 AI 生成的差异化习题，为不同学习水平的学生提供适合的学习任务，确保每个学生都能在自身能力范围内取得进步。这种个性化教学不仅提高了学生的学习效果，还培养了学生的自主学习能力。同时，AI 技术还可以帮助教师分析学生的学习轨迹，识别其学习中的薄弱环节，从而提供更有针对性的辅导。这种以学生为中心的教学方式，正在逐步成为现代教育的主流趋势。

（3）教育伦理意识觉醒

AI 评估将伦理应用纳入标准，促使教师更加关注数据使用的规范性和合理性。教师在利用 AI 工具收集和分析学生数据时，需要确保数据的隐私性和安全性，避免信息泄露或滥用。这种评估标准推动教师主动学习相关伦理知识，教师可参阅国内首份教育领域人工智能应用指南——《北京市教育领域人工智能应用指南》，以确保技术在教学中应用的合法性和道德性。值得注意的是，教师还需要反思技术应用对学生心理和行为的潜在影响，避免过度依赖技术而忽视学生的情感需求。这种伦理意识的觉醒，有助于教师在技术应用中保持教育的人文关怀。

（4）区域教育资源均衡化

AI 评估系统通过分析课堂行为，可为偏远地区教师提供针对性培训，帮助缩小城乡教师技能差距。例如，AI 可以通过分析教师的课堂表现，识别其在提问技巧、课堂管理等方面的不足，并提供具体的改进建议。借助数据驱动的培训方式，偏远地区教师也能够获得与城市教师同等水平的专业发展机会。此外，AI 技术还可以将优质教学资源输送到教育资源匮乏的地区，促进教育资源的均衡分配，前提是这些地区具备基本网络硬件资源。

2.负向反拨作用

（1）量化指标催生形式化教学

AI 评估体系中，量化指标（如课堂互动频率、技术使用次数等）成为衡量教学效果的重要标准。然而，部分教师为了迎合这些指标，可能会增加低效的教学环节，如频繁使用浅层次的提问或过度依赖技术设备，导致课堂深度学习时间减少，从而形成形式化教学。这不仅未能真正提升教学质量，反而可能让学生陷入被动学习的状态，削弱他们的主动思考和探索能力。教师在教学过程中如果过度关注量化指标，可能会忽视教学内容的深度和学生的实际需求，导致教学目标的偏离。因此，如何在评估中平衡量化指标与教学质量，成为需要解决的关键问题。

（2）技术转型加剧职业焦虑

AI 评估对教师提出了新的技能要求，如掌握编程、数据分析等技术能力。对于资深教师，尤其是年龄较大的教师，这些新技能可能与其传统的教学经验存在较大差距，导致他们在适应过程中产生职业倦怠和焦虑。一些教师可能因为无法快速掌握新技术而感到压力，甚至质疑自身的职业价值，产生职业焦虑。这必然影响教师的工作积极性，还可能降低他们的教学热情和创造力。技术转型的快速推进，使得教师需要不断学习新知识，这种持续的学习压力也可能加剧他们的心理负担。

（3）硬件差异放大评估偏差

AI 评估体系依赖于技术设备的支持，如网络、智能终端等。然而，由于区域间技术硬件条件的差异，部分教师（尤其是偏远地区）在教学技术的应用方面很有可能得分较低，会导致评估结果不公平。一些地区可能因为网络带宽不足或设备陈旧，无法满足 AI 评估的技术要求，从而影响了教师的评估成绩。这种硬件差异不仅放大了评估偏差，还可能加剧区域间的教育差距，使得资源匮乏地区的教师在职业发展中处于不利地位。

（4）师生情感联结弱化

AI 评估体系中，过度强调技术设备互动的指标，可能导致教师减少个别辅导时间，削弱了师生之间的情感联结。如果教师为了完成类似每日的"AI 设备互动次数"的要求，必然会将更多时间用于技术操作而忽视与学生面对面的交流和关怀。师生间情感联结的弱化会极大地影响学生的学习体验，还可能降低他们对课堂的归属感和参与感。

3.评估体系优化

（1）学科差异化权重

AI 评估体系应根据不同学科的特点，灵活调整评估标准和权重，避免"一刀切"的要求。例如，理科教师可能需要掌握编程和数据分析技能，而文科教师则更注重教学内容的深度和人文关怀。因此，在评估文科教师时，可以减少编程技能的权重，增加教学设计、课堂互动等维度的评分比例。差异化的评估方式能够更准确地反映教师的实际教学水平，减轻教师因不适应技术转型而产生的压力。学科差异化权重还有鼓励教师在各自领域发挥专长的作用，有利于推动学科教学的特色化发展。

（2）设置技术使用上限

在 AI 评估体系中，应明确限制 AI 技术在课堂中的使用时长，确保技术应用不会挤压传统教学和师生互动的时间。可以尝试规定 AI 技术介入课堂的时间不超过总课时的三分之一，从而为教师留出更多时间进行面对面的教学指导和情感交流，避免课堂过度技术化，保留教育的温度和人文关怀。设定技术使用上限还可以促使教师更加理性地选择技术工具，避免为了迎合评估指标而盲目使用技术，从而提升技术应用的有效性和针对性。

（3）补偿机制

为了帮助教师适应技术转型，学校应为教师提供系统的数字技能培训和支持：可以开设编程、数据分析等课程，帮助教师掌握必要的技术能力；同时，还可以通过线上学习平台，为教师提供灵活的学习资源和实践机会。对于年龄较大或技术基础较弱的教师，学校可以采取一对一辅导或小组互助的方式，帮助他们逐步提升数字技能。补偿机制有利于缓解教师的职业焦虑，增强他们的技术应用信心。

（4）平衡技术与教育本质

在 AI 评估体系中，应注重技术与人文的平衡，避免过度技术化而忽视教育本质。在评估教师的技术应用能力时，可以增加对学生情感体验、课堂氛围等维度的评分比例，确保技术应用能够真正服务于教学目标的实现。同时，学校还可以通过设置人文关怀指标，鼓励教师在课堂中关注学生的情感需求和价值观培养。技术与人文的平衡重在保留教育的温度和深度，推动技术与教育的良性互动。

第五章 AI 时代教师的职业发展与终身学习

在 AI 时代，职业发展与终身学习的关系变得愈发紧密，尤其是对于教师这一职业而言。教育需求的不断变化和技术的迅猛发展要求教师必须随时更新知识、提升技能，以适应新的教学环境和挑战。终身学习已成为教师职业发展不可或缺的保障，也是教师在 AI 时代保持竞争力的关键。

第一节 自我反思与专业发展能力

❋ **本节要点**

　教学实践反思

　个人成长规划

　持续学习与专业培训

　反馈与改进

　研究与探索

一、教学实践反思

教师的教学实践反思是一个反复循环的过程。教师需要认真观察、评估和反思自己的教学实践，从中发现问题、改进方法，不断提高自己的教学技能和水平，从而更好地满足学生的学习需求，提高教学效果。

1.反思课堂教学效果

反思课堂教学效果是教师专业发展的重要环节。教师需要从多个维度系统性地考察教学成效，这不仅包括对学生学习表现的直接观察，还应涵盖成绩分析、反馈收集等多方面信息。

在课堂实践中，教师应当密切关注学生的听课状态、参与程度以及对知识的即时反馈，这有利于教师及时调整教学节奏和方式。定期分析学生的作业和测验成绩也可以使教师客观地了解学生对知识的掌握程度，为教学改进提供重要依据。

然而，仅凭观察和成绩分析还不够全面。教师需要主动建立与学生之间的沟通渠道，通过问卷调查、课后交流等方式收集反馈意见。为了更系统地评估教学效果，教师可以围绕几个关键问题进行自我审视：教学内容是否清晰易懂？学生能否将知识灵活运用于实际问题？课堂是否充分调动了学生的学习积极性？对这些问题的深入思考有助于教师全面把握教学效果，进而制订更有针对性的改进策略。

2. 反思教学方法

反思教学方法可以帮助教师快速提高教学水平。教师可以思考自己在课堂上采用的教学方法是否有效，是否能够引起学生的兴趣和参与度，是否能够满足不同学生的学习需求等。通过学生的反馈和对学生的观察，教师可以发现哪些教学方法需要改进和调整，以提高教学效果。

（1）有效性评估

教师需要不断思考自己在课堂上采用的教学方法是否有效。有效的教学方法应该能够帮助学生更好地理解知识点，提高他们的学习效果和学习成绩。在教学实践中进行有效性评估是教师提高教学水平、促进学生学习的关键一环，其主要步骤如图 5-1：

反思教学方法的目标	明确自己采用教学方法的目标和意图，明晰教学目的，准确定义有效性标准，以评估教学方法是否达到预期的效果。
观察学生学习反应	观察学生在课堂上的学习反应和表现，初步评估教学方法的有效性，如学生是否集中注意力、是否积极参与讨论、是否能准确理解和应用知识等。
量化学习成效	观察学生的参与度，如发言频率、互动表现；进行即时评估，如随堂测验、任务完成率等。
定期调整和改进	定期对教学方法进行评估，发现存在的问题和不足之处，并及时调整和改进，优化教学方法。
借鉴同行经验	与同行教师交流经验和分享，借鉴他人的成功经验和做法提高自己的教学水平。
关注学生反馈	定期收集学生的意见和建议，了解他们对教学方法的体验和反应，及时调整教学策略，提高学生的学习效果。

图 5-1　教学方法有效性评估步骤

（2）激发兴趣与提高参与度

优秀的教学方法应该能够激发学生的兴趣和提高他们的参与度。教师可以引导学生参与讨论、展示和合作项目，激发学生的学习积极性和创造力。图 5-2 为具体建议：

多元化教学活动	实践性学习	个性化教学	实时反馈和调整	激励和肯定
利用小组讨论、角色扮演、案例研究、游戏化学习等方式，使学生在不同的教学环境中体验到乐趣和挑战。	引入实践性学习，如实地考察、实验操作、设计项目等，让学生在实践中探索和学习，增强他们的参与度。	了解学生的兴趣爱好和学习风格，根据不同学生的特点设计个性化的教学方案。根据学生的个体差异，有针对性地灵活调整教学策略，让每个学生都感到被重视和关注。	与学生建立良好的沟通机制，及时收集学生的反馈意见，了解他们的学习状态和需求，并根据反馈结果及时调整教学方法。	及时采用正面反馈和具体表扬来肯定学生的努力与进步。设置可达成的小目标和奖励机制。

图 5-2　提高学生兴趣和参与度建议

（3）差异化教学

教师应采用灵活多样的教学方法，针对不同学生的学习风格和节奏进行差异化教学，从而满足学生的多样化需求，确保每位学生都能在课堂上获得成长和进步。图 5-3 为具体建议：

差异化学习	小组合作学习	个性化学习计划	使用多样化的教学资源	关注学生情感需求
根据学生的学习风格、兴趣爱好、能力水平等因素，灵活调整教学内容、教学方式和评价标准，让每个学生在适合自己的学习环境中得到个性化的指导和支持。	学生可以在小组中相互合作、互相学习，共同解决问题和完成任务。小组合作有利于学生之间的互动和合作，充分发挥每个学生的长处。	根据学生的学习目标和需求，为每个学生量身定制适合他们的学习路径和教学资源。	利用多样化的教学资源，如教育科技工具、多媒体资源、实验器材等，以支持不同学生的学习需求。整合不同的教学资源可创造多样化的学习体验。	关注学生的情感需求，如安全感、认同感和自尊心等；建立良好的师生关系、提供情感支持和关怀。

图 5-3　差异化教学表现形式

（4）学生反馈和观察

教师与学生进行交流并观察他们的学习情况，可以了解到哪些教学方法受到学生的欢迎和喜爱，哪些方法存在改进的空间。不断听取学生的反馈意见，可以帮助教师更好地优化自己的教学方法和策略。图 5-4 是与学生进行交流和对学生进行观察的建议：

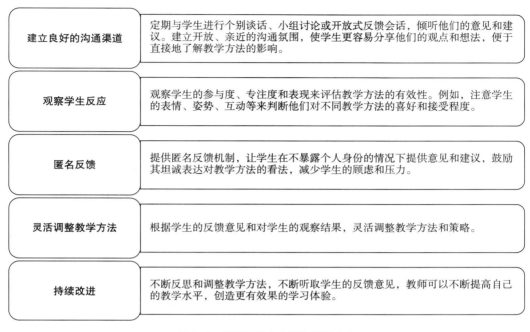

建立良好的沟通渠道	定期与学生进行个别谈话、小组讨论或开放式反馈会话，倾听他们的意见和建议。建立开放、亲近的沟通氛围，使学生更容易分享他们的观点和想法，便于直接地了解教学方法的影响。
观察学生反应	观察学生的参与度、专注度和表现来评估教学方法的有效性。例如，注意学生的表情、姿势、互动等来判断他们对不同教学方法的喜好和接受程度。
匿名反馈	提供匿名反馈机制，让学生在不暴露个人身份的情况下提供意见和建议，鼓励其坦诚表达对教学方法的看法，减少学生的顾虑和压力。
灵活调整教学方法	根据学生的反馈意见和对学生的观察结果，灵活调整教学方法和策略。
持续改进	不断反思和调整教学方法，不断听取学生的反馈意见，教师可以不断提高自己的教学水平，创造更有效果的学习体验。

图 5-4　教师与学生交流和观察方法

（5）改进和调整

教师应通过反思和评估教学实践，识别改进点，并勇于尝试新方法，持续优化教学方式，以提升课堂效果。图 5-5 为改进策略的建议：

反　思	观摩他人	学习新知识
反思自己之前的教学过程，检讨哪些方面可以改进和调整，有针对性地进行改进。	与其他教师进行交流，观摩他们的教学方法，从其他教师身上借鉴不同的教学策略和技巧，并应用到自己的教学中。	不断学习新领域的知识和技能，拓宽自己的教学视野，提高自己的教学水平。

图 5-5　教学方法改进策略

3. 反思学生参与程度

学生参与度是衡量教学质量的重要指标。教师应从课堂设计、互动质量和参与表现三方面系统反思：课堂设计需确保知识转化为可探究的问题链，教学活动符合学生认知水平并设置分层任务；互动质量应关注提问覆盖率、候答时间（建议 3～5 秒）及对错误答案的引导技巧；参与表现则需观察非言语互动（如笔记、眼神交流）、小组角色分配的明确性及后排学生的参与频率。

提升参与度的策略包括：创新课堂设计，如课前发布短视频预习任务，课中设置学生反向质询环节；融合技术工具，利用实时互动平台可视化学习疑问，或通过 VR 还原历史场景增强沉浸感；引入游戏化机制，设计学科闯关晋级体系或课堂经济系统激励互动。

此外，为使学生深化参与，教师需构建多维培养体系：让学生通过撰写"学习日志"训练其元认知能力；组织跨年级学术师徒制促进学生的社会性学习；实施动态评估，运用参与度雷达图分析知识贡献、质疑能力等维度，结合 AI 系统识别课堂参与热区。关键实施中，教师可通过随机配对"思考伙伴"、设计认知冲突悬念（如侦探破案式教学）及可视化"参与能量图"等策略，使学生将被动听课转化为主动探究。

二、个人成长规划

教师个人成长规划是教师为了明确自己的发展方向、设定发展目标，以及规划实现这些目标的具体步骤和时间表。一份好的个人成长规划可以帮助教师更好地提升自己的专业水平，实现事业发展和个人价值的提升。以下是制订教师个人成长规划的一般步骤：

1. 自我评估

自我评估是教师职业发展的起点。教师必须对自己的教学能力、专业水平、个人素养和兴趣爱好进行全面审视，明确自身优势与不足，才能为自己的职业生涯做好规划。

教学效果是教师教学能力的直接反映，自我评估教学能力可从几个方面了解：一是收集学生反馈，了解学生对教学内容、方法和态度的评价，及时调整教学策略；二是分析学生成绩，反思教学方法的有效性，优化学习引导；三是通过课堂观察，如录制教学视频或邀请同行观摩，发现教学中的问题，如内容安排是否合理、方法是否吸引学生等；四是参与同行评课，在交流中借鉴他人经验，提升教学水平。对自己的教学能力的评估是一个持续的过程，教师需要定期做好反思与改进。

教师进行自我专业水平评估，可以通过比较与自我求证相结合的方式，全面审视自身的专业能力与发展方向。教师可以撰写论文，积极参与学术会议、研讨会或专业培训，了解最新的教学理论和学科动态，更新专业知识体系，同时通过与同行比较，定位自身与他人的专业差距，明确提升方向。此外，教师还可以与同行交流经验，提出自己的学术见解，从中获得贴近实际的建议，发现自身不足，找到改进空间。

自我评估个人素养可从沟通能力、领导能力和团队合作能力入手。在沟通能力方面，教师需要反思自己与学生、家长及同事的互动是否顺畅，是否能够清晰表达观点并有效倾听他人意见，日常交流中学生是否理解教学内容、家长是否满意沟通效果、同事是否认可合作方式等，综合判断自己沟通能力的高低。教师判断自身领导能力的强弱可从回顾自己在团队中的角色和贡献开始，反思自己在课堂中是否能够有效引导学生，在教研活动或学校管理中是否能够提出建设性意见并推动实施等。至于对团队合作能力的评估，教师可以通过反思与同事的合作经历来进行。教师可以思考自己在团队中是否积极参与、是否能够与同事有效协作、是否愿意分享经验并接受他人建议。

教师自我评估兴趣爱好，可以从回顾日常活动入手，思考哪些领域或活动让自己感到充实和愉悦。例如，是否对音乐、艺术、体育、阅读或旅行等活动有浓厚兴趣，这些兴趣是否在教学或生活中得到体现。在此基础上，教师可以尝试将兴趣爱好与教学实践结合，观察其效果。热爱艺术的教师可以在课堂中融入艺术元素，激发学生的创造力；喜欢阅读的教师可以为学生推荐书籍，拓宽他们的知识视野。在教学实践中，教师需要判断自己的兴趣是否能够有效提升教学效果，并为学生带来积极影响。

2. 设定发展目标

教师在明确自身的优势与不足后就需要制定切实可行的发展目标，才能推动自身专业水平和教学能力的持续提升。发展目标一般分为短期和长期两种。

短期发展目标聚焦于近期可实现的具体改进，如学习新的教学方法、提升学科知识或优化课堂管理技巧。这些目标通常具体且可操作，帮助教师集中精力，逐步完善教学能力。教师如果希望提高学生的阅读兴趣，可以设定每周组织阅读小组或安排朗读练习的短期目标，逐步培养学生的阅读习惯。短期目标能够帮助教师将长期目标分解为可执行的任务，及时调整教学策略，监测目标进展，并使教师在实现目标的过程中获得成就感，保持教学热情。

长期发展目标则更具宏观性和前瞻性，如更新教学理念、提升整体教学水平或开展教育研究，可为教师提供清晰的职业方向，激励其在学科知识的深度和广度上不断追求，持续更新教学方法。教师可以设定成为学科专家或杰出教育家的长期目标，以此为动力，提升专业能力，赢得行业认可。长期目标的实现不仅有助于教师的职业发展，还能为教育领域带来更大的影响力。

为确保目标的可达成性，教师需要将目标具体化、量化，并制订详细的行动计划。例如，将"提高学生阅读理解能力"的目标转化为"在本学期内将 60% 学生的阅读理解水平提升一个等级"，避免目标笼统化。同时，教师应定期评估目标进展，根据实际情况调整计划，确保目标既具有挑战性，又切实可行。设定明确的发展目标，教师才能更有针对性地提升自身能力，实现职业与个人发展的双重突破。

3. 制订行动计划

为了实现设定的发展目标，教师需要制订详细的行动计划，明确具体行动和时间安排。首先，确保目标具体明确，如果教师的目标是提高学生的阅读理解能力，行动计划应详细说明采用的教学方法、资源和活动。接下来，列出实现目标的具体步骤，比如提升英语教学水平可包括学习新方法、阅读专业文献、观摩优质课等，每个步骤需清晰描述，便于执行。

行动计划需要确定每个步骤的时间计划，设定具体时间点和截止日期，借助时间轴或日历等工具监督进度，确保计划有序推进。此外，教师应提前准备所需资源，如了解培训课程信息、准备学习资料等，为行动计划的实施提供支持。然后，教师应定期检查进展，以便及时发现问题并调整计划，确保目标顺利实现。

4. 持续学习和反思

持续学习与反思是教师职业发展的核心。教师需要不断更新知识、拓宽视野，同时对自己的教学实践进行深度反思，以提升教学水平和专业素养。

持续学习是教师保持竞争力的关键。教师可以通过参加培训课程、研讨会或学术会议，紧跟教育领域的最新动态，更新知识和技能。此外，阅读专业书籍、期刊论文或利用在线学习平台，也能帮助教师获取新知识，保持学习状态。教师与同事或专业导师交流，分享经验与见解，能够拓宽视野，激发新的教学灵感。

反思实践则是教师成长的重要途径。每节课结束后，教师应对教学过程进行反思，总结成功经验与不足之处。教师定期回顾教学实践，思考遇到的挑战与问题，并寻找解决方案，能够不断提升教学质量。同时，教师可邀请同事、学生或家长提供反馈，从不同视角了解自己的教学表现，找到改进方向。

5. 追踪和评估

教师需要定期追踪和评估自身发展进度，及时调整行动计划和发展目标，以确保个人成长规划的顺利实现。教师可以参照学校的要求和自己的专业水平设立明确的评估标准，这些标准可以是量化的，也可以是描述性的，用于客观衡量目标达成情况。一般可通过学生成绩、课堂表现或教学反馈等指标，评估教学效果和改进空间。然后，教师可设定定期评估周期，如每学期末或每季度末，进行全面的自我评估。在评估过程中，教师需收集相关数据，如学生作业、考试成绩、课堂参与情况等，将其作为评估依据；还可以通过学生自评或互评，了解学生对自身教学效果的看法，从多角度获取反馈。同时，教师应进行自我反思，总结取得的成就、面临的挑战以及需要改进的方面。

基于评估结果，教师应及时调整行动计划和目标：如果发现目标不够明确或不可行，可以重新设定更合适的目标；如果发现某些领域有不足，可以通过学习、培训或寻求专业指导加以弥补。在追踪和评估过程中，教师应积极寻求外部反馈和支持。与同事、专业导师或教育专家交流，获取不同视角的建议，能够帮助教师更全面地了解自身表现。此外，教师应保持创新意识，关注教育前沿动态，尝试新的教学方法和工具，为学生提供多元化的学习体验；还可以建立支持网络，与同行分享经验，共同成长。

综上所述，自我评估有助于教师全面了解自身发展状况，及时发现问题并调整策略。因此，教师需要对个人发展的进度进行了解和把控，才能确保职业与个人发展的持续进步。

表 5-1 为个人发展进度的自我评估指标及参考权重：

表 5-1 教师自我评估个人发展进度指标

序号	评估项目	评估内容	权重	得分
1	目标设定	能够设定具体、可衡量和达到的个人发展目标	10%	
2	动机和毅力	展现出对个人发展目标的积极性和毅力，能够持续地努力实现目标	15%	
3	自我意识和反思	能够意识到自己的优势和改进空间，并能够进行有效的自我反思和评估	5%	
4	时间管理和计划能力	能够有效地安排时间和制订计划，以实现个人发展目标	15%	
5	学习能力	展现出良好的学习能力，能够通过学习和实践不断提升自己	10%	
6	沟通能力	能够有效地与他人沟通和合作，以实现个人发展目标	10%	
7	自信和自尊	展现出自信和自尊，能够积极应对挑战和困难	10%	
8	成果展示	能够展示其在个人发展目标上取得的成果，并能够清晰地表达自己的收获和成长	5%	
9	他人评价和反馈	能够接受他人的评价和反馈，并能够积极地借鉴他人意见以改进自己	10%	
10	持续进步	能够持续地努力、学习和改进，以实现个人发展目标并追求更高水平	10%	
总分				

三、持续学习与专业培训

适应快速变化的教育环境是教师学习新知识的动力。教师应掌握最新的教学方法和策略，如个性化教学、协作学习和探究式学习，以提升课堂效果并促进学生主动学习。同时，教师需要熟悉在线学习平台、虚拟教室等数字化工具，以及 AI 和大数据在教育中的运用，以此丰富教学手段并提高课堂互动性。教师还需深入学习教育心理学和学习理论，了解学生的心理特点和学习动机，才能设计符合学生认知规律的教学活动。关注教育政策改革动态和跨学科教育理念也是教师学习的重要内容，教师可从中了解最新的教育研究成果和科学的评估方法，从而适应政策变化，提升专业能力。

为了学习这些新知识，教师可以通过多种途径，如参加专业培训和研讨会获取最新教学方法和教育技术，利用在线学习资源（如 MOOC 平台）和阅读专业书籍与期刊，夯实理论基础并了解前沿动态。将所学知识应用于课堂实践后，教师还需要进行教学反思，不断优化教学策略。此外，加入教师社群或学习共同体，与同行交流经验和讨论问题，也能够促进教师之间的合作与共同进步。跨学科合作也是教师学习的重要途径，与其他学科教师合作设计课程或参与研究项目，可以拓宽教师自身的教学视野并提升其综合能力。

四、反馈与改进

在教育教学过程中，教师需要充分认识到反馈不仅是评价自身工作的手段，更是获得成长与进步的重要机会。接受反馈意味着教师愿意正视自身的不足与缺陷，通过他人的观点和评价，发现可能存在的问题或提升空间，从而对教学实践进行深入反思。教师应将反馈中获得的启示和建议转化为改进行动，提高教学水平和服务质量。教师接受并重视反馈，是一种重视学生和同事意见的表现，有助于增进师生关系和团队合作。

具体而言，教师可以从学生、同事、上级以及自我反思四个维度获取反馈。首先，学生作为教师工作的直接受益者，其反馈对教学效果至关重要。教师可以采用问卷调查、面对面交流等方式收集学生的意见，关注他们的学习体验和情感反应，并利用这些反馈调整教学方法，优化教学效果。其次，同事间的反馈能够帮助教师发现自身的盲点和不足。教师间可以互相观摩、评课及分享经验，教师可以从中学习不同的教学策略，共同探讨问题和挑战，建立积极的教学文化。再次，上级领导的反馈为教师提供了职业发展指导和教学质量评估的重要依据。通过与上级沟通合作，教师可以明确职业目标，制订发展计划，提升专业能力。最后，自我反思是教师成长的关键环节。通过设立明确目标、客观审视自身、总结经验教训以及寻找改进之道，教师能够持续学习和成长，为学生提供更优质的教育服务。

五、研究与探索

教师参与课题研究、探索教学创新、分享研究成果并随时关注教育政策，能够不断提升专业能力，适应教育变革，以下是具体的实践方式：

1. 参与课题研究

教师可以选择与自身教学领域相关的课题，如课程设计、教学方法或学生心理发展等，将研究与教学实践紧密结合。在参与学校或教育主管部门的科研项目的同时，教师还需阅读相关文献、参加学术会议和研讨会，努力将研究成果应用于实际教学。了解最新的教育研究动态和趋势也能助推教师深入探索教育领域的前沿理论和实践问题。

2. 探索教学创新

教学创新不仅能激发学生的学习兴趣，还能帮助教师提升自身的教学能力。教师可以从以下几个方面进行教学创新：尝试新的教学方法、技术和课程设计，如参加专业发展培训，学习最新的教学理念和实践；借鉴他人的经验和见解，开拓教学思路；通过定期自我反思，发现教学中的不足并勇于尝试新的教学方式；阅读研究文献，了解行业内的最新趋势和成果；在实践中收集学生反馈，不断优化教学策略。

3. 分享研究成果

教师可以通过分享研究成果，促进教育领域的交流和合作。教师可以在学术会议上展示研究成果，与其他教育工作者交流思想和经验；通过发表论文、撰写专著或在教育期刊上发表文章，提高自身在学术界和教育领域的影响力；利用社交媒体等渠道，与更广泛的受众分享研究成果，引发讨论和反馈。

4. 关注教育政策

此外，教师还需要关注教育政策的变化和趋势，了解教育部门对教师职业发展的期望和要求。教师可以通过定期阅读教育部门发布的政策文件、参加研讨会和培训课程、加入专业教师组织或工会等途径，及时了解政策变化并调整自己的教学实践和发展计划。同时，与同事、学生家长和学生群体进行讨论和交流，分享对政策的看法和意见，也能够帮助教师更好地适应政策变化，提升自身的教育水平和教学质量。

第二节　跨学科与跨文化教育能力

❋ **本节要点**
　　跨学科教育能力
　　跨文化教育能力

教师需要具备跨学科与跨文化教育能力，主要基于应对复杂世界的需求及实现深度学习的必然要求，这是培养未来公民的核心能力。跨学科能力使教师能够打破学科壁垒，引导学生用多维视角分析现实问题；跨文化能力则帮助教师理解全球化课堂中学生的多元背景，避免因文化差异导致的教学盲区。具备这两种能力的教师才能培养兼具创新力与文化包容力的未来人才，未来的教育才不至于让技术取代，教育才能回归本质——培养"完整的人"。

一、跨学科教育能力

跨学科教育能力是指教师能够跨越学科的界限，整合各种学科知识和技能，促进学生综合发展的能力。一个具有跨学科教育能力的教师不仅仅关注自己所教学科的知识，还能够将其他学科的知识融入教学中，让学生在学习过程中形成更加完整和广泛的认知。跨学科教育能力要求教师实时更新学科知识、培养跨学科思维、进行跨学科实践并与其他学科教师合作。

1. 学科知识更新

教师首先应不断深化和更新自己的学科知识，再扩展到其他相关学科领域。这样能够帮助教师更好地理解不同学科之间的联系和交叉点，有助于整合不同学科知识。教师在更新学科知识时，可以采取以下措施来拓展自己的知识广度和深度：

（1）利用 AI 驱动的学习平台

AI 技术为教师提供了高效的学习工具。例如，通过学而思、慕课网等 AI 驱动的在线学习平台，教师可以根据自身需求定制学习路径，获取个性化推荐的课程。这些平台能够根据教师的学习目标、兴趣和知识水平，推荐最合适的课程内容，从而帮助教师更有针对性地学习。

AI 驱动的学习平台还能够实时分析教师的学习进度，并提供反馈。平台可以通过记录教师的学习时长、课程完成情况和测验成绩，生成详细的学习报告，帮助教师了解自己的学习效果和薄弱环节。同时，AI 还可以根据学习数据，动态调整推荐内容，确保教师的学习路径始终与目标保持一致。

（2）借助 AI 辅助学术研究

AI 工具如 ChatGPT、Google Scholar 和 ResearchGate 能够帮助教师快速检索学术文献，筛选相关研究成果。教师可以通过 Google Scholar 输入关键词，获取大量相关文献，并利用 AI 筛选功能快速识别高引用率的文章或最新研究成果。ChatGPT 等生成式 AI 工具还可以帮助教师生成研究综述，节省教师的时间和精力。需要注意的是，目前的生成式 AI 工具基本上不适用于学术文献提供，会产生幻觉性引用。

AI 数据分析工具（如 Python 和 R 语言）能够协助教师处理复杂数据，提升研究效率。在社会科学研究中，教师可以利用 Python 进行大规模数据处理和统计分析，识别数据中的关键趋势或模式；在自然科学研究中，R 语言可以帮助教师进行数据可视化和建模，从而更直观地展示研究结果。

（3）利用 AI 生成教学资源

AI 文本生成工具（如 GPT、DeepSeek、腾讯元宝等）能够帮助教师快速编写教案、设计课堂活动或生成教学文档。教师可以通过输入教学主题、主要教学内容和目标，利用 AI 生成详细的教案框架，包括教学目标、教学步骤和课堂活动设计。此外，AI 还可以根据教师的需求，生成多样化的课堂活动方案，如讨论问题、小组任务或案例分析，从而丰富教学内容并提升学生的参与度。

AI 图像及视频生成工具可以帮助教师创建可视化教学素材，提升教学的直观性和吸引力。教师可以利用 AI 生成与教学内容相关的图表（包括示意图或概念图），帮助学生更直观地理解复杂概念。在历史、地理等学科中，教师还可以通过 AI 生成历史场景复原图或地理分布图，增强学生的空间想象力和学习兴趣。AI 生成的可视化素材可以根据教学需求进行动态调整，如通过改变参数生成不同版本的教学图像，以满足不同学生的学习需求。

（4）参与 AI 支持的跨学科学习

AI 推荐系统能够帮助教师发现与自身学科相关的其他领域知识，从而促进跨学科学习的开展。比如一位数学教师可以通过 AI 推荐系统获取与数学相关的物理学、计算机科学或经济学知识，从而设计出融合多学科内容的教学项目。

AI 技术还可以模拟跨学科问题场景，帮助教师理解学科间的联系，并提升综合教学能力。AI 可以通过生成虚拟实验或模拟现实问题，展示不同学科知识在实际应用中的相互作用。例如，在环境科学教学中，AI 可以模拟气候变化对生态系统的影响，结合生物学、化学和地理学的知识，帮助教师设计跨学科的教学活动。

（5）利用 AI 进行教学反思与改进

AI 语音识别技术可以记录课堂互动，分析教师的语言表达、学生的参与度以及课堂氛围，从而评估教学效果。这些数据可帮助教师了解课堂互动的质量，识别教学中的不足，并有针对性地调整教学方式，比如增加互动环节或改进语言表达，以提升学生的参与度和学习效果。

AI 评估工具可以帮助教师识别教学盲点，优化教学策略。AI 可以通过分析学生的作业和测验数据，识别学生在学习中的普遍性错误或知识盲区，从而为教师提供改进建议。如果 AI 发现多数学生在某一知识点上表现较差，教师可以据此调整教学计划，增加相关内容的讲解和练习。此外，AI 还可以通过分析学生的学习行为数据，提供个性化的教学建议。

（6）探索 AI 驱动的教育创新

教师可以利用智能辅导系统（如讯飞、松鼠 AI 等产品）辅助学生个性化学习。这些系统能够根据学生的学习数据，分析其知识掌握情况和学习习惯，从而提供个性化的学习建议和资源。教师也可以借助虚拟现实（VR）和增强现实（AR）技术，打造沉浸式课堂体验，激发学生的学习兴趣。在历史教学中，教师可以利用 VR 技术创建历史场景复原，让学生"穿越"到古代，亲身体验历史事件；在科学教学中，教师可以利用 AR 技术展示复杂的科学现象，如分子结构或天体运动，帮助学生更直观地理解知识。AI 技术为教师的教育创新提供了无限可能，教师可利用各种 AI 工具进行组合、分解、定制等，甚至可以采用协作方式搭建 AI 教学平台，达到教育方式的创新。

2.跨学科思维培养

新技术时代教师的跨学科思维应聚焦于善用 AI 构建思维框架：搭建知识联结支架、装填认知盲区及助推思维跃迁，培养能驾驭 AI 的跨界思维者。其核心在于构建"人 +AI"协同的思维框架，既要利用 AI 突破学科壁垒，又要通过教学设计引导学生实现认知跃迁。以下是教师培养跨学科思维的可能路径：

首先，教师需搭建知识联结支架，通过 AI 绘制跨学科地图。例如，锚点式主题设计可以帮助教师选定跨学科问题，并利用科大讯飞的星火认知大模型生成知识图谱，涵盖历史、地理、化学等多学科内容。教师可通过钉钉智能文档标注学科关联逻辑链，梳理知识脉络，形成跨学科思维的基础框架。

其次，教师应通过 AI 技术扫描自身认知盲区。例如，利用"文心一言"检查教学设计中的单学科惯性思维或逻辑断层，并通过"NOBOOK 虚拟实验平台"验证假设漏洞。教师还可以借助华为云 ModelArts 和中教启星"VR 虚拟现实创新实验室"等工具，更精准地识别并弥补认知漏洞。

再次，教师可以通过 AI 创设认知冲突场景，推动思维跃迁。例如，利用"智谱 AI"生成反常识命题（如"唐代诗人李白是几何学高手"），并结合"国家中小学智慧教育平台"资源，从语文、数学、信息技术等多角度解构问题。WPS"轻维表"等工具有助于更高效地设计跨学科教学场景。

最后，教师应重构评价体系，从知识量转向联结密度。教师利用知网"AI 学术检测"、华为"盘古大模型"和讯飞"智学网"等工具，可评估自身教学设计的跨学科深度和创新性。教师还可以通过百度 SugarBI 生成跨学科思维雷达图，直观了解自身思维的广度和深度，并通过钉钉教育大脑动态追踪思维升级路径。

当然，教师还可通过 AI 协同备课实现能力升级。利用学堂在线的"AI 助教"定位课标中的跨学科节点，通过猿辅导的"小猿 AI 课件"生成多学科关联案例，借助腾讯混元大模型模拟学生认知冲突点，并通过"人民数据库"核查 AI 生成内容的价值观导向。不同地区的教师可根据实际需求选择本土化工具包，如农村学校可结合中央电化教育馆"虚拟实验和教育云平台"，城市学校则可利用阿里通义千问和中望 3D 教育版。

教师跨学科思维的培养是一个系统性工程，需要借助 AI 工具实现广度、深度和高度的三重突破。未来几年，随着教育垂直大模型的成熟，教师将需要把更多精力投入思维路径设计与认知伦理引导，真正成为 AI 时代的领航者。

3. 跨学科教学实践

在技术新时代，教师开展跨学科教学实践需要紧密结合国内技术工具和教育理念，以更好地满足实际教学需求。以下从资源整合、教学设计、协作机制、评估迭代和教师能力提升等方面，提出具体策略：

首先需要构建跨学科知识网络，教师可以利用国内数字平台石墨文档或腾讯文档等协作工具，与学生共同创建跨学科概念地图，直观展示不同学科间的联系。比如，教师在探讨"碳中和"主题时，可以整合地理、物理、化学和经济等多学科知识。其次，借助百度 AI 知识图谱或阿里云智能语义分析工具，教师可以自动识别知识点间的跨学科联系，为教学设计提供支持。再次，教师还可以使用云盘搭建共享数据库，分类存储多学科素材，如历史事件的科学背景、文学作品中的数学逻辑等，方便学生按主题检索。最后，教师可以整合国内在线教育平台资源，如学堂在线或中国大学 MOOC，引入前沿跨学科课程案例，丰富教学内容。

在教学设计方面，教师可以基于真实场景创设沉浸式学习体验。利用国内 VR/AR 技术，如百度 VR 或华为 AR 引擎，教师可以模拟跨学科问题情境。例如，通过 VR 技术还原古代水利工程，结合历史、工程和地理等学科；或利用 AR 技术展示生物细胞结构，融合生物、化学和艺术。结合超图 GIS 工具，教师可以开展社区调查项目，整合环境科学、数据分析和政策研究。在项目学习中，教师可以引入国内开发工具，如 Scratch 中文版或飞算等平台，让学生开发跨学科应用。例如，设计"校园垃圾分类监测系统"，结合物理传感器、数据可视化和环保教育；或创建"方言保护 AI 助手"，融合语言学、机器学习和文化研究；等等。

在协作机制的创新方面，教师可以建立跨学科教师协作云空间，如钉钉群或企业微信，实时共享教案、学生作品和评估数据；开展 AI 辅助的课程联动设计，使用文心一言或讯飞星火生成跨学科案例原型，再由教师团队联合优化设计。教师运用国内设计思维工具，如墨刀或 Canva 中文版，可支持团队快速制作原型，如设计"未来城市交通方案"，融合工程、社会学和艺术。

在评估与迭代方面，教师可以利用国内学习分析系统，如"永洪 BI"，整合学生跨学科项目中的行为数据，生成能力矩阵雷达图；部署 AI 写作助手，如"讯飞听见"或"WPS AI"，提供跨学科报告的即时反馈，重点关注学科术语的准确使用。教师可以构建学生成长档案，记录学生在不同跨学科项目中的贡献。

在教师能力提升方面，教师可以参与技术增强型教师社群，如中国教育技术协会或中国教师研修网，通过微博或知乎的相关话题获取最新实践案例。同时，教师需要掌握关键技术工具包，包括基础的协作工具和数据可视化工具，如钉钉/企业微信和百度图说，以及更高一级的 AI 提示工程（Prompt Engineering）和 3D 建模，如文心一言、讯飞星火和中望 3D 等。

需要注意的是，教师在进行跨学科教学实践时，应选择与教学目标匹配的国内技术工具，避免为技术而技术的误区，应始终以促进学生深度学习为导向，培养学生在复杂问题中整合数字工具、创新方法和跨领域思维的能力素养。

二、跨文化教育能力

在全球化加速发展的新时代，跨文化教育能力已成为教师应对多元文化课堂、培养全球公民的核心素养。随着技术革新和跨国交流的日益频繁，教师不仅需要掌握学科知识，也要具备跨文化理解力、沟通力和适应力。教师更需要持续学习跨文化理论，积极实践跨文化教学，善用技术工具，并通过反思优化教学策略来提升自己的跨文化教育能力。唯有如此，教师才能在多元文化交织的教育环境中游刃有余，为新时代培养具备跨文化交流能力的人才。

1.深化理论学习

跨文化教育能力的提升首先需要以扎实的理论为基础。教师应系统学习跨文化交际理论，如荷兰心理学家霍夫斯泰德（Hofstede）的文化维度理论、加拿大跨文化心理学专家约翰·贝利（John Berry）的文化适应理论等。这些理论为理解不同文化背景下的价值观、行为模式和沟通方式提供了框架。例如，霍夫斯泰德理论中的"权力距离"维度可以帮助教师理解不同文化中师生关系的差异，从而设计更具包容性的课堂规则。

此外，教师还需关注全球化教育的前沿研究，了解国际教育的最新动态和趋势。当然，理论的学习不能脱离本土教育场景。教师应批判性地吸收理论精髓，结合自身教学环境进行本土化改造。例如，在多元文化班级中，教师可以通过对比不同文化对"个人主义"与"集体主义"的认知倾向，调整教学策略，促进学生的文化认同与合作。

2. 实践教学转化

理论的价值在于指导实践，教师需要在真实教学场景中创设跨文化热点，让学生在实践中体验文化差异与冲突。教师可以组织文化专题活动，通过案例分析、角色扮演或模拟国际谈判等方式，让学生深入理解不同文化背景下的行为逻辑。

在教学过程中，教师应密切观察学生的反应，并根据学生的反馈动态调整教学策略。例如，在模拟国际谈判活动中，如果学生表现出对某种文化行为的误解，教师可以及时介入，通过引导讨论或提供背景知识帮助学生澄清认知。实践活动有助于学生提升跨文化理解能力，培养其跨文化沟通与协作的技能。

3. 运用技术赋能

当前的教育技术为跨文化教育提供了强大的支持。教师应熟练运用技术工具，突破传统教学的时空限制，为学生创造沉浸式的跨文化学习体验。虚拟现实（VR）技术可以还原异国文化场景，让学生身临其境地感受不同文化的生活方式和社交礼仪。

此外，多语言 AI 工具可以支持跨文化协作项目，帮助学生克服语言障碍，促进多元文化背景下的沟通与合作。教师还可以利用大数据技术分析学生跨文化能力的发展轨迹，及时发现学生的薄弱环节，并有针对性地调整教学策略。技术赋能教学，使得教师能够更高效地实现跨文化教育目标，提升学生的学习效果。

4. 保持持续优化

反思是教师专业成长的核心环节，贯穿于跨文化教育的全过程。教师可以通过撰写跨文化教学叙事日志，记录教学中的成功经验与挑战，为后续教学提供参考。同时，教师运用"情境—行为—影响"的反思框架，深入剖析教学案例，理解教学行为对学生跨文化能力发展的影响。

教师还应积极参与国际教师社群的协作研究，与来自不同文化背景的教育者交流经验，获取多元反馈。在参与国际教育论坛或在线研讨时，教师可以分享自己的教学实践，并借鉴他人的成功经验，从而不断优化教学范式。

第三节　教育创新与适应能力

※ **本节要点**

教育创新能力

技术适应能力

高效应用教育资源能力

在技术飞速发展的时代，教育环境正在经历前所未有的变革。教育新技术的涌现、学生学习方式的转变及社会对教育需求的多样化，都对教师提出了更高的要求。只有不断革新与适应，教师才能在技术时代保持教学活力，为学生提供更优质的教育，推动教育的持续进步。

一、教育创新能力

教师的教育创新能力是指教师在教学实践中，通过创造性思维和行动，突破传统模式，优化教育过程，提升学生学习效果和综合素质的能力，重在强调教师主动探索、整合资源以及适应变化。为此，教师首先要具备创新意识。

1. 创新意识

教师自我培养创新意识是一个持续的过程，需要从多个维度主动突破。首先，教师需要打破思维定式，培养开放心态。教师需要经常质疑常规教学流程，如备课和作业布置，思考是否有更有效的方式。同时，教师应主动接触其他学科知识，并将其融合到教学中，包容创新的不确定性，接受创新可能带来的短期混乱，逐步优化规则。

其次，教师应构建知识网络，拓宽认知边界。教师应持续输入新知识，定期阅读教育前沿书籍和权威期刊，掌握数字工具，以提升教学效率。教师亦可加入教育创新社群，参与跨界工作坊，与不同领域从业者交流。教师的创新实践可以从"微创新"开始。每周尝试一个"微改变"，如调整课堂提问方式或设计创新小活动。教师可尝试设计创新实验，针对教学痛点进行对照实验，然后对比教学效果，还可借鉴优秀案例并将其本土化，将"项目式学习"简化为小型实践任务。

创新意识的自我培养需要系统化反思机制的支持。教师可用"What-Why-How"框架复盘创新尝试，记录成功或失败的原因及改进方向。另外，教师需要收集多元反馈，向学生和同事征求意见，收集数据，以验证教学效果，对比创新前后的学生参与度和作业质量。

教师还可与校内同行组成"创新小组"，定期分享案例、互相观察课堂。教师可利用政策资源，主动申请参与教育部门的创新项目，获取资金和专家支持；创新成果可以通过学校开放日展示，争取家长和社会的理解。创新是不断试错的过程，教师自己需要做好心理建设，接受可能不成功的事实。

总的来说，教师创新意识的核心是好奇心、行动力和坚持力。教师需主动走出舒适区，将创新意识转化为日常习惯：每天记录教学中的"不满意点"并思考替代方案，每周尝试微创新并收集反馈，每学期完成一个系统性创新项目。只要持续积累，教师就能逐步从"经验型教师"转向"创新型教师"。

2. 创新教学方法

教学方法的创新是提升教育质量的关键，而多样化策略设计是其中的核心。教师应灵活运用项目式学习、翻转课堂、游戏化教学等多元化方式，激发学生的主动参与和深层思考。例如，通过项目式学习，学生可以在真实任务中整合知识，培养解决问题的能力；翻转课堂则将传统讲授与课后练习对调，让学生在课堂上更多参与互动；游戏化教学则通过设计趣味性任务，增强学生的学习动力和专注度。

个性化教学是创新的另一重要方向。教师需根据学生的能力、兴趣和学习节奏，设计分层任务或提供差异化辅导，为学习进度较快的学生设计更具挑战性的任务，同时为需要支持的学生提供额外指导。差异化的教学方式需要考虑个性化需求，才能帮助学生在原有的基础上取得进步。

情境化教学的创新则是讲究将学科知识与现实应用紧密结合。如引入真实问题或案例，帮助学生理解知识的实际意义：在科学课上，教师可以通过设计环保项目，让学生在学习生态知识的同时思考如何保护环境；在历史课上，教师则可以通过模拟历史事件，帮助学生更深入地理解历史背景和人物选择。

教学方法的创新需要教师在多样化策略、个性化和情境化教学之间找到平衡，通过分解、组合并灵活运用各种教学方法，帮助学生更好地掌握知识并应用于实际生活中。

3. 创新课程设计

跨学科整合是创新课程设计的主要途径。教师需要打破学科界限，设计融合科学、人文与实践的课程，帮助学生建立更全面的知识体系，培养其综合思维能力。例如，将物理与艺术结合，探讨光与色彩的关系；或将历史与地理整合，分析历史事件背后的地理因素。

校本课程开发则是结合学校特色或社区资源，打造独特的教育内容。比如位于生态保护区的学校可以开发环保主题课程，引导学生关注环境保护；具有深厚文化底蕴的学校则可以设计文化传承课程，让学生深入了解当地传统。校本课程的设计理念应该基于增强学生的归属感，以及充分利用学校及社区的资源优势。

动态内容更新是保持课程时代性的关键。随着科技的快速发展和社会问题的不断涌现，课程内容需要及时引入前沿知识。教师应将人工智能、气候变化等议题融入课堂，帮助学生理解这些领域的现状与挑战。动态更新可确保课程内容与时代发展同步，培养具备全球视野和未来思维的创新型人才。

4.教育技术融合

应用数字化工具，融合各种教育技术进行教学是推动教学创新的重要手段。教师可以利用在线平台和交互工具增强课堂互动，通过在线平台发布学习任务并实时跟踪学生进度，或使用交互工具设计趣味问答，激发学生的参与热情。

虚拟与混合学习则是拓展教学场景的有效方式。教师可以整合 AR/VR 技术构建混合式学习环境，为学生提供沉浸式学习体验。例如，在英语课上使用 VR 技术设定英语使用场景，或在生物课上通过 AR 技术引导学生观察细胞结构。技术融合不仅能够打破物理空间的限制，还能帮助学生更直观地理解复杂概念。

数据驱动教学相较于传统教学是最大的创新，使教师的教学过程从"经验决策"转向"数据决策"。教师借助一些学情分析工具可实时了解学生的学习情况，并据此调整教学策略。如果通过数据分析已发现学生在某一知识点上的普遍困难，教师应当设计有针对性的辅导内容，精准把握学生的学习需求，提升教学效果。

5.创新评价体系

随着教师逐步拥有创新意识，能够创新教学方法，进行创新课程设计并融合教育技术，创新评价体系就成为必然。教师首先应将过程性评估与结果性评估相结合，关注学生的学习历程而非单一结果。教师可采用成长档案、表现性任务等动态评价方式，全面记录学生的进步与成长。例如，成长档案可以收集学生的作业、项目成果和反思记录，展示其学习轨迹；表现性任务则通过设计真实情境下的挑战，评估学生的综合能力。

其次，评价标准应多元化，综合知识、技能、态度等多维度指标，避免单一分数导向。教师在评价学生时，不仅要关注其考试成绩，还要考查其团队合作能力、创新思维和问题解决能力。只有多元化的评价方式才能够更全面地反映学生的综合素质，为其提供更精准的发展建议。

此外，教师应引导学生参与评价，培养其元认知能力。学生可以进行自评与互评，学会反思自己的学习过程，发现不足并制订改进计划。在项目结束后，学生可以通过自评总结自己的收获与挑战，同时通过互评了解他人的优点与不足，从而提升学生的自我管理能力。教师还可以借助 AI 技术优化评价方式，利用数据分析工具实时跟踪学生的学习情况，为其提供个性化反馈；或通过在线平台设计互动式评价任务，增强学生的参与感。

二、技术适应能力

在 AI 时代，教师的技术适应能力不仅关乎教学效率的提升，更是实现教育创新和培养学生未来竞争力的关键。教师需要主动拥抱技术变革，不断提升自身的技术素养，同时保持教育的核心价值，将技术与人文关怀相结合，才能有效应对教育技术的快速发展和教学模式的变革。技术适应能力包含以下几个方面：

（1）数字素养与工具使用

数字素养不仅包括对信息技术的理解和应用能力，还涵盖了信息获取、处理、评价和创造的能力。教师需要熟练掌握各类教育技术工具和平台，灵活运用学习管理系统，通过这类平台发布课程内容、布置作业并实时跟踪学生的学习进度，更好地掌握学生的学习情况并及时调整教学策略。教师可以使用在线协作工具组织学生进行远程讨论和小组合作，促进课堂互动和团队协作。

教师还需掌握多媒体制作工具，利用这些工具设计图文并茂、生动有趣的互动课件，增强课堂的吸引力和学生的参与度。多媒体工具可以将抽象的知识点转化为直观的动画或图表，帮助学生更轻松地理解和掌握复杂概念，为学生创造更加高效和多样化的学习体验。

（2）数据分析与学习评估

教师可使用 AI 驱动的学习分析工具深入挖掘学生的学习数据，识别他们的学习难点和趋势。数据驱动的教学方式不仅能够帮助教师更准确地评估学生的学习效果，还能及时发现学生的薄弱环节，并采取相应的措施加以改进。教师可以通过在线考试系统收集学生的答题数据，利用这些数据生成个性化的学习报告，从而为学生提供有针对性的反馈和辅导。

基于数据的教学策略要求教师分析学生的学习行为数据，优化教学设计和课程安排，确保教学内容更加贴合学生的实际需求。采用分析后的数据作为教师的教学决策判断依据，教师能更好地理解学生的学习表现和需求，优化教学方法和过程。

（3）AI 工具应用与整合

熟悉并掌握各类 AI 驱动的教育工具可以提升教学效率和个性化学习体验。教师可以利用智能辅导系统为学生量身定制学习路径，提供适合其水平和需求的学习资源，从而帮助学生更高效地掌握知识；AI 写作助手能为教师提供支持，帮助学生在写作过程中改进语言表达和逻辑结构，提升写作质量；虚拟实验室等工具可以让学生在安全、可控的环境中进行实验操作，弥补传统实验条件的不足，增强学生的实践能力和科学探究兴趣。

与此同时，教师还须具备远程教学和混合教学的能力，以适应多样化的教学场景。通过视频会议工具，教师可以开展在线课堂，与学生实时互动，确保教学的连续性。录播工具则可以帮助教师制作微课视频，供学生课后复习或自主学习。在线平台的使用还能方便教师组织学生进行讨论和协作，促进课堂互动和团队合作。熟练掌握这些技术和工具，教师才有可能更好地应对教育变革，为学生创造更加高效和个性化的学习环境。

（4）信息伦理与数据安全意识

在 AI 时代，教师不仅需要掌握技术工具的使用方法，还需深入了解 AI 技术的伦理问题和数据隐私保护的重要性。教师在使用 AI 分析工具时，必须确保学生数据的匿名和安全，避免敏感信息泄露或滥用。同时，教师还需关注算法可能存在的偏见问题，确保技术工具的公平性和客观性。

教学中，教师应引导学生正确使用 AI 工具，帮助他们理解技术的局限性，避免过度依赖或滥用。教师可以通过案例分析或课堂讨论，让学生认识到 AI 工具的输出结果并非绝对正确，需要结合自己的判断和思考。此外，教师还需在教学中融入数据隐私和伦理教育，培养学生的数字素养和责任感。

（5）个性化教学与差异化辅导

教师需要充分了解 AI 带来的技术便利，使用 AI 技术实现个性化教学，以适应不同学生的学习需求和水平。AI 驱动的自适应学习平台可以为学生推送与其能力相匹配的学习资源，确保每个学生都能在适合的节奏下学习。对于学习进度较快的学生，平台可以提供更具挑战性的任务，而对于需要更多支持的学生，则可以提供基础性的练习和辅导。

教师还可以借助智能辅导系统，为学生提供一对一的学习支持，帮助他们解决个性化的问题和难点。AI 能精准识别学生的学习需求并制订差异化的教学方案，这种个性化教学策略不仅能够提高学生的学习效率，还能增强他们的学习信心和兴趣。

（6）人机协作与批判性思维

使用 AI 工具时，教师需要批判性地进行人机协作。教师不仅需要具备与 AI 工具协作的能力，还需保持批判性思维，能够客观评估 AI 工具的输出结果并作出合理判断。AI 工具虽然能够提供高效的教学支持，但其生成的内容具备幻觉性，可能并不完全符合实际教学需求。因此，教师在使用 AI 生成教案或评估报告时，需要结合自身的教学经验和学生的具体情况，对内容进行修改和完善，以确保其科学性和实用性。

教师要具备批判性思维，在充分发挥技术工具优势的同时，避免对 AI 工具的盲目依赖。此外，教师还需在教学过程中引导学生正确看待 AI 工具的作用，培养他们的独立思考能力和判断力。通过建构性地使用 AI 工具，教师能够更好地平衡 AI 技术与教学的关系，提高人机协作的有效性。

三、高效应用教育资源能力

教师高效应用教育资源的关键在于灵活运用多元技术工具、技术和方法，并且创新教学策略，共享资源与持续学习，提升课堂互动性与教学质量。

1. 整合多元教学资源

教师要积极收集各类资源，包括书籍、期刊、多媒体软件及在线平台，通过网络与图书馆等渠道获取丰富资料，建立教育资源库。然后，教师应评估资源质量与适用性，筛选出与教学目标匹配的内容，确保资源的高效利用。之后，教师再根据教学目标与内容，结合学生需求，设计多元化教学方案，使用多媒体软件展示图文并茂的知识点，融入讲授、讨论、小组合作和实验等多种形式，开展创意教学活动，为学生提供多样化的学习体验。

整合利用教学资源还要考虑资源使用时的互动性，教师还需要把课堂讨论与实际案例结合，并利用教学软件辅助实验教学，提升教学效果与互动性。同时，鼓励学生积极参与课堂活动，激发其兴趣与主动性，并及时收集反馈，优化资源使用方式，打造引人入胜的学习氛围。

2. 高效应用技术工具

在新技术时代，教师高效使用教育技术工具是提升教学质量和学生学习效果的关键，教师需要从教学设计、内容展示、课堂互动、实践操作、远程教学和学习评估六个方面系统化地运用技术工具，确保技术与教学目标和学生需求相匹配。

（1）教学设计

在教学设计阶段，教师应明确如何将技术工具建构性地融入教学活动，确保其服务于课程目标和学生需求。教师可以利用多媒体工具设计互动课件，创建动态演示文稿，或使用在线平台发布学习任务和资源。例如，在语文课上，教师可以通过互动课件设计诗词赏析的动画演示，帮助学生更好地理解诗歌意境；在数学课上，教师可以使用几何绘图软件动态展示图形的变化规律，增强学生的空间思维能力。教师还可以利用学习管理系统设计个性化学习路径，根据学生的学习进度和水平推送相应的学习资源。

（2）内容展示

在课堂教学中，教学内容直观化与动态化可提升学生的学习兴趣和理解深度。教师可以通过电子白板、投影仪、平板电脑等设备展示图文并茂的教学内容，如视频、动画、图表等，增强学生的直观理解。例如，历史学科教师可以播放历史纪录片或利用时间轴工具展示历史事件的演变过程；科学学科教师可以通过 3D 模型或虚拟现实（VR）技术展示分子结构或太阳系运行规律，帮助学生更直观地掌握复杂概念；生物学科教师还可以通过 AR 技术引导学生观察人体器官的立体结构，或利用增强现实（AR）技术将抽象知识具象化。

（3）课堂互动

课堂互动是教育技术与学生参与的结合，技术工具可以有效促进课堂互动，激发学生的主动参与和思考。教师可以利用在线投票工具实时收集学生意见，了解学生的学习难点；通过论坛或协作平台组织学生进行在线讨论或小组合作，培养学生的批判性思维和团队协作能力。比如英语教师可以通过在线论坛组织学生进行话题讨论，鼓励学生用英语表达观点；政治教师可以利用投票工具组织课堂辩论，帮助学生理解不同立场的观点。教师还可以利用即时反馈工具在课堂上进行随堂测验，及时了解学生的学习效果。

（4）实践操作

在实践操作环节，教师可以借助实验模拟软件或虚拟实验室，帮助学生进行实践操作，将虚拟与现实条件结合，弥补传统实验条件的不足。在物理课上，教师可以使用虚拟实验室模拟电路实验，帮助学生理解电流、电压和电阻的关系；在生物课上，教师可以通过模拟软件引导学生观察细胞结构或进行基因编辑实验，提升学生的动手能力和科学探究能力。

（5）远程教学

打破时空限制的教学方式是远程教学，教师可以利用视频会议工具（如腾讯会议）开展在线教学和辅导，确保学习的连续性：教师可以通过线上会议为学生答疑解惑，或组织远程小组讨论，促进学生的协作学习；还可以利用录播工具录制微课视频，供学生课后复习；通过在线协作平台组织学生进行远程项目合作，培养学生的自主学习能力和团队协作能力。在远程教学中，教师需要注意设计多样化的教学活动，如在线测验、虚拟实验等，以保持学生的学习兴趣和参与度。

（6）学习评估

在学习评估环节，数据驱动的个性化反馈可以成为教师的帮手。教师可以通过在线考试系统和作业提交平台实时评估学生的学习表现，利用数据分析工具跟踪学生的学习进度，识别学生的学习难点，并及时提供个性化反馈。教师可通过电子档案袋（e-Portfolio）记录学生的学习过程和成果，帮助学生反思学习经历，制订改进计划。教师在评估过程中应注重形成性评估与总结性评估相结合，通过技术工具收集学生的多维度数据，优化教学策略，提升教学效果。

然而，教师在运用技术工具时也需注意以下几点：一是确保技术工具与教学目标一致，避免技术滥用；二是关注学生的技术使用体验，确保技术工具的易用性和可访问性；三是不断更新技术知识和技能，适应教育技术的快速发展。只有将教育技术与教学深度融合，才能真正实现教育的创新与变革。

第四节　教师职业发展规划

✳ **本节要点**

自我评估

目标设定

实现专业发展

交流和合作

评估与调整

面对教育行业的快速变革，教师需要具备前瞻性的职业规划能力，明确个人发展目标，及时调整发展方向，适应教学环境的变化。同时，规划过程本身也是一种自我审视和提升的机会，教师可以借此发现自身不足，制订改进措施，实现职业能力的持续提升。教师职业发展规划主要包含以下几个方面：

一、自我评估

自我评估是一个持续的过程，能够帮助个人全面了解自己的专业技能、潜力、兴趣和需求，不断调整和完善个人发展规划，从而实现更好的职业和个人发展。自我评估包含专业技能评估、潜力评估、兴趣评估和需求评估。

1. 专业技能评估

（1）SWOT 分析

美国管理学教授海因茨·韦里克（Heinz Weihrich）提出的 SWOT 矩阵可以用作教师自我评估专业技能的工具。SWOT 主要用于企业管理，教师可以借此模型从优势（Strengths）、劣势（Weaknesses）、机会（Opportunities）、威胁（Threats）四个方面分析自己的能力、潜力和问题所在。表 5-2 是针对教师专业技能的 SWOT 分析：

表 5-2　教师专业技能 SWOT 分析

分析内容	分析重点
优势 （Strengths）	优秀的教学技能和方法；专业知识和能力；良好的沟通与人际关系能力；积极的工作态度和热情；擅长团队合作或领导能力；掌握的专业技术或工具
劣势 （Weaknesses）	缺乏某些专业知识或技能；时间管理能力不足；反馈接受能力不足；团队合作能力有待提高；教学方法可能需要更新或改进；沟通能力不够清晰或有待提高的方面

续表

分析内容	分析重点
机会 （Opportunities）	参加专业培训和进修课程；利用数字技术和在线教育平台提升教学效果；参与教育领域的研讨会和学术交流活动；提升教学品质和专业水平；探索跨学科合作和教学创新；学习新的教学方法和技术，如个性化教学、STEAM 教育等
威胁 （Threats）	竞争激烈，教学需求不断变化；技术进步导致旧有教学方法落后；缺乏资源支持或专业发展机会；教育政策变化对教学带来不确定性；学生学习需求差异化和管理挑战；职业倦怠或工作压力导致教学质量下降

教师通过 SWOT 进行自我分析，可以深入了解自己的现状和潜在问题，有效地制订发展规划和学习计划，优化个人教学实践，提高教学质量和职业发展水平。

（2）自我认知评估

各种专门设计的能力评估工具，如 MBTI 性格测试、DISC 人格测试、EQ 情商测试等，可以帮助个人更全面地了解自己的性格特点、交往方式以及情商水平。

MBTI（Myers–Briggs Type Indicator）性格测试是一种常用的心理评估工具，旨在帮助个人了解自己的性格类型和特点。该测试基于瑞士心理学家荣格（Carl Jung）的心理类型理论，经 Myers 和 Briggs 的发展，将人们的个性划分为四对反映基本心理倾向的维度，共构成 16 种不同的性格类型。使用 MBTI 性格测试进行自评，教师可以了解自己的性格类型和特点，更好地理解自己的行为模式和偏好，有利于提升自我管理能力和与他人合作的效率。

DISC 人格测试是一种常用的人格评估工具，旨在帮助个人了解自己的行为特征、沟通风格和工作方式。DISC 代表四种主要的人格特征：支配型（Dominance）、影响型（Influence）、稳定型（Steadiness）、从容型（Conscientiousness）。每种人格类型代表了不同的行为特征和偏好，帮助个人更清晰地认识自己和他人。DISC 人格测试可以帮助教师了解自己在人际交往中的特点和风格，改进人际关系和提升沟通能力。

EQ（Emotional Quotient）情商测试是一种评估个体情商能力的工具，帮助了解个体情商水平及情绪管理能力。情商通常包括自我认知、自我管理、社交意识和关系管理等方面。EQ 情商测试可以帮助教师了解自己的情商水平，提升情商能力，加强情绪管理和人际关系的能力。

综合利用这些能力评估工具，教师可以更好地认识自己，提升个人能力和发展潜力，助力自我成长和成功。

（3）实际表现评估

每个人的自我认知与行为的实际表现往往不同。通过定期向同事、上级或导师寻求反馈，教师可以获得来自专业领域以外的视角和观点，从中了解自己在教学中的表现和影响他人的方式。来自第三方的反馈能够帮助教师更客观地认识自己的实际表现与自我认知之间的差距，发现可能存在的盲点和提高空间。教师需要接受他人的反馈和评估，据此修正自己的不足，完善个人职业发展计划，提升教学效果。

此外，教师还可以通过自我反思和定期的自我评估，及时调整计划和策略，确保个人的发展方向与目标保持一致，不断提高专业技能水平和职业素养。

2. 潜力评估

教师的发展潜能对其教学水平和职业发展具有深远的影响。教师需要全面了解自身的学习能力、创造力和领导潜力，明确自己的优势和发展领域，才能制订有效的职业发展计划，提升教学效果和专业影响力。

教师首先要自我认知学习潜力。教师可以回顾过去的学习经历和成就，分析自己在接受新知识、解决问题、批判性思维和创新能力等方面的表现，从回望过程中了解自己的学习方式和效率，总结学习偏好、优势和劣势。评估学习能力有助于教师制订更有效的学习策略，激励教师持续挑战自我，不断提升学习能力和发展潜力。

其次，自我评估创造力潜能。在参与创意活动、项目或团队合作的过程中，教师应观察自己在提出新想法、解决问题和创新能力方面的表现。同时，教师应反思自己的教学实践效果和同事的评价，了解自己的创造力水平。参与创新项目或比赛能为教师提供更具挑战性的评估机会，助其更全面地认识自己的创造力潜能。

教师还需要综合认知自己的沟通能力、团队合作能力、决策能力及激励和影响他人的能力，也就是自我评估是否具备领导潜力。通过参与有领导性质的活动，如担任团队负责人或领导项目，教师可以观察自己在这些方面的表现和影响力。采用领导力测评工具或收集团队成员的反馈也能帮助教师更全面地评估自己的领导潜力和发展空间，持续学习和提升领导技能是教师完善和发展领导潜力的关键。

3. 兴趣评估

一个对自己所教学科或领域充满热情和兴趣的教师，更容易投入工作，并激发学生的学习兴趣和积极性。教师如果对自己的兴趣和喜好有更深层次的了解，就可以更好地选择适合自己的教学方式和方法。

自我反思是了解兴趣和喜好的起点。教师可以通过回顾自己平时的兴趣爱好、喜欢的活动和领域，分析内在动机和价值观，从而明确自己的兴趣方向和职业倾向。对于教师来说，热爱教育、喜欢与学生交流互动、乐于分享知识与经验是非常重要的。只有了解自己的兴趣和喜好，教师才能够更好地选择适合自己的教学内容、教学方法和教学风格，提高自己的教学效果和工作满意度。参加教师培训、进修课程或专业交流活动，也可以拓宽教师的教育视野和专业知识，使教师更好地发挥自身兴趣和优势。

许多在线兴趣测试或职业测评工具可以帮助个人了解自己的兴趣和喜好。其中，职业领域应用最广泛的霍兰德职业兴趣自测（Self-Directed Search），由美国职业指导专家霍兰德

（John Holland）开发；另一个是前文提过的 MBTI 性格测试。这些测评工具通常通过一系列问题和情境判断，帮助个人识别自己在不同领域和行业的兴趣和优势。教师可以通过这些测试更深入地了解自己的兴趣喜好和性格特点，进而在职业选择和个人发展方面做出更明智的决策。

参与各种活动、项目、实习等方式，可以让教师更好地了解自己的兴趣和适应性，从而确定个人的职业方向和目标。教师在实践中可以接触到不同类型的学生、教学方式和教育环境，也可帮助判断自己对哪些教学内容或教学方法更感兴趣，并在哪些领域能够表现出色。实践活动不仅帮助教师明确职业价值观和追求，还能为其教学和管理能力积累宝贵经验。在与学生和同事的互动中，教师也能更清晰地感受到自己的领导潜力和影响力，进一步明确职业目标。

寻求他人反馈是客观评估兴趣和能力的有效方式。朋友、家人或同事能够以外部视角提供有益的观察和评价，帮助教师发现自身未曾意识到的优点或改进建议。他人的反馈有助于教师更全面地了解自己在专业、工作和人际关系方面的表现，看到自己的优势和不足，也能帮助教师更客观地评估兴趣和喜好，为职业发展方向和路径规划提供重要参考。

4. 需求评估

明确职业需求有助于教师选择适合自己的教学方向，提高工作满意度和成就感。教师需要反思自己对工作环境、薪资福利、工作内容等方面的期望，更清晰地了解自己的价值观、兴趣爱好和职业动机。例如，有些教师可能更倾向于小班教学和个别辅导，享受与学生的亲密互动；而有些教师则可能更关注科研工作和专业培训，追求学术成就和职业提升。

作为知识传授者和教育引导者，教师需要不断更新知识、掌握最新的教学方法和技术。评估自身的学习需求有利于教师识别自己应该学习的重点和方向，选择适合的学习方式，如参加专业培训、研讨会或在线课程。更重要的是，教师也要对自己的生活需求进行评估，这是实现工作与生活平衡的重要环节。良好的生活规划有助于教师管理压力和焦虑。教师只有了解自己的生活需求才能知道自己的优先事项，合理安排时间和精力，确保在追求职业成功的同时，也能兼顾家庭和个人生活，增进幸福感和满足感。

教师还需要了解自己在职业发展、学习和生活等方面的需求，设立明确的目标和计划。职业发展目标可以包括晋升到更高级别职位、提升教学水平或参与教育研究；学习目标可以聚焦于提升专业技能或获取新知识；生活目标则涵盖家庭幸福、健康生活方式和社交关系等方面。制订详细的计划和步骤，有助于教师明确实现目标的路径，监督和调整自己的进展，最终实现职业和生活的双重提升。

二、目标设定

确立个人职业发展的长期目标和短期目标是一个重要的职业规划过程，可以帮助个人明确未来的努力方向，提高工作动力和满足感，有助于个人高效成长和拓展职业发展空间。以下是有关目标设定的几个建议：

1. 确立长期目标

职业满足感和生活幸福感通常来自个人目标的实现。因此，教师必须审视个人价值观和兴趣、明确职业愿景、分解目标，以及学会持续反思和调整，在此基础上确立清晰的长期目标，指引职业发展，实现个人成就。

审视自身价值观和兴趣是确立长期目标的基础。教师需要仔细思考自己在教育领域中看重的原则与道德准则，以及对学生的教育和成长的态度和目标；了解自己在教学过程中最感兴趣的领域、教学方法或教学内容，明确对学生的培养和发展的热情和动力。长期目标应与个人的价值观和兴趣相契合，教师才能在实践中获得认同感和满足感，避免在职业发展中缺乏动力和热情。

教师需要清晰描绘自己在职业生涯中想要达到的最终目标和成就，明确职业理想与愿景，如成为学科带头人、参与教育研究或推动教学创新等。在构想愿景时，教师应确保其与自身的内心追求相符合，以便在教育事业中获得成就感和生活的满足感。接下来，教师应将长期目标分解为具体、可行的短期目标和中期目标，并设定相应的成果指标和时间表。这有助于教师监督和评估进展，及时调整计划，确保不偏离目标轨迹。

持续反思和调整是确保长期目标实现的保障。教师需要定期审视自己的进展，分析教学环境、学生需求和个人能力的变化，及时调整目标和计划。反思和自我评估可促使教师发现自己的优势和不足，明确改进方向。同时，教师应保持灵活性和开放心态，适应外部环境的变化，确保职业目标与时俱进，符合实际需要和发展趋势。

2. 设定短期目标

短期目标能够将宏观愿景转化为具体、可操作的任务，帮助教师分阶段推进并最终达成长期目标。教师需要根据自身的资源、时间和能力来设定短期目标，使其具体、明确且可量化，这样教师才能清晰地了解自己需要采取的行动和步骤，也有利于教师跟踪进展、增强自信心和动力。短期目标应避免过于理想化或超出实际能力范围，以免造成不必要的压力。

教师需要根据短期目标的性质和复杂程度设定截止日期。时间限制能够为教师提供紧迫感，促使他们更加专注和高效地完成任务。例如，将目标分解为"每周完成两节课程设计"或"每月参与一次教学研讨会"等。合理的时间安排既能确保任务按时完成，又能避免拖延和混乱。当然，教师在执行过程中需要及时调整计划，确保目标在规定时间内取得有效成果。

执行目标的过程中，教师需要定期回顾目标执行情况，分析哪些步骤进展顺利，哪些方面存在困难，并及时做出调整。教师如果发现某项任务耗时过长，可以重新分配时间或寻求支持。教师必须清晰地认识自己的能力和局限性，进行持续反思和调整，实施专注和有针对性的行动。

3. 考虑个人价值观和兴趣

每位教师都有自己的核心价值观，如对教育事业的热爱、对学生成长的关注以及对知识传承的追求等。在设定目标时，教师需要将目标与自身的核心价值观和兴趣相匹配，这二者相契合时，会带来深刻的认同感和满足感。这种内驱力能够激发教师更加投入地追求目标，从而使教师感受到工作成果的意义和价值，提升对工作的愉悦度。

此外，目标与价值观和兴趣的契合还能增加成功机会，提升教师的自信心。当教师的目标与个人兴趣一致时，教学过程会更加顺畅和愉快。教师会更积极地投入教学，为学生提供更多支持。个人目标实现后带来的成功经历还能增强教师的自信，让他们对自己的能力有更深刻的认识，同时也会提升教师的专业声誉和影响力，使教师赢得学生和同行的尊重和认可。

4. 制订行动计划

教师制订行动计划要考虑其可操作性，可将整体目标分解为更小、可操作的任务和步骤，明确每个步骤的内容和顺序，为每个步骤设定明确的时间安排和截止日期。教师应根据任务的实际进展及时调整时间表，以应对可能的变化和挑战。

合理分配和利用资源可以助力教师提高工作效率，确保任务顺利完成。教师需要分析每个步骤所需的资源，包括人力、物力和财力等。然后，教师应设定监控指标和评估标准，定期检查任务进展，及时发现偏差和问题，确保行动计划按预期推进，避免偏离目标。

持续跟进和反馈是行动计划执行的关键。教师需要定期跟进任务进展，并与相关人员或团队及时沟通和反馈。在团队合作中，教师需参与定期会议和进度汇报以促进协作。持续的跟进和反馈有助于教师及时调整计划，确保任务成功完成。

5. 持续评估和调整

目标设定是一个动态的过程，教师在实现目标的过程中需要定期评估进展，及时调整计划。教师应每月或每季度检查实际进展与计划的差距，及时发现潜在问题。教师如果发现某项任务进展缓慢，可以分析原因并采取措施，确保目标按计划推进。当评估发现目标与计划不符时，教师需要重新评估目标的可行性，优化计划并调整任务优先级。如果资源不足，教师可以重新分配资源或寻求外部支持，确保目标顺利实现。

在目标实现过程中，教师要做好心理建设，接受挑战和变化。教师应保持灵活性和适应能力，随着个人成长和环境变化调整目标。如果教学环境发生变化，教师要及时调整教学方法或重新设定目标，以适应新情况。为提升执行力，教师应善于分析成功与失败的原因，不断完善目标设定和实施计划。同时，教师应保持积极态度，勇于应对变化，动态调整目标，逐步实现职业发展和个人成长。

三、实现专业发展

教师专业发展是指教师在职业生涯中，经由持续学习、反思实践再到合作交流等方式，不断提升专业知识、教学能力和教育素养的动态过程。其核心目标是实现从"经验型教师"向"专家型教师"的转变。为此，教师需要深化学科知识，整合跨学科设计，掌握课堂管理及学生评估等技能，及时更新教育理念，强化职业道德，善于应用教育技术。专家型教师还需具备教学问题诊断能力与行动研究能力。

（1）构建系统性学习框架

系统性学习框架可分为三个层次：基础层、进阶层和创新层，形成系统化、阶梯式的专业发展路径。

基础层的学习要求教师每年需完成教育部规定的继续教育学时。这一层次的目标是确保教师能够及时掌握最新的教育理念、教学方法和政策动态，保持对教育发展的敏感性。学习可通过学校组织的在线课程和集中培训，教师可以灵活安排学习时间，同时与其他教师交流经验，共同提升教学水平。

进阶层的目标是帮助教师在特定学科中实现专业化发展，并通过实践和研讨提升教师教学设计的创新能力。教师可参与学科工作坊，通过案例分析、教学设计和课堂观摩等活动，与同行进行互动与合作。工作坊有利于教师进一步深化对特定学科领域的理解，分享最佳实践案例并激发教学创新思维。

创新层旨在通过系统学习和研究，提升教师的教育理论和研究能力，同时推动教育创新。教师可以通过攻读教育硕士/博士学位或参与高校联合课题，实现更高层次的专业发展。攻读更高级的学位能够促使教师深入探讨教育理论和实践问题，而参与高校课题则为教师提供了将理论与实践结合的机会，有助于开发符合时代需求的新课程和教学方法。

（2）深化教学实践创新

系统化的教学改进框架可以采用"实践—观察—反思—重构"四步循环，使教师能够从真实的教学场景中提取改进依据，并通过具体的行动实现教学质量的持续提升。

第一步是实践。教师每周选择一节代表性课程进行全景录像，包括教师的教学行为和学生的反应，目的是通过记录课堂教学的全过程，为后续的分析和改进提供真实、全面的数据支持。录像为教师提供了一个客观视角来审视自己的教学行为，还能捕捉到学生的参与度和互动情况，帮助教师发现教学中可能被忽视的问题。

第二步观察：教师使用课堂互动分析系统（如科大讯飞"智慧课堂"、百度"AI课堂分析系统"等），量化课堂中的师生对话比例，目标是学生发言时间应占课堂总发言时间的三分之二，即师生对话比为1∶3。这一步骤的意义在于发现课堂互动中的不平衡现象。如果教师发言比例过高，可能意味着课堂过于"讲授式"；而学生发言比例过低，则表明学生参与度不足。这种量化分析为教师提供了明确的数据支持，帮助其调整教学策略，推动课堂向以学生为中心的方向发展。

第三步是反思，教师基于课堂互动分析系统提供的各种数据来诊断教学行为中的盲点或不足，重点关注教学设计、提问技巧、反馈方式和学生参与度等。诊断可帮助教师发现教学中可能被忽视的问题，如提问过于依赖封闭式问题，或者反馈缺乏针对性和建设性等，为教师的具体改进提供方向，使其能够有针对性地优化教学行为。

第四步，重构阶段。教师通过微课题研究，将反思中发现的问题转化为具体的改进行动。这一步骤的意义在于将教学改进从理论层面落实到实践层面，使教师能够通过小规模的实验逐步优化教学行为。举个例子，如果发现课堂互动不足，教师可以设计一个"如何通过提问提升学生参与度"的微课题，并在后续教学中实施改进策略。

从课堂录像到数据分析，从问题诊断到改进行动，这是一个动态循环的过程，也是一个数据驱动反思实践的过程，可以帮助教师不断优化教学行为，最终实现以学生为中心的高质量教学。

（3）参与虚拟教研室建设

参与虚拟教研室建设是推动教师专业发展的新路径。虚拟教研室是基于现代信息技术平台，由不同区域、不同学校、不同学科或专业的教师动态组织，联合开展协同教学研究与改革实践的教师共同体。其核心目标是打破地域和时间限制，促进教师间的资源共享、经验交流和协同创新，从而形成专业合作生态，推动教育质量的全面提升。

教育部高等教育司在 2021 年的《教育部高等教育司关于开展虚拟教研室试点建设工作的通知》中明确提出："通过 3—5 年的努力，建成全国高等教育虚拟教研室信息平台，建设一批理念先进、覆盖全面、功能完备的虚拟教研室，锻造一批高水平教学团队，培育一批教学研究与实践成果，打造教师教学发展共同体和质量文化，全面提升教师教学能力。"这一目标不仅为虚拟教研室的构建指明了方向，也为教师实现专业发展提供了重要平台。

虚拟教研室的建设与教师专业发展密切相关，它为教师提供了一个开放、包容、互动的专业发展空间，帮助教师在资源共享、经验交流和协同创新中实现专业成长。虚拟教研室既是一个资源共享与协作学习的平台，也是一个开展教学研究和实践创新的平台，为教师提供了一个交流经验和解决问题的空间。教师可以与不同学校、不同学科的教师共同开展教研活动，形成良性互动的专业合作生态。

虚拟教研室通过建立教学案例库、工具资源库和研究资料库，为教师提供了丰富的教学资源，带动教师开展教改实验，探索技术应用和跨学科融合。虚拟教研室作为一个新生事物，为教师提供了一个开放、可持续的专业发展空间。

当前，虚拟教研室的构建主要限于高校，未来在高校试点成功后，可以预见虚拟教研室将逐步推广至基础教育领域。构建中小学虚拟教研室，可以促进基础教育教师的专业发展，提升教学质量。虚拟教研室的最终目标是打造教师教学发展共同体和质量文化，通过持续的资源共享、经验交流和协同创新，推动教师教学能力的全面提升，为教育高质量发展提供坚实支撑。

（4）技术赋能专业成长

各种教育技术为教师提供了丰富的教学资源和工具，赋能教师的专业成长。在线教育平台（如国家中小学智慧教育平台、MOOC 等）为教师准备了优质而丰富的教学资源；技术工具（如课件制作软件、在线测评系统等）可以帮助教师优化教学设计；数据分析技术可支持教师优化其教学实践；实时通信技术为教师提供了协作学习与专业交流的平台。

信息技术方便教师随时随地进行专业学习，获取最新的教育理论和教学技术。技术还支持教师参与在线培训和认证项目，如通过微认证课程提升特定教学技能，获得专业认证。技术的赋能不仅限于知识的获取，还体现在教师专业发展的系统化支持上。许多在线平台提供从理论学习到实践应用的全流程服务，帮助教师将所学知识转化为实际教学能力。总之，技术为教师提供了持续学习与专业发展的机会，支持其实现终身学习。

四、交流和合作

交流与合作也影响着教师个人的职业发展，因为它有助于知识共享、经验互补和教学创新。通过经常与其他教师、专家或教育机构互动，教师可以拓宽视野，解决教学中的难题，并获得更多职业发展的机会和资源。同时，合作也能增强团队精神，促进个人成长与职业进步。

（1）参加专业培训和研讨会

教师应参加教育领域的培训或学术会议，因为培训课程通常会介绍最新的教学工具和技术，教师能够由此直接接触到最新的教育理论和研究成果。此外，研讨会和学术会议为教师提供了一个与同行交流的平台，教师分享各自的教学经验和挑战，可以互相启发，找到解决教学难题的新思路。这些活动有利于教师更新知识、提升专业素养，更重要的是，参加培训后教师可以将所学知识直接应用到教学实践中，从而提升课堂效果和学生的学习体验。

（2）建立学习共同体

建立学习共同体是促进教师专业发展和提升教学质量的有效方式，其核心是围绕共同的目标展开合作。学习共同体一般定期组织活动，如每周一次的教学研讨、每月一次的案例分析或集体备课等，供教师深入研讨教学问题，分享成功经验并解决实际困难。学习共同体还可以建立共享资源库，汇集教学设计、课件、习题等资源，优化教学内容。

集体备课是学习共同体的重要活动形式，教师可共同设计教学方案，提高教学的科学性和实用性。跨校组建学习共同体能够打破学校壁垒，促进更大范围的资源共享和经验交流，拓宽教师的专业视野。教师参加学习共同体的最终目标是将研讨成果转化为实际教学行动，提升课堂教学效果和学生的学习体验。

（3）跨学科合作

跨学科合作应以学生为中心，注重各学科的知识整合，教师可以与学生共同设定明确的目标，所设计的课程或项目应强调实践应用，并且鼓励创新思维。跨学科教学设计应引导学生将所学知识应用于真实场景中，才能在实践中增进对学科知识的理解。在此过程中，教师需要保持开放的态度，尊重各学科的独特性，同时积极寻找学科间的连接点，以促进深度学习和知识的灵活迁移。

为确保跨学科合作的有效性，教师需设计多元化的评估方式，全面反映学生的学习成果。教师之间的紧密协作和定期反思是合作顺利实施的关键，其最终目标是培养学生的综合素养。跨学科团队合作通过持续的沟通与调整，不断优化合作模式，为学生创造更丰富的学习体验，帮助他们在跨学科的探索中收获成长。

（4）利用网络平台

教师可以通过关注教育专家的微博、微信公众号或专业博客，及时了解最新的教育政策、教学理念和研究成果；还可以加入微信群、QQ群或钉钉群等在线社群，与全国乃至全球的教育工作者交流，分享教学资源和心得；在专业教育论坛上，教师可以发帖提问或参与讨论，解决教学难题；通过网络平台（如百度网盘、教育博客），教师可以上传和下载教学资源。

此外，许多专业平台如中国大学MOOC、学堂在线等，会提供免费或付费的教育课程，教师可以根据自身需求选择学习。学校或区域还可以通过网络平台组织线上教研活动，促进跨校交流与合作。教育博客或个人公众号可记录教师的教学实践和反思，能够帮助教师梳理经验，还能与他人互动交流。教师应善用网络平台，打破传统的地域限制，让教学创新和合作交流更加便捷、高效。

（5）师徒结对

在师徒结对中，经验丰富的教师（导师）和新教师（学员）首先需要明确各自的角色和任务。导师通过定期观摩新教师的课堂，记录教学中的优点和不足，并提供具体的改进建议，同时通过示范教学，展示如何有效组织课堂和调动学生积极性。新教师则可以为导师带来新技术和新方法的创新思路，双方可定期开展交流活动，如每周一次的讨论会，分享教学中的收获和挑战。

此外，师徒可以共同参与学校的教研活动，如集体备课、教学研讨等，增强合作默契。师徒结对不仅是教学技能的传递，更是情感和职业支持的过程，导师可以帮助新教师规划职业发展路径。导师制需要定期评估合作效果并根据实际情况调整指导策略，确保师徒对的有效性，最终实现教学经验的传承与创新思维的融合。

（6）参与教育研究项目

参与教育研究项目需要围绕具体问题展开，注重将教育理论与教学实践相结合。在研究过程中，教师需要系统收集和分析数据，并通过团队合作提高研究效率。同时，教师需不断反思教学实践，根据研究结果调整策略，确保研究的实用性和科学性。在研究结束后，教师可以将研究成果分享给同行，并应用到实际教学中，扩大研究的影响力。参与教育研究项目不仅能够帮助教师提升专业素养，如学习研究方法和数据分析技能，还能为教育理论提供实证支持，推动教学创新和理论发展。

五、评估与调整

教师需要定期对职业发展规划进行评估和调整，根据实际情况和发展需要进行改进和调整，确保规划的有效性和可行性。

（1）设立评估时间表

定期评估是教师提升教学水平和推动职业发展的途径之一。教师可以设立每半年或每年的评估时间表，在固定时间节点全面回顾教学实践，通过观察学生学习情况，评估教学方法和策略的有效性，及时发现问题并调整改进。

同时，定期评估还能帮助教师明确职业发展目标和方向，审视专业知识、教学技能等方面的发展情况，制订下一阶段的发展计划，并采取具体措施实现目标。定期的评估平台为教师提供了相互交流与合作的机会，促进经验分享、观点交流以及彼此的支持与鼓励。

（2）回顾目标进展

教师应定期（如每半年或每年）回顾职业发展目标的实现进度，对比设定目标时的预期与实际表现，明确自己的进步与不足。回顾能够帮助教师发现需要改进的地方，并根据实际情况灵活调整目标或达成路径。如果发现某项技能提升未达到预期，教师可以分析原因并重新规划学习计划。基于回顾结果，教师还可以制订具体的改进计划，如参加相关培训或调整教学策略，以弥补不足。定期回顾目标进展不仅能够帮助教师保持职业发展的持续性，还能确保其始终朝着职业理想迈进。

（3）分析成就和挑战

教师可以通过定期记录教学中的成就，如学生的进步、教学方法的改进或获得的教学成果、奖励，感受到自身的成长和进步，从而增强自信心和工作动力。同时，教师需要客观分析教学中的挑战和不足，针对识别出的问题制订具体的改进计划。分析成就和挑战主要是帮助教师更全面地认识自己的优势和不足，并基于自我评估的结果优化教学流程，提高工作效率。此外，教师应养成定期自我评估的习惯，将分析成就和挑战作为提升教学水平的重要途径，从而不断改进教学实践，实现职业发展的持续进步。

（4）识别新机遇和需求

为了提升教学水平和职业竞争力，教师需要有识别新机遇和需求的意识：跟踪教育技术的最新动态，如人工智能、虚拟现实（VR）或在线学习平台的应用；掌握国家和地方的教育政策，如"双减"政策或新课标要求，及时调整教学工具和方法；参与或关注教育研究项目，了解最新的教学理论和实践成果；尝试新的教学模式，如翻转课堂、混合式学习或游戏化教

学；参加教育领域的培训或研讨会，学习最新的教学方法和工具；利用在线教育论坛、社交媒体或专业平台获取教学资源，为教学实践提供支持。以上方式可协助教师及时识别教育环境中的新机遇和需求，调整教学策略和方法，提升教学水平和职业竞争力。

（5）设定新目标，制订新计划

制定新的职业发展目标可以帮助教师更清晰地定义自己的发展方向和目标。教师先要评估自身的过去表现和现状，识别优势和不足，明确未来想要达到的职业目标，所制定的目标应具体、可衡量且有时间限制。教师需要为目标制订具体的行动计划，包括时间安排、资源获取渠道和学习计划。同时，教师应积极寻找学习机会，如参加培训课程、研讨会或在线学习平台，并通过与同行交流合作、参与教育项目或寻求导师指导等方式获取资源和支持，增强实现新目标的执行力。

第五节　构建终身学习体系

※ 本节要点

　影响终身学习的因素

　构建终身学习体系

在新技术的推动下，教育环境正经历前所未有的变革。对于教师而言，构建终身学习体系不仅是适应这一变革的必然选择，更是提升教学能力、满足学生需求以及实现职业发展的关键路径。然而，教师终身学习的实施受到多方面因素的影响，包括个人动机、学校文化、政策支持、社会期望及资源可及性等。只有从这些层面入手，教师才能构建起有效的终身学习体系，在快速变化的教育领域中保持专业竞争力，为学生提供更高质量的教育。

一、影响终身学习的因素

1. 个人层面

（1）内在动机

内在动机源于教师对专业发展的内在需求、对教育事业的热爱及对自我实现的追求。在教育环境快速变化的背景下，激发和维持教师的内在动机，是构建有效的终身学习体系的关键。

教育理念和教学技术的不断更新需要教师相应地提高教学竞争力，促使教师持续学习以提升自身的专业素养，这种对专业发展的内在需求是终身学习的重要推动力。其次，教师对教育事业的热爱是终身学习的情感基础。许多教师选择这一职业是出于对教育的热爱，这种情感驱动他们不断探索新的教学方法，优化课堂效果。此外，追求自我实现是教师终身学习的高层次动力，持续学习不仅能够提升教师的教学能力，还能使教师在职业发展中获得成就感，实现个人价值。

美国心理学家德西（Edward L. Deci）和瑞安（Richard M. Ryan）的自我决定理论（Self-Determination Theory）揭示，内在动机的满足依赖于自主性、胜任感和归属感。教师在终身学习过程中，若能自主选择学习内容、感受到自身能力的提升并获得同行的认可，其内在动机会进一步增强。因此，学校和教育部门应通过提供多样化的学习机会、营造支持性的学习环境及建立有效的激励机制，帮助教师激发和维持内在动机，从而推动终身学习的持续开展。

（2）自我效能感

自我效能感是教师对自身学习能力的信念，直接影响着教师的学习投入和坚持性。根据班杜拉（Bandura）的社会认知理论（Social Cognitive Theory），自我效能感决定了个体在面对挑战时的态度和行为。高自我效能感的教师更倾向于主动学习，并能够克服学习中的困难，而低自我效能感的教师则可能因缺乏信心而回避学习或轻易放弃。

具体而言，高自我效能感的教师更愿意设定具有挑战性的学习目标，如掌握一项新的教学技术或参与一项教育研究项目；在面对复杂或陌生学习内容时，能够保持积极的态度，投入更多时间和精力；在遇到困难时，能够通过调整策略或寻求支持来克服障碍。低自我效能感的教师可能因畏惧失败而止步不前，更容易选择放弃。

（3）学习态度与习惯

积极的学习态度和良好的学习习惯直接影响教师的学习行为与效果。持有积极学习态度的教师能够以好奇心驱动学习，主动探索新知识、新技术和新方法。面对教育技术的快速迭代，态度积极的教师会主动尝试将人工智能、虚拟现实等工具融入教学，以提升课堂效果。

良好的学习习惯是教师持续学习的保障，具体包括反思性实践、主动探索和系统化学习等。反思性实践要求教师在教学过程中不断总结经验，分析问题并优化策略。主动探索则表现为教师对前沿教育理论和实践的高度关注，如定期阅读学术期刊、参加专业培训或与同行交流。系统化学习则强调教师对学习内容的规划与整合，如通过制订学习计划、使用笔记工具（如印象笔记、Notion 等）记录学习心得，并定期回顾与总结。

学习态度与习惯的形成与教师的自我效能感、学习环境和支持系统密切相关。支持性的学校文化、丰富的学习资源及有效的激励机制，能够增强教师的学习态度与习惯。同时，教师之间的合作学习与经验分享也能够促进良好学习习惯的养成。

（4）时间管理

时间管理关系到教师能否在繁忙的工作与家庭生活中有效安排学习时间。教师职业的特殊性决定了其工作内容的多样性与复杂性，包括备课、授课、批改作业、参与教研活动及应对学生个性化需求等。同时，家庭责任也占据了教师的大量时间与精力。因此，如何在有限的时间内平衡工作、家庭和学习，成为教师终身学习面临的主要挑战。

首先，有效的时间管理需要教师明确学习优先级。**教师应根据自身职业发展阶段与学习目标，将学习任务分解为短期目标与长期目标，并优先处理与当前教学需求密切相关的学习内容。在数字化教学成为趋势的背景下，教师可以优先学习相关技术工具，以提升课堂效果。**

其次，教师需合理规划学习时间，将学习融入日常生活。例如，利用碎片时间进行学习，或每周固定安排2～3小时进行深度学习。此外，教师还可以通过制订详细的学习计划，使用时间管理工具来提高学习效率。

（5）健康状态

身心健康是教师终身学习的重要保障。教师职业的特殊性决定了其工作压力较大，长期处于高强度的工作状态可能导致身体疲劳、心理压力增加，进而影响学习意愿与效率。教师的职业倦怠自然会影响学习投入，长期的身体健康问题也可能成为终身学习的障碍。

良好的身体状况能够为教师提供充足的精力和体力，以应对学习中的挑战。定期锻炼、保持健康饮食和充足睡眠，有助于提升教师的学习专注力和持久力。积极的心理状态能够增强教师的学习动机与抗压能力，使其在面对学习困难时保持乐观与坚持。教师需主动关注自身健康，通过合理作息、健康的生活方式及心理调适，保持身体与心理的良好状态。

2.组织层面

（1）学校文化的激励

积极、开放的学校文化能够激发教师的学习热情，而保守、封闭的文化则可能抑制学习意愿。支持性的学校文化表现为对教师学习的重视与鼓励，为教师提供学习资源、时间保障和激励机制，帮助教师克服学习中的障碍，也体现在能够为教师创造良好的学习氛围，如设立教师学习基金、组织校内培训或教研活动等。开放性文化则强调教师之间的合作与交流，如通过建立学习共同体、鼓励跨学科合作，促进知识的传播与技能的提升。

相反，保守、封闭的学校文化可能抑制教师的学习意愿。过于强调传统教学方式、忽视教师学习需求或缺乏支持性政策，也可能导致教师对学习持消极态度。教师的终身学习行为与学校文化的开放程度、支持力度密切相关。

（2）学校领导的支持

学校领导的重视和支持是教师终身学习的重要外部条件。其通过提供学习时间、经费和机会等，为教师持续学习创造良好的外部环境。学校领导可以通过优化工作安排，为教师预留学习时间，帮助教师平衡工作与学习，还可以通过创造学习机会、提供经费支持，激发教师的学习热情。领导的支持行为能够增强教师的学习动机，提升其学习效果。

（3）同行互动

合作学习、经验分享和同伴支持是同行互动的具体表现形式，也是教师终身学习的一种协作机制。合作学习能够激发教师的创新思维与实践能力，集体备课、教学观摩或跨学科合作等有助于教师借鉴他人的经验，优化自身的教学策略。

同行互动能够增强教师的职业归属感与满意度，其中经验分享是同行互动的重要形式。教师可在交流与分享平台分享教学案例、研究成果或学习心得，定期组织教研活动或建立教师学习社群，教师之间可通过分享和交流实现知识的互补与整合。而同伴支持则能增强教师的学习信心与坚持性。在面对学习困难时，同伴的鼓励与支持能够帮助教师克服障碍，保持学习动力。

（4）多维度反馈与评价

多维度反馈与评价来自学生、同事和领导，可帮助教师识别自身优势与不足，从而优化教学实践与学习行为。学生反馈是教师改进教学的重要依据，可通过学生评教或课堂互动了解学生的学习体验与需求，进而调整教学策略；同事反馈可为教师提供专业视角的建议，如对其教学设计与实施的具体评价；领导反馈则为教师的职业发展方向提供指导，经由绩效评价或职业规划指导，明确自身职业发展的目标与路径。

3. 政策与制度层面

（1）政策支持

政策支持是教师终身学习的制度保障。教育部门通过制定继续教育制度、实施教师培训计划和提供资金支持，能够为教师创造良好的学习环境，促进其专业成长与发展。强化政策支持是构建有效终身学习体系的重要策略。在政策支持力度较大的地区，教师的终身学习参与率和学习效果显著高于其他地区。

（2）评价与激励机制

评价与激励机制是教师终身学习的持续动力，尝试将终身学习纳入教师评价体系，并辅以职称晋升、奖励等方式，学校和教育部门能够为教师提供明确的学习导向与持续支持，促进其专业成长与发展。在教育环境快速变化的背景下，建立有效的评价与激励机制，是构建教师终身学习体系的重要策略。

4. 社会层面

（1）社会期望与角色认知

社会对教师角色的期望表现为对教师专业素养和教学能力的高要求。随着教育理念的更新和技术的发展，社会期望教师不仅能够传授知识，还需具备跨学科教学、数字化教学及对学生进行个性化指导的能力，这种期望是推动教师持续学习的外部驱动力。教师对自身社会角色的认知也会影响其学习行为。当教师认识到自己的社会角色不仅限于知识传授者，还包括学生发展的引导者及教育创新的实践者时，教师的学习动机与投入度会显著增强。因此，教师可通过参与教育研究、学习新技术或探索新教学方法，更好地履行社会赋予的角色。

（2）技术环境

技术环境为教师终身学习提供了资源与挑战。信息技术的快速发展为教师终身学习提供了多样化的学习资源，同时也对其数字化学习能力提出了更高要求。教育技术为教师终身学习提供了丰富的资源与工具：国内在线课程平台（如中国大学 MOOC、学堂在线、网易云课堂等）为教师提供了高质量的学习内容；教育技术工具（如钉钉、腾讯课堂、希沃白板）帮助教师提升教学设计与实施能力；专业社群与平台（如微信学习群、知乎教育专栏）则为教师提供了知识共享与交流的平台。这些资源极大地减少了教师学习的时间与空间限制，使其能够灵活安排学习活动。

然而，技术环境也对教师的数字化学习能力提出了挑战。教师需具备信息获取、技术应用和信息安全等方面的能力，以充分利用技术资源。教师还需要熟练使用搜索引擎或数据库获取教育资源，掌握教学软件和数据分析工具的使用方法，并了解数据隐私与网络安全的基本知识等。

5.资源与经济层面

（1）经济条件

经济条件是教师终身学习的物质基础，直接决定了教师参与培训、购买学习资源的能力。经济条件较好的教师能够更轻松地承担学习成本，如报名付费培训课程、购买专业书籍或订阅学术期刊。这些资源为教师提供了高质量的学习内容，有助于提升其专业素养与教学能力。参加国内外学术会议或报名在线课程都需要一定的经济投入，而经济条件有限的教师可能因费用问题而无法充分利用这些机会。再者，经济状况还影响教师对教育技术工具的获取与使用。例如，购买教学软件或订阅在线教育资源需要一定的资金支持，经济条件较差的教师可能难以负担。

（2）学习资源可及性

学习资源可及性决定了教师是否能够便捷地获取高质量的学习资源（如书籍、课程、研讨会），这直接影响教师学习效果与专业成长。高质量的学习资源为教师提供了丰富的知识与技能支持，如可通过在线课程平台（如中国大学 MOOC、学堂在线等）获取前沿教育理论，或通过专业书籍与学术期刊（如《教育研究》《课程·教材·教法》等）深化对教学实践的理解。便捷的获取渠道能够降低教师学习的时间成本，提升学习效率。学校图书馆、在线开放资源以及教育部门提供的免费培训项目，都可为教师提供灵活的学习机会。

然而，学习资源分布不均、获取渠道有限等问题可能限制教师的学习机会，特别是在偏远地区或资源匮乏的学校。为改善这一现状，学校和教育部门可以通过优化资源分配、建立资源共享平台以及提供技术支持，帮助教师克服资源获取障碍。学校可建立校内教学资源库，共享优秀教案、课件与教学视频；通过政策支持，为教师提供免费或低成本的学习资源；等等。

6.教学与学生需求层面

（1）学生多样性

学生背景的多样性（如文化、经济、家庭环境）要求教师具备跨文化教学能力。针对来自不同文化背景的学生，教师需设计包容性教学内容，尊重学生的文化差异，促进课堂融合。同样，学生需求的多样性也需要教师提供个性化教学支持。针对学习能力不同的学生，教师需采用分层教学或差异化教学策略，以满足学生的个性化学习需求，而学生学习方式的多样性（如视觉型、听觉型、动手型）则要求教师灵活运用多种教学方法。为此，教师需要及时更新自己的教学方法，提升教学策略的包容度。

（2）教育改革

教育改革是教师终身学习的重要外部推动力，教育理念的更新对教师的教学能力提出了更高要求：核心素养强调学生的批判性思维、创新能力与社会责任感，教师需通过学习相关理论与方法，设计符合核心素养要求的教学活动；课程标准的更新要求教师具备跨学科知识与整合能力，教师需要打破学科界限，将不同学科的知识与技能融合到教学中。这就要求教师不断学习新的教学内容与教学方法。

二、构建终身学习体系

在新技术时代，教师构建终身学习体系与以往相比，具有资源更丰富、方式更灵活、内容更精准、评价更科学的特点，教师需要构建一个目标更前瞻、支持更智能、文化更包容的终身学习体系，这对教师的数字化学习能力提出了更高要求。教师需要主动适应这些变化，充分利用新技术赋能学习，构建适应时代需求的终身学习体系。以下是具体可操作的策略：

1. 学习方向与时间管理

（1）目标设定

明确的学习目标能够增强教师的学习动机与学习效果。教师需要明确短期目标与长期目标，为自己学习行为提供清晰的路径与动力。短期目标为教师提供了具体的学习任务与方向。如掌握一项教学技术或阅读一本教育类参考书等。短期目标的设定应注重具体性与可操作性，确保教师能够在有限的时间内完成并取得可见的成果。长期目标的设定重在为教师的职业发展提供宏观规划。如获得高级教师资格认证或成为学科带头人等。美国管理专家彼得·德鲁克（Peter F. Drucker）认为，并不是有了工作才有目标，而是相反，有了目标才能确定每个人的工作。他将 SMART 原则（Specific 具体的，Measurable 可衡量的，Attainable 可实现的，Relevant 相关的，Time-based 有时限的）用于指导科学、合理地设定目标和制订计划。长期目标的设定应遵循 SMART 原则以确保目标的可达成性与有效性。

（2）学习计划

科学的学习计划是构建有效终身学习体系的重要策略。教师可每周安排固定的学习时间以确保学习的持续性与稳定性。教师可以在周末或工作日的空闲时段集中学习，避免因工作繁忙而中断学习进程。同时，教师应充分利用碎片时间进行学习，以提升时间利用率与学习效率。碎片化学习能够帮助教师在有限的时间内获取更多知识，特别是在信息爆炸的背景下，这种学习方式尤为有效。

此外，教师需根据学习目标选择学习内容，确保学习内容与自身需求的高度契合。例如，针对教学技术提升的目标，教师可以选择学习希沃白板、ClassIn 等工具的使用方法；针对教育理论深化的目标，教师可以阅读《教育心理学》《课程与教学论》等专业书籍；针对教学方法创新的目标，教师可以参与项目式学习、跨学科教学等培训课程。

2. 多元化学习与同行协作

（1）学习资源

学习资源是教师终身学习的知识获取渠道，丰富的学习资源能够显著提升教师的学习效果与专业素养。在线课程平台为教师提供了系统化的学习内容与灵活的学习方式。中国大学MOOC、学堂在线等国内平台提供了涵盖教育理论、教学方法与技术应用的高质量课程，教师可以根据自身需求选择学习内容，并通过在线学习的方式灵活安排学习时间。

传统学习资源如书籍与期刊为教师提供了深度的理论支持与实践指导。诸如《教育研究》《课程·教材·教法》等核心期刊为教师提供了前沿的教育理论与实践案例，帮助教师深化对教学问题的理解与解决能力。

此外，网络资源为教师提供了即时性与多样化的学习内容。通过关注教育类微信公众号（如"中国教育报""教育技术学"）或博客，教师可以获取最新的教育政策、教学技巧与技术动态，为自身的教学实践提供实用参考。

（2）协作学习

协作学习能够帮助教师通过与他人的互动，深化对知识的理解并将其应用于实践。协作学习的平台首选是教师社群，通过参与专业微信学习群，教师可以与同行分享教学经验、讨论教学问题，从而获得新的思路与解决方案。分享经验是同行互动的核心内容，教师可在社群中分享使用希沃白板、ClassIn 等工具的教学案例，也可发起关于课堂管理、学生评价等问题的讨论。分享与讨论不仅能够帮助教师解决实际教学中的困惑，还能促进其批判性思维与创新能力的提升。

3. 教学应用与反馈优化

（1）课堂实践

课堂实践为教师提供了知识转化的平台。以翻转课堂为例，教师在学习翻转课堂的理论后，可以将其应用于实际教学中，通过课前布置学习任务、课堂开展互动讨论的方式，观察学生的学习效果与课堂参与度。然后根据学生的反应与学习效果，调整教学设计与实施策略，探索更适合学生需求的教学方式。教师在实施翻转课堂后，可以通过教学反思日志、学生反馈调查等方式，分析教学中的优点与不足，并制订改进计划。利用课堂实践的"理论—实践—反思—提升"的操作框架指导过程，构建有效终身学习体系。

（2）教学反思

教学反思能够促进教师对教学行为的深度思考，并为其提供持续改进的方向与动力。撰写教学日记是教学反思的主要形式。教师可以在每节课后记录教学过程中的关键事件、学生反应以及自身的教学感受，通过回顾与分析，发现教学中的优点与不足。

此外，教师可以通过课后与学生对话、问卷调查或小组讨论等方式，了解学生对教学内容、教学方法与课堂氛围的真实感受。教师从学生的视角发现问题，有利于调整教学策略，以满足学生的需求。

参加教研活动是教学反思的协作方式。教师可以通过参与学校或区域组织的教研活动，与同行分享教学经验、讨论教学问题，并通过集体研讨找到解决方案。基于同行互动的反思可帮助教师拓宽教学思路，为其提供实践支持与创新灵感。

（3）反馈机制

反馈机制通过获取学生评价、同事反馈或教学观摩等外部反馈，为教师提供多角度的评价与建议，弥补自我反思的局限性，并为其教学改进提供科学依据。反馈机制是教师终身学习的重要支持系统，其中，学生评价是反馈机制的主要来源。教师可以通过匿名问卷调查、课后访谈或课堂观察等方式，收集学生对教学内容、教学方法与课堂氛围的反馈。同事反馈是反馈机制的补充，教师可以通过邀请同事听课、参与集体备课或教学研讨等方式，获取同行对教学设计与实施的专业建议。教师还可以通过观摩优秀教师的课堂教学，学习其教学技巧与课堂管理方法，并结合自身教学实际进行借鉴与创新。

4. 专业成长与知识整合

（1）专业培训

参加校内外培训能够有效拓宽视野，使教师在理论与实践之间找到平衡，全面提升教学能力。校内培训，体现为教研活动、教学比赛、集体备课、教学研讨和课堂展示等形式，贴近实际教学，有助于教师解决教学中的具体问题，促进教师间交流与合作。教研活动通常采用教材分析、教学方法探讨、资源共享等方式，提升教师的教学设计能力；教学比赛则通过竞争和展示，激发教师的创新意识，提升课堂表现力，并通过专业反馈发现不足、改进自我。

校外培训为教师提供了更广阔的理论视野和前沿信息。通过参加教育部门组织的研讨会和工作坊，听取专家讲座和经验分享，教师可以了解最新的教育理念、教学方法和教育政策，拓宽专业视野。工作坊还可提升教师的实际操作能力和问题解决能力。

（2）知识管理

知识管理帮助教师将零散的学习成果转化为系统化的知识体系。现代知识管理工具，如印象笔记、Notion 等，为教师提供了高效的信息记录与分类方式。这些工具支持多平台同步、标签分类、搜索功能等，能够帮助教师将零散的学习心得、教学案例和优秀资源进行系统化存储。教师可以在印象笔记中创建不同的笔记本，分别记录教研活动中的启发、教学比赛中的反思以及校外培训中的新理念。Notion 具备数据库功能，可将教学资源按照学科、年级或主题进行分类管理。

教师可以设定固定的时间周期，如每月或每学期，对已记录的内容进行梳理和反思。以实现知识的深度内化。知识管理工具中的标签和搜索功能可以帮助教师快速定位所需信息，提高知识检索的效率。通过回顾教学案例并整理学习心得，教师可以分析其中的成功经验与不足之处，将零散的思考转化为系统化的教学策略，形成更具深度的专业理解。

知识管理的最终目标不仅是个人能力的提升，还包括知识的传播与共享。教师可以在博客或公众号中总结教研活动中的教学策略，或在视频中演示课堂管理技巧，还可以在社群中分享优秀资源和教学案例，促进同行间的交流与合作。将学习成果转化为可传播的内容，在分享过程中进行互动与讨论，能够激发新的思考，推动教师专业发展的持续深化。

5. 动态调整与心理调适

（1）持续评估

持续评估的核心在于教师对学习目标的定期反思与审视。阶段性回顾过程可以通过自我反思日志、目标完成清单或专业发展档案等方式实现，评估目标的达成情况。教师还需要审视自己的教学过程，收集多方意见来判断教学效果。如通过问卷调查、课堂观察或个别访谈等方式，收集学生对教学技术、课堂管理或教学内容的反馈；通过与同事的交流与合作，获得多元化的视角和建议；通过参加教育部门或专业机构组织的认证考试、培训考核或教学评比，评估自己的专业能力是否达到了行业标准。持续评估不仅能够帮助教师发现不足，还能使教师通过反思与改进，推动教学实践的优化与创新。

（2）动态调整

教师应将动态调整作为专业发展的重要策略，根据评估结果对学习内容进行优化，以确保其与教育发展的最新趋势和实际教学需求保持一致。学生评价、同事反馈及专业认证带来的评估反馈是教师进行学习方法动态调整的判断依据。教师还可以利用在线学习平台、教育社群等资源，拓宽学习渠道，丰富学习形式，灵活选择适合自身特点和学习目标的方法。

随着人工智能、大数据等技术的普及，教师的学习系统需要不断更新，以适应新的教育理念和技术。教师应根据核心素养教育的要求调整学习重点，关注学生综合素质的培养；通过参与教育研讨会，阅读专业期刊等，及时了解教育领域的最新动态，并将其融入自己的学习系统。只有保持学习系统的动态调整，教师才能够确保自身专业能力与教育发展的前沿同步，更好地应对教学挑战。

（3）自我激励

学习过程中的自我激励能够增强学习者的学习愉悦感和成就感，培养坚韧的学习态度，从而保持学习的动力与热情。在完成学习目标后，教师可以给予自己一定的物质或精神奖励，如购买专业书籍、参加教育相关的培训课程，或安排一次旅行。在学习过程中，教师难免会遇到各种挑战，如技术应用的困难、理论理解的偏差或时间管理的压力。面对这些挑战，教师应保持积极心态，将其视为成长的机会而非障碍。

此外，教师还可以通过设定阶段性目标，将复杂的学习任务分解为可操作的小步骤，从而减轻压力并增强信心。同时，教师应认识到学习是一个持续的过程，教育领域的快速发展要求教师不断更新知识、提升技能，以适应新的教学需求。教师应将学习视为一种生活方式，在日常教学中不断积累经验，并通过反思与实践，实现专业能力的持续提升。因此，终身学习应该成为教师专业发展的核心理念。教师应以此应对教育变革，为自己的职业生涯注入持久的活力。

参考文献

班杜拉.思想和行动的社会基础：社会认知论 [M]. 林颖，等译.上海：华东师范大学出版社，2001.

曹莉萍，张凌波.教师职业技能训练教程 [M]. 北京：中国广播电视出版社，2009.

陈旭远.教学技能 [M]. 北京：北京师范大学出版社，2015.

陈力.英语课程标准课程内容六要素及其关系 [J]. 小学教学设计，2022（24）：1.

德鲁克.管理的实践 [M]. 齐若兰，译.北京：机械工业出版社，2006.

杜德栎，范远波.现代教学艺术论纲 [M]. 北京：中国人民大学出版社，2011.

范丹红.教师职业技能训练 [M]. 北京：高等教育出版社，2019.

丰捷.权威解读新修订《中小学教师职业道德规范》[N/OL]. 光明日报，2008-09-10[2025-04-05]. https://www.gmw.cn/01gmrb/2008-09/10/content_834706.htm.

冯展极，马静，王宏伟.英语教师职业技能训练教程 [M]. 北京：北京大学出版社，2023.

顾明远.教育大辞典 [M]. 上海：上海教育出版社，1998.

郭英，张霈.教学技能训练教程 [M]. 北京：科学出版社，2012.

河南省教师技能课题组.教师职业技能 [M]. 开封：河南教育出版社，1995.

胡省三.教师职业技能训练 [M]. 上海：上海教育出版社，1995.

胡玉东，胡林.教师职业技能实训教程 [M]. 南昌：江西科学技术出版社，2010.

蒋海春.教师职业技能简明教程 [M]. 北京：北京师范大学出版社，2010.

金建生.教师职业技能训练 [M]. 天津：南开大学出版社，2010.

李国毅.教师职业技能训练教程 [M]. 武汉：华中科技大学出版社，2016.

李经天，王小兰.教师教学技能训练教程 [M]. 武汉：华中科技大学出版社，2012.

李森.教师职业技能训练教程 [M]. 北京：高等教育出版社，2009.

李晓琳.教师书写技能训练 [M]. 北京：科学出版社，2016.

刘英陶.教师职业技能 [M]. 北京：教育科学出版社，1996.

刘庆华.课堂组织艺术 [M]. 北京：中国林业出版社，2001.

罗素，诺维格.人工智能：现代方法：第 4 版 [M]. 张博雅，等译.北京：人民邮电出版社，2022.

马富生，刘长庚，罗建平.教师职业技能训练教程 [M]. 郑州：河南人民出版社，1994.

邵守刚.学生欺凌的认定：标准统一与机制完善 [N/OL]. 检察日报，2021-11-04[2025-04-06]. https://www.spp.gov.cn/spp/llyj/202111/t20211104_534496.shtml.

孙淑女.跨文化适应理论 [M]. 北京：社会科学文献出版社，2021.

王桂波，王国君.教师职业技能训练教程 [M]. 2 版.北京：清华大学出版社，2012.

王莉. 课堂教学技能训练教程 [M]. 西安：陕西师范大学出版总社，2016.

王晞. 课堂教学技能 [M]. 福州：福建教育出版社，2008.

王维先. 教师职业技能与训练 [M]. 济南：山东人民出版社，2012.

王彦才，郭翠菊. 现代教师教学技能 [M]. 北京：北京师范大学出版社，2010.

魏书敏. 教师职业技能训练 [M]. 北京：中国人民大学出版社，2009.

魏饴，程水源. 教师职业技能训练 [M]. 2 版. 北京：高等教育出版社，2015.

吴萍. 新编教师教学技能训练教程 [M]. 北京：北京师范大学出版社，2011.

新华社记者. 中共中央　国务院关于弘扬教育家精神加强新时代高素质专业化教师队伍建设的意见 [N/OL]. 新华社，2024-08-26[2025-04-06]. http://www.moe.gov.cn/jyb_xxgk/moe_1777/moe_1778/202408/t20240826_1147269.html.

徐福利，孙秀斌，马丽枝. 教师职业技能训练教程 [M]. 哈尔滨：哈尔滨工程大学出版社，2010.

徐继超，等. 中学教师职业技能 [M]. 广州：广东高等教育出版社，1998.

严月娟，朱怡青. 信息化时代教师职业素养：理论与实训 [M]. 武汉：华中科技大学出版社，2021.

央广网. 习近平致信全国优秀教师代表强调 大力弘扬教育家精神 为强国建设民族复兴伟业作出新的更大贡献 向全国广大教师和教育工作者致以节日问候和诚挚祝福 [N/OL].（2023-09-10）[2025-04-06]. https://china.cnr.cn/news/sz/20230910/t20230910_526414224.shtml.

杨国全. 教师职业技能训练概论 [M]. 北京：中国林业出版社，2001.

杨霞，李园，马丽娅. 教师职业技能素养 [M]. 南京：南京师范大学出版社，2009.

叶发钦. 新教师技能 [M]. 北京：北京师范大学出版社，2009.

吴阳. 教育部部长：将实施人工智能赋能行动，促进智能技术与教育教学、科学研究深度融合 [N/OL]. 红星新闻，2024-02-01[2025-04-05]. http://www.moe.gov.cn/jyb_xwfb/xw_zt/moe_357/2024/2024_zt02/mtbd/202402/t20240202_1114004.html.

张海珠. 教学技能 [M]. 北京：北京师范大学出版社，2013.

张占亮. 师范生教育教学技能训练教程 [M]. 北京：高等教育出版社，2012.

郑雅萍. 教师职业技能读本 [M]. 北京：人民武警出版社，2006.

周军. 教学策略 [M]. 北京：教育科学出版社，2003.

中华人民共和国教育部. 教育部关于印发《新时代高校教师职业行为十项准则》《新时代中小学教师职业行为十项准则》《新时代幼儿园教师职业行为十项准则》的通知 [EB/OL]. (2018-11-14) [2025-04-05]. http://www.moe.gov.cn/srcsite/A10/s7002/201811/t20181115_354921.html.

中华人民共和国教育部. 教育部关于印发义务教育课程方案和课程标准（2022年版）的通知 [EB/OL]. (2022-04-08) [2025-04-05]. http://www.moe.gov.cn/srcsite/A26/s8001/202204/t20220420_619921.html.

中华人民共和国教育部. 未成年人学校保护规定 [EB/OL]. (2021-06-01) [2025-04-06]. https://www.gov.cn/zhengce/zhengceku/2021-06/02/content_5614946.htm.

中华人民共和国教育部办公厅. 教育部办公厅关于印发《中学教育专业师范生教师职业能力标准（试行）》等五个文件的通知 [EB/OL]. (2021-04-06) [2025-04-05]. http://www.moe.gov.cn/srcsite/A10/s6991/202104/t20210412_525943.html.

中华人民共和国教育部高等教育司 . 教育部高等教育司关于开展虚拟教研室试点建设工作的通知 [EB/OL].
(2021–07–12) [2025–04–05]. http://www.moe.gov.cn/s78/A08/tongzhi/202107/t20210720_545684.html.

中华人民共和国国务院办公厅 . 第 624 号教育督导条例 [EB/OL]. (2012–09–17) [2025–04–05]. https://www.
gov.cn/zwgk/2012–09/17/content_2226290.htm.

庄舍 . 英语教学微技能 [M]. 厦门 : 厦门大学出版社 , 2024.

宗河 . 维护学生权益 树立终身学习理念 新修订《中小学教师职业道德规范》公布 [N/OL]. 中国教育报 ,
2008–09–04 [2025–04–06]. http://www.moe.gov.cn/jyb_xwfb/moe_2082/moe_183/tnull_38633.html.

邹为诚 . 外语教师职业技能发展 [M]. 北京 : 高等教育出版社 , 2013.

后 记

我是热爱教学的。

我从1989年开始教书，如果到2029年退休，刚好可以教满四十年，今年是教书的第三十六年，依然热爱教学。

教学生涯的前十年，任教于中学，后三十年任教于大学。自定义有三个阶段：十年的中学英语教学是实践阶段，大学教学的前二十五年是理论和实践互证阶段，后五年就需要进入教学反思总结阶段了。进行教学思想总结的念头十年前就有了，所以对于日常教过的各门课，都留下不少的资料和想法，只是没有成段的时间可供支配，又不想为写而写，终于拖到了教学的最后五年。

大学里教过的课很杂，有本科的"大学英语""计算机英语""英语惯用法""英语国家概况""英语教学法""英语教学案例与分析""微格教学""英语教师职业技能""多媒体制作"等，还教过研究生的"微格教学""教学论""英语有效教学与教学设计""现代教育技术"几门课，也曾经开过"中英诗歌欣赏""国学经典导读""博雅实践"等选修课。

还需要补充一点。我在教大学的同时，在业余时间经历了幼儿园、小学和成人英语的教学，也教过雅思培训班课程。于是，我有了些包括幼儿英语、小学英语、初中英语、高中英语、本科、研究生、成人英语和雅思培训的英语教学经验，这一个过程，用了二十年。

一个自认为是研究教学法的老师，无论上过多少课，还是会坚守对教学法的执着。因此，留本书给学生们翻翻的想法，也就在渐有时间后再次浮现。第一本书是《英语教学微技能》，张龙海教授为该书作的序里面有一句话："衷心祝愿庄舍的教研之路就像东流入海的九龙江，一路向前。"受到这行文字的鼓舞，似乎自己就拥有了九龙江的力量，不能不继续前行。两年的时间里，我一直朝着"教师职业技能"的方向走，但是一路上深切感受到了AI技术的强烈冲击，于是重构纲目，有了这本《AI时代教师职业素养与能力》，做些与时俱进的教学思考，供同行们翻阅指正。

又受厦门大学出版社高奕欢编辑的鼓励，其建议以丛书的方式总结。我就以"南山教育文丛"为丛书名，后续再继续探索教育及教学。

是为记。

庄 舍

初稿于甲辰龙年二月二龙抬头

四稿于乙巳蛇年二月二龙抬头